本书系深圳市哲学社会科学规划课题“融媒体环境下提升深圳市党媒的新闻舆论传播力研究”（编号：SZ2019B032）阶段性成果。

USER-ORIENTATED MEDIA CONVERGENCE STRATEGY

用户导向的媒介融合策略

基 于 比 较 的 视 角
A COMPARATIVE PERSPECTIVE

王雪 黄浩——著

社会科学文献出版社
SOCIAL SCIENCES ACADEMIC PRESS (CHINA)

内容摘要

以用户为中心，是移动互联信息传播的主要内在逻辑。当前，传统媒体正全力向新媒体转型发展，并试图与社交媒体谋求深度融合，扩大传统媒体在新媒体平台的传播力和影响力，推进媒体融合向纵深发展。本书即是在这一逻辑框架下展开的对中外部分主流媒体融合比较研究的一次尝试。该研究聚焦人与媒介相互影响、相互制约的关系，深入探究用户在媒介融合发展中起到的作用。通过对新媒体用户的心理行为分析，探究影响用户新闻媒介选择行为的主要因素，并基于对英、美、韩等国较有代表性的主流媒体的改革案例和发展策略的比较研究与思考，结合我国传统媒体在媒体融合发展中遇到的主要问题，突出用户的视角与心理特征，提出媒体融合发展的策略建议。

本书第一章重点阐述媒体融合环境下传统媒体用户研究的背景、意义与重要性，提出传统媒体融合发展的内在与外在需求。随着传播技术的迅速发展，新的媒介形态不断涌现，媒体格局、舆论格局和媒介生态环境发生了巨大的变化。传统媒体面临巨大的挑战，其传播力、引导力、影响力和公信力都遭受了不同程度的影响。本章立足于媒体融合发展的需求主导因素，从供需关系中分析人、媒介和社会间相互制约相互影响的关系，通过对新闻媒体媒介生态环境、媒介市场环境进行分析，探究我国新闻媒体融合发展中的主要问题，提出用户在媒体融合发展中起到的重要作用与影响。

第二章主要研究融媒体时代用户属性特点。本章从媒介生态环境和市场环境的变化解析用户属性、用户接收信息方式与习惯的转变，阐释新媒体时代媒介对用户心理和行为的影响，提出用户对媒介融合发展的重要意义。

第三章阐释融媒体时代用户新闻平台选择行为的影响要素。本章主要阐述新媒体时代用户新闻观念、新闻态度、新闻动机的变化对媒介选择意向产生的影响。本章结合使用与满足理论、新闻动机消费模型、理性行为理论、计划行为理论、创新扩散理论和技术接受模型，创建用户新闻媒介选择行为研究模型，探究影响我国新媒体用户选择新闻媒介的主要因素，掌握用户对新闻媒介的需求，为传统新闻媒体融合发展提供科学的理论和数据支撑。

第四章是英美报业融合发展现状研究。本章主要通过案例分析法与内容分析法对英美报业融合发展现状与内容传播进行分析，主要以英国的《卫报》《金融时报》《泰晤士报》和美国的《纽约时报》《华盛顿邮报》《丹佛邮报》为主。

第五章主要介绍了韩国报业融合发展的现状。首先通过文献研究法，对韩国媒体融合发展现状进行了梳理，其次通过实地调查和访谈，对韩国媒体融合发展具有代表性的《中央日报》、《韩民族日报》和《国民日报》的媒体融合发展现状及问题进行了分析，梳理了韩国报业未来发展对策。

第六章为我国报业融合发展案例研究。本章主要对我国媒介融合发展较有代表性的浙江日报报业集团、河南日报报业集团和澎湃新闻、南方都市报社进行了实地调研访谈，对其发展现状、具体问题和未来发展前景进行了深入研究。

第七章为传统新闻媒体短视频传播特点分析。主要从短视频产品的传播特点、发展困境和未来增长亮点等方面进行了分析，重点从短视频产品的选题策划、拍摄视角、表现手法、呈现效果、作品时长和传播推广等方面提出传统媒体打造现象级爆款产品的路径，以期为短视频的内容生产提供借鉴依据。

第八章是我国传统媒体战略转型分析。主要以智库建设与发展为例，通过对媒体智库的市场基础以及智库成果融合传播的分析，尝试理清媒体智库特色发展中关于融合传播的基本脉络与方向，并提出问题、做出思考。

第九章从传统媒体影响力重建的角度出发，通过对副刊和专业报刊的深入剖析与案例梳理分析，提出副刊和专业报刊的价值重建对传统媒体提升影响力的重要作用。重估和重建报纸副刊的传统核心价值，站在潮流前端，担负时代使命，创新表达方式，报业作为主流舆论场的地位就会长在。而在媒体智能化布局将日益完善，新媒体技术“与专业内容互为表里，对深度报道的辅助功能和对一般性报道的替代功能将愈发明显”的条件下，专业报刊媒体的内容重构将达到一个新的高度，从而构建起行业话语的“梅地亚”中心。

第十章通过对美国几家主流传媒集团媒体融合战略经验和未来判断的分析，从资本、技术、专业和机制四个方面提出我国报业集团的发展瓶颈。

第十一章为我国报业集团融合发展对策与建议，主要通过对我国报业集团发展现状及问题的分析，结合用户新闻媒介选择意向研究成果，借鉴国内外媒体融合发展案例，提出我国报业集团的发展对策与建议，以供参考和借鉴。

目　录

第一章　融合趋势下的平民时代

随着传播技术的迅速发展，新的媒介形态不断涌现，媒体格局、舆论格局和媒介生态环境发生了巨大的变化。传统媒体遭受了巨大的挑战，传播力、引导力、影响力和公信力等过去体现在传统媒体身上的显著特征与优势，在迅速衰退和发生空前变革。简而言之，移动互联已改变了过去传统媒体明显带有的精英生产与传播之“四力”的主导地位，内容与传播已必然被带入一场全面的用户连接，从而走向一个整体融合趋势下的平民时代。

为了弄清这个新的时代下媒体融合发展的需求主导要素，我们首先从供需关系入手分析人、媒介和社会间相互制约、相互影响的关系，通过对新闻媒体媒介生态环境、媒介市场环境的分析，探究我国新闻媒体融合发展中的主要问题，分析媒体融合环境下部分代表性的主流传统媒体所受到的影响和发生的变化。

第一节　媒介业内生态环境的变化

媒介环境犹如生态环境一般，由诸多生态因子构成，受诸多因素影响。生物的生长、繁殖和行为受到外部温度、湿度、养分和其他相关生态因素的影响。媒介也同时受到社会形态、用户个人因素（年龄、职业、受教育程度等）、市场经济环境等媒介生态因子的影响，这些因子直接或间接地影响着媒介的发展。如符合主流社会价值观的媒介会占有较大的市场份额；满足用户个人取向及需求的媒介会受到较多用户的支持和使用；同时，在经济繁荣的社会环境下，媒介的发行量、收视率和收听率也会有所增长。因此，掌握媒介的发展动向及传播规律要从对媒介环境的分析着手。

在媒介生态学的研究中关于生态因子的研究有“耐受性法则”和“最小因子法则”。“耐受性法则”是指生物对于每一种生态因子都有其耐受的上限和下限，在上下限之间则是最适生存区。[①] 媒介的生存和发展也是同样受到

① 陶建杰：《媒介发展中的生态学法则》，《新闻传播》2006 年第 11 期。

外部环境诸多因素的影响和制约。媒介的“最适生存区”中最突出的就是受众因子，其必须保持在最合适的规模，媒介才能得到适当的发展空间。从媒介市场环境来看，报纸的发行量是根据发行和广告计算出来的最优发行量，处于这个最优发行量的报纸即处于其“最适生存区”，如果发行量过低，报纸就无法办下去，而发行量过多，广告总量又相对固定，多发一份就多亏一份，报纸也无法实现最佳生存。① 从媒介信息环境来看，媒介信息一旦超过一定的耐度和极限，就会引发媒介的生存危机和受众的精神危机。②

“最小因子法则”是指对生物的生长起决定影响因素的往往是最小量的因子。科学家在研究后发现，影响植物生产的最关键因素是最低营养值。即，当某一生物需要的某种营养物质降低到其所需营养的最小值时，该物质就会限制该植物的生长。在媒介的发展进程中，国家的方针政策、社会经济环境、用户市场、媒介市场、媒体内部成员及组织结构等因子的作用大小不一，但是看似作用最小的因子，只要没有达到媒介生存所必需的量，即使其他因子的量值再高，也无法保障媒介的正常发展，导致该媒介“死亡”。③

因此，传统新闻媒体的融合发展，不仅受到国家方针政策和传统媒体内部体制机制的影响，同时受到媒介市场环境、用户数量、社会环境等诸多方面的影响。传统新闻媒体要达到最优发展条件，必须协调好自身所处的外部环境和内部环境中各生态因子间的关系，了解各因子的变动，使各因子都处于最适生存区。

根据中国互联网信息中心（CNNIC）的《第46次中国互联网络发展状况统计报告》，截至2020年6月，我国手机网民规模达到9.32亿，较2020年3月增加3546万人。其中手机网络新闻用户达7.25亿，占手机网民的78%。④ 可见手机已经成为网民获取新闻资讯的主要终端平台。

皮尤研究中心（Pew Research Center）对用户新闻消费行为的调查报告显示，美国用户从移动端获取新闻的意向在显著增长。截止到2016年，有72%的人称会从移动终端获取新闻资讯，而且这一倾向在年轻群体中尤为突出，有70%的18至29岁群体表示他们倾向于仅使用移动终

① 陶建杰：《媒介发展中的生态学法则》，《新闻传播》2006年第11期，第4~5页。
② 邵培仁：《传播生态规律与媒介生存策略》，《新闻界》2011年第5期，第26~29页。
③ 陶建杰：《媒介发展中的生态学法则》，《新闻传播》2006年第11期，第4~5页。
④ 中国互联网络信息中心（CNNIC）：《第46次〈中国互联网络发展状况统计报告〉》，2020，第9页。

端获取新闻。[①] 手机新闻已经获得了越来越多用户的认可和使用，对整体的新闻市场环境产生了巨大的冲击。

为了适应新的媒介环境，全国各大党报纷纷转型，向新媒体平台发展。截至2020年底，全国377家党报中网站开通率最高，为96.8%；其次是微信平台和聚合新闻客户端，入驻率均接近90%；抖音账号的开通率为84.4%，较2019年增长最快；78.8%的党报建设了自有新闻客户端；76.1%入驻微博平台；入驻喜马拉雅FM并发布音频内容的党报有27家，占7%。[②] 虽然各大党报开设微博、微信公众号的比例较高，但是整体效果不佳，特别是地方党报的用户阅读量与活跃度均处于较低水平，传播影响力较小，用户满意度较低。艾媒咨询针对媒体形象、功能学习、内容分类、展现形式、跨平台分享、操作趣味性、个性订阅和评论功能等方面对传统媒体转型的客户端与聚合类新闻客户端进行了比较，结果发现，传统媒体转型中的客户端只有在"媒体形象"与"功能学习"两个方面的用户满意度高于聚合类新闻客户端，其他方面都远低于聚合类新闻客户端。[③] 目前除了为数不多、在覆盖范围上具有政策天然优势的少数主流传统媒体外，大部分传统媒体的用户下载量、注册用户量和用户活跃度，均远低于聚合类新闻客户端，难以与今日头条、腾讯新闻和网易新闻动辄数亿计的下载量和注册用户量相比。

用户已经成为传统媒体发展中的"最小量因素"。因此，媒体融合发展首先要解决的问题就是，了解用户、满足用户需求、提升用户体验，进而扩大用户市场。通过提高用户这一"最小量因素"，全面提升传统媒体的"最适生存区"，以保障传统媒体生存和发展的最佳环境。

第二节 媒介外部市场环境的变化

大众媒介传播系统作为社会系统中的一个子系统，其运作和传播规律不仅受到内部传播生态因子的影响，同时受到外部社会传播环境的制约。[④]

① 皮尤研究中心：《2016年媒体报告盘点》，2016年11月13日，http：//www.199it.com/archives/536418.html。

② 《2020全国党报融合传播指数报告》，2020年12月29日，https：//baijiahao.baidu.com/s？id=1687363051069179483&wfr=spider&for=pc。

③ 《2017年中国新媒体行业全景报告》，2017年3月29日，http：//www.iimedia.cn/50347.html。

④ 邵培仁：《传播生态规律与媒介生存策略》，《新闻界》2011年第5期，第26~29页。

媒介技术也被称为传播技术，指的是人类为驾驭信息传播、不断提高信息的生产与传播效率所采用的工具、手段、知识和操作技艺的总称。[①] 日本学者北原安定指出，人类至今为止经历了四次信息技术革命，分别是语言的形成、文字的出现、印刷的发明和电话的普及；崔保国在此基础上提出现在正在经历的是第五次信息技术革命。[②] 技术的创新与媒介的变革有着密切的关系，人类历史上的每一次技术创新都会伴随着新的媒介形式的出现，以及媒介环境和传媒产业的变化。从印刷术的发明到互联网技术的广泛应用，每一次传播技术的革新都带来了传播产业的变革，促进了社会文明的发展。

古登堡印刷术的发明促进了精英文化向大众文化的发展，标志着人类开始掌握大批量复制文字信息的技术，开始大规模地进行文字传播，对媒介的发展与信息传播具有历史性意义，正式开启了现代传媒业。后期，英国《泰晤士报》在传播技术上又进行了一次重大突破，率先采用以蒸汽为动力的机器印报，大大提升了印刷质量和速度，提高了报纸的发行量。随后问世的美国便士报，以当时美国最小的货币单位——一便士的售价出售报纸，使报纸成为真正意义上的大众传播媒介，为后来的报纸广告业打下了坚定的基础，形成了全新的报业经营模式和现代传播业。而后出现的广电业，由于以影像和音频为主要传播方式，用户不需要有文字基础，更容易被接受和理解。传播方式上的优势使广电业逐渐成为大众媒体中的主流。自 20 世纪 90 年代开始，互联网技术广泛传播和应用，大众传播逐渐向分众化传播发展，社交媒体和论坛等社群传播模式兴起。近年来，互联网传播向移动互联网传播转型，Web1. 0 技术升级到 Web3. 0 技术，以用户个人为中心的新型媒介形态出现，导致大众传播模式逐渐瓦解，传统媒体的垄断地位受到了极大的冲击，影响力逐步丧失。

美国名为“报纸消亡观察”（Newspaper Death Watch）的网站记录了 2007 年以来倒闭的 12 家地区日报的“消亡”过程，还有很多报纸处于倒闭的边缘，许多地区甚至已经没有任何日报存在；在法国，《法兰西晚报》（France - Soir）和《论坛报》（La Tribune）于 2012 年宣布停刊，2014 年尼斯早报集团破产，《解放日报》（Libèration）、《费加罗报》（Le Figaro）、《西

---

① 百度百科，2015 年 12 月 12 日，https：//baike. baidu. com/item/% E5% AA% 92% E4% BB% 8B% E6% 8A% 80% E6% 9C% AF/16220845？ fr = aladdin。

② 崔保国：《技术创新与媒介变革》，《当代传播》1999 年第 6 期，第 23 ~ 25 页。

南报》（Sud - Ouest）等大量裁员；在德国，2013 年有 1000 多个岗位被取消；在西班牙，2008 ~ 2012 年有近 200 家媒体消失。[①] 在我国，据不完全统计，从 2009 年至 2017 年底，有 40 多家报纸宣布停刊或休刊，其中包括《新闻晚报》《生活新报》《河南青年报》《京华时报》《东方早报》《楚天金报》等风行一时的报纸。报纸关停在 2019 年至 2020 年似乎到了一个加速度的阶段，从 2018 年底到 2019 年元旦，全国约有 20 家报纸停刊，2021 年元旦，至少又有 8 家报纸关停。

在新媒体的冲击下，全国各大报业机构纷纷开设移动终端平台，虽然各大党报开设微博、微信公众号的比例较高，但是整体效果不佳。艾媒咨询2017 ~ 2018 年度手机新闻客户端的调查发现，占据用户活跃度前五名的均为聚合类新闻客户端，并且聚合类新闻客户端的用户体验远高于传统新闻媒体。但是，相关数据显示，目前新闻市场中 70% 的原创内容仍是由传统媒体生产的，特别是由报纸来提供的，可是由于新闻的属性特点（新闻本身没有版权），聚合类新闻客户端可以以低廉的成本生产内容，对新闻的标题与内容进行编辑修改后再次发布，便可获得较高的流量与广告收益，从而占据较大市场份额。[②] 这种被称为"洗稿"的行为，已经成为严重损害原创内容生产的行业新问题。

另一方面，部分聚合类新闻客户端一味追逐流量，大搞"标题党""花边新闻"，致使大量的娱乐化内容充斥网络空间，甚至低俗色情的信息也不鲜见，严重干扰了网络传播秩序。如：

> 2017 年 12 月 29 日，北京市互联网信息办公室因今日头条、凤凰新闻手机客户端持续传播色情低俗信息、违规提供互联网新闻信息服务、干扰网上传播秩序等问题，分别约谈了两家企业负责人，责令企业立即停止违法违规行为。（人民网，2017. 12. 29）
>
> 2018 年 4 月 4 日，国家广播电视总局针对社会舆论强烈关注的"今日头条""快手"两家网站播出有违社会道德节目等问题，约谈今日头条和快手，要求立即整改，全面清查库存节目。（人民网，2018. 4. 4）
>
> 2018 年 4 月 9 日，为依法规范传播秩序，各互联网应用商店暂停今

---

① 〔法〕茱莉亚·卡热：《媒体的未来——数字时代的困境与重生》，中信出版集团，2018，第 22 页。

② 彭增军：《新闻业的救赎：数字时代新闻生产的 16 个关键问题》，中国人民大学出版社，2018，第 143 页。

日头条、凤凰新闻、网易新闻和天天快报4款移动应用程序的下载服务。(《大河报》，2018.4.9)

显然，作为传媒业新生力量的移动聚合类客户端，又普遍存在着单一流量追求的野蛮生长的原罪，因之带来的系列社会问题，未必不比传统媒体生存与消亡更为突出。如何既满足用户需求，提升用户满意度，扩大用户市场，以用户乐意接受的方式生产新闻，又避免聚合类新闻客户端的流量原罪，是传统媒体融合发展亟待解决的问题。

第三节　媒体融合的内涵及主导要素

一　媒体融合的内涵

Media Convergence 一词最早由美国马萨诸塞州理工大学的浦尔教授于1994年提出，指各种媒介呈现出多功能一体化的趋势。最初人们关于媒介融合的认知更多还只是局限于报纸、期刊、广播和电视等传统媒体领域，而他对媒介融合的关注主要在于媒介传播技术上的融合，多从融合模式（Convergence of modes）上考虑。①

自2005年的“报业寒冬论”之后，中国报业进行了大量的尝试，重要的举措之一就是媒介融合发展。但是，早期的媒介融合尝试最后都是惨淡收场，究其原因，早期的媒介融合多以媒介形式的集合式呈现为主要手段，试图以多媒体呈现方式融合多种媒介优势，却弱化和忽视了自身固有的资源与优势，失去了核心竞争力，无力与原生的新媒体产品竞争，体现出了对“融合”理解的局限性。②

随着业界媒介融合发展和学界媒介融合研究的不断深入，人们逐渐认识到媒体的融合发展并非局限于信息传播渠道和呈现方式的多元化、一体化趋势，而是新闻传媒结构的融合调整。因此，“媒体融合”这一概念被提出。

媒体融合不仅指通过融合媒介形态使其趋于一体化，而且更加突出媒体

---

① 王漱蔚：《媒介融合：传媒业发展的必然趋势》，《当代传播》2009年第2期，第55～57页。

② 陈国权：《媒体融合·媒介融合：一字之差 立意有别》，人民网，2016年8月31日，http://media.people.com.cn/n1/2016/0831/c40606-28678616.html。

内容创新、拓宽渠道、平台建设、媒体经营管理等各个方面的融合，[①] 实现信息多媒体化呈现和多平台化传播，达到传播效果最大化的目的。媒体融合所包含的内容更加丰富，对“融合”的理解也更为深入。2014 年，中央全面深化改革领导小组第四次会议将媒体融合从业界改革方案提升到国家战略层面，越来越多的学者和业内人士开始倾向于使用“媒体融合”概念。从“媒介融合”到“媒体融合”，既反映了媒体融合的发展进程，又反映了学者对于这一概念认识的深化过程。

关于媒体融合的关注与研究可以说起源于 20 世纪 60 年代麦克卢汉的“媒介即信息”的观点，其指出没有任何一种媒介能够独立存在，任何媒介的内容都是另一种媒介。这种观点其实就是媒体融合的基础思想。

关于“媒体融合”的概念，我国学者李良荣从狭义和广义上进行了界定：从狭义上讲，媒体融合是指在网络、数字等技术发展的基础上，报纸、广播、电视、互联网、手机等新老媒体在形式和内容上逐渐走向一体化；[②] 从广义上讲，媒体融合还包括媒体所有权、组织结构、人员资源等要素的融合。[③]

二 媒体融合的主导要素

目前对媒体融合主导因素的研究多以技术主导论、政府主导论、需求主导论和多种因素驱动论分析为主。

媒介融合的相关研究最初是从技术融合的视角进行分析和探究的。技术是第一生产力，技术的创新和发展促进了社会的发展与进步，任何一种新技术或是新媒介的出现，都会对人们的生活方式、思维方式、社交方式和感知方式产生影响。Porter（1985）和 Blackman（1998）提出技术创新和技术融合是产业融合的主要动力，其能够改变传统产业的边界。[④] 杨翠芳（2016）认为媒体融合包括组织、结构、功能、流程、传播方式和技术等多方面的融合，但究其根本是由技术主导形成的。[⑤]

---

① 赵桓：《习近平媒体融合发展思想研究》，硕士学位论文，新疆大学，2018。

② 李良荣：《新闻学概论》，复旦大学出版社，2009，第 83 页。

③ 李良荣：《新闻学概论》，复旦大学出版社，2009，第 84 页。

④ 卡利斯 . Y. 鲍德温：《模块化成本与价值》，见青木昌彦、安藤晴彦《模块化时代——新产业结构的本质》，上海远东出版社，2003，第 97 页。

⑤ 杨翠芳：《媒体融合语境下的媒介伦理问题》，《中国广播电视学刊》2016 年第 3 期，第 73 ~ 76 页。

与技术主导论的观点不同，政府主导论的观点认为，媒体融合更具有政府的价值导向和行政干预行为。[①] Bore 和 Saurina（2003）认为，信息通信产业正在进行技术融合的决定性因素是通信市场的开放和技术变革。我国政府主导媒介融合始于2014 年习近平总书记发表的关于媒体融合发展的重要讲话。媒体融合的理念已逐渐从实务层面上升到我国全面深化改革的重要战略层面，上升到党和政府顶层设计的高度，[②] 在当前中国语境下，已经从一个学术概念演化成一种明确的传媒发展政策。[③] 党的十八大以来，习近平总书记围绕思想宣传、舆论引导、媒体融合、互联网发展等问题发表了诸多重要讲话，将互联网思维置于宣传文化和意识形态领域工作的重要方面。[④] 在2016 年2 月19 日党的新闻舆论工作座谈会上，习近平总书记提出，要切实提高党的新闻舆论传播力、引导力、影响力、公信力。在2017 年党的十九大上，习近平总书记再次强调，要高度重视传播手段建设和创新，提高新闻舆论传播力、引导力、影响力、公信力。2019 年1 月25 日，中共中央政治局就全媒体时代和媒体融合发展举行第十二次集体学习会。习近平总书记在会上强调，推动媒体融合发展、建设全媒体成为我们面临的一项紧迫课题。要运用信息革命成果，推动媒体融合向纵深发展，做大做强主流媒体，巩固全党全国人民团结奋斗的共同思想基础，为实现“两个一百年”奋斗目标、实现中华民族伟大复兴的中国梦提供强大精神力量和舆论支持。[⑤] 传统新闻媒体是现代传播体系和国家治理体系的重要组成部分，强化党和政府对意识形态的调控力，增强其在互联网空间的影响力，发挥党报舆论传播能力和影响力对加强执政党的执政能力和提高国家治理能力等，均具有重要的意义。

相较于政府决定论的宏观战略层面研究，需求主导论则是以用户需求的微观视角，探究媒体融合的内在驱动力。弥勒认为，数字融合的实质是改变了受众获取信息的时间和空间及其所需成本。数字融合时代用户可以在任何

① 杨秀侃、王美佳：《媒体融合背景下公众参与和博物馆运营》，《牡丹江大学学报》2016 年第10 期，第6～8 页。

② 周钢：《困境与裂变：省级党报集团融合发展战略研究》，博士学位论文，华中科技大学，2016。

③ 严利华、喻发胜：《“＋互联网”与“互联网＋”：行业性期刊转型策略探究》，《出版发行研究》2015 年第10 期，第53～57 页。

④ 周钢：《困境与裂变：省级党报集团融合发展战略研究》，博士学位论文，华中科技大学，2016。

⑤ 新华社：《习近平：推动媒体融合向纵深发展 巩固全党全国人民共同思想基础》，2019 年1 月26 日，https：//baijiahao. baidu. com/s？ id＝1623627024428154480&wfr＝spider&for＝pc。

时候、任何地点获得自己所需信息；同时，意味着以共同网络替代原来独立的电话、电视和个人计算机网络，并改变其他产品和服务的分配方式。① 阿方索和萨尔瓦托认为，需求将在媒体融合进程中起到先导的作用。亨利·詹姆斯提出，融合代表了一种文化变迁，因为它鼓励用户获取新信息，并把分散的媒体内容联系起来。② 玛格赫丽塔·帕加尼认为，是需求主导了媒介融合，相对于传统媒体的分立状态而言，媒介融合最主要的变化是使用户实现了对不同媒介内容的集合式消费。因此，在消费者需求不断发展变化的情况下，媒介融合的价值和可行性是建立在受众对不同媒体内容的集合式需求，即综合性需求（Integrated and Convergent Needs Clusters）上的，它表明了消费者对于能够满足一系列相关性需求的单一供给者的偏爱。③ 彭宁斯和普兰纳姆认为，产业融合实质上就是消费者跨产业的需求，他们根据产业融合的成因将其分为两大类，即需求驱动型产业融合和供给驱动型产业融合。需求驱动型产业融合主要是指由于社会经济状况相似，消费者基于偏好形成跨产业需求，从而形成多种产品联合使用的互补性。④ 富勒进一步提出，产业融合最重要的动因来源于消费者对未来的愿景。

国内学者对媒介融合的界定，从需求视角开展研究的较少。尹莉和臧旭恒从需求视角进行了探索，消费需求的升级推动了产业融合发生和发展，产业融合实质上就是消费者“一整套解决方案”的需求融合。⑤ 刘婧一从媒介融合的动力分析出发，认为用户的需求是根本动力，决定着媒介融合的实现价值，在媒介发展的进程中受众的需求是支撑每一个创新和进步的最重要的内驱力量。⑥

---

① Mueller, M., and Tan. Z., *China in the Information Age: Telecommunications and the Dilemmas of Reform*, Westport: Praeger, 1997.

② 〔美〕亨利·詹姆斯：《融合文化：新媒体和旧媒体的冲突地带》，周宪、许钧译，商务印书馆，2019，第84页。

③ 〔意〕玛格赫丽塔·帕加尼：《多媒体与互动数字电视——把握数字融合所创造的机会》，罗晓军等译，人民邮电出版社，2006，第8页。

④ Pennings, Johannes M., & P. Puranam, "Market Convergence & Firm Strategy: New Directions for Theory and Research", Paper presented at the ECIS Conference, Eindhoven, Netherlands, 2001.

⑤ 尹莉、臧旭恒：《产业融合：基于消费需求升级的视角分析》，《东岳论丛》2009年第9期，第40~45页。

尹莉、臧旭恒：《消费需求升级背景下的产业融合研究——以电子信息产业为例》，《产业经济评论》2008年第3期，第69~86页。

⑥ 刘婧一：《媒介融合的动力分析》，《东南传播》2007年第8期，第84~86页。

相较于技术主导论、政府主导论、需求主导论等观点，更多的学者则是从更广泛的视角综合分析媒体融合的动因，认为媒体融合是受到多方面因素相互制约相互影响而形成的。Gillwald 指出，融合的动因应包括技术动因（数字化）、经济动因（自由主义）、垄断的传统理论和管制被削弱、全球化的数字通讯网络。[①] 媒体融合的路径可以有技术主导、政府主导、需求主导、产业主导、平台主导、资本主导等，但路径的选择往往不是单一的，而是综合的，其取决于媒体的属性和所处的发展阶段。[②]

对于传统新闻媒体而言，融合意味着内容生产方式、传播手段和渠道的全面创新，要做到真正以互联网思维去进行生产和传播。但是在前期对我国报业集团的调查研究中发现，我国大部分报业集团互联网思维建立不足，媒体融合进程推进缓慢。所谓互联网思维就是要以用户为中心，全面提升用户体验，满足用户需求。因此，对于现阶段的传统新闻媒体融合发展而言，最重要的媒体融合路径是以需求为主导，掌握用户需求、满足用户需求、提升用户体验，扩大用户市场和规模，进而达到提高传统媒体传播力、影响力和引导力的作用。

第四节　媒体融合的国内外研究现状

一　综合研究概况

媒体融合的研究主要集中在新闻传播领域，其他学科，如信息技术、政治、文化、经济等众多学科也从不同的专业角度对媒介融合展开了相关研究。在新闻传播学领域，针对传统新闻媒体的研究主要集中于以下几个方面。

业态研究。近年来，传统新闻媒体主动打破传统的新闻生产模式，在内容生产、传播手段建设、体制机制改革等方面进行了不断的创新与突破，在保持原有的专业性、真实性、权威性的基础上，在报道风格上突出贴近性，

---

① Lawson－Borders，G.，“Integrating New Media and Old Media：Seven Observations of Convergence as a Strategy for Best Practices in Media Organizations”，*The International Journal on Media Management*，2003，5（2）：91－99.

② 谭天：《做媒体融合先要做好功课》（上），《媒体融合新观察》2020 年第 3 期，第 21 ~ 25 页。

提高互动性，在内容生产上强调多元化，实现数字化优先战略。该领域的研究多以人民日报社、光明日报社、上海报业集团、浙江报业集团及南方报业集团等报业转型的案例分析为主，多从整体布局改革、新媒体平台打造、采编流程再造及技术平台建设等方面进行分析。

传播技术研究。对于传播技术的研究，早期主要集中在数据新闻的发展、变革、应用与趋势上，近年来更多的是关注VR技术在新闻领域的应用。喻国明指出，VR技术的进步不仅形塑了整个传媒业的业态面貌，也在微观上重塑了传媒产业的业务链，构建了新兴媒介环境。① “VR+新闻”的模式不仅契合了VR产业发展的方向，改变了新闻的传播形态，而且给未来的传媒发展提供了新的思路，但是同时应当正视VR新闻所隐含的问题，在实践中以开放的姿态去迎接新技术带来的挑战。龙金晓认为，VR技术是传统新闻媒体进行融合发展转型的又一契机，但是同时需要注意的是传媒产业链中一家独大的时代已经过去了，传统媒体要坚持“内容为王”的理念，通过数字化包装吸引网络原住民的注意力，在科技企业的帮助下完成媒介融合和转型。② 常江、徐帅针对美英主流新闻业界对虚拟现实新闻的认知变化进行了分析，认为在2015~2017年的两年间，美英主流新闻业界对于VR的认知经历了从“技术导向”到“理念导向”的转变，总体态度则从最初的技术决定论式的狂热渐趋转向冷静、理性的反思。③ 这些转变反映出VR技术对于传统新闻理念的冲击，即，VR改变了传统新闻的叙事模式，打破了原有的新闻价值考量，对传统新闻理念中真实性原则进行了重塑。

现状、问题与对策研究。关于媒体融合的现状、问题与对策研究多聚焦于发展现状与问题分析。黄楚新、王丹认为，进行媒体融合是全球媒体进行融合化转型的大势，是国家战略的规划需求，是技术与市场双推力作用下的必然结果。未来，移动互联领域将成为媒体融合发展的主战场，创新传统体制机制、更新传统新闻传播理念、重构商业模式等将成为媒体融合工作开展的重点与难点。④ 嵇美云、支庭荣认为内容供给主体的多元化和竞争的白热

---

① 喻国明：《用VR技术反观非虚构的表达》，非虚构写作沙龙，2016年9月25日。

② 龙金晓：《媒介融合语境下虚拟现实新闻的兴起》，《青年记者》2016年第20期，第78~79页。

③ 常江、徐帅：《从“VR+新闻”到“VR新闻”——美英主流新闻业界对虚拟现实新闻的认知转变》，《新闻记者》2017年第11期，第35~43页。

④ 黄楚新、王丹：《2014~2015中国媒体融合发展状况、问题与趋势》，《现代传播》（中国传媒大学学报）2016年第5期，第131~136页。

化，尤其是平台和社群的兴起，对媒体向用户提供信息服务的经济效益和社会效果构成了严峻的挑战。传统媒体与新兴媒体融合发展的前提是与平台、社群相融合。[①] 谢新洲、黄杨基于对 14 家媒体机构的 19 位新媒体部门负责人进行了访谈，从平台融合、经营模式融合与组织结构融合三方面对设想与实践不符的这一现象进行梳理、总结，发现媒体机构从业者对“媒体融合”的理解呈现片面化、一知半解的特点，本质上是因为他们并没有跳脱过去新闻网站运营的逻辑。在用户需求意识建设、传播模式、传统组织模式三个方面，媒体机构墨守成规，缺乏创新意识。[②] 张昱辰以欧美学界代表性媒介融合研究为参照，对媒介融合研究关注的不同维度以及背后的不同研究范式进行分析，梳理了欧美媒介融合研究的四种代表性范式：媒介机构、组织与新闻生产方式的融合；用户娱乐、生产、社交等媒介实践的融合；信息与物质形态的融合；媒介技术与身体的融合。[③]

二　基于用户研究的状况

用户是一种个体化意义的概念，源于营销学，是指某一种技术、产品、服务的使用者，或是被服务的一方。[④] 用户有别于受众，受众的身份是模糊的，用户却是具体的、清晰的、可以细分的。随着新媒介的出现和媒介融合发展，“受众”渐渐被“用户”替代。对于新闻学中引入用户一词，不同的学者持有不同的态度。其中，蔡雯表达了支持的态度，她认为“用户”一词容易引发争议，因为从字面上看它的经济色彩较为浓重，容易引发人们对新闻媒体的公益性和人文精神遭到排斥的担忧，这却是新媒介环境下新闻工作者必须面对的一个充满矛盾的现实（既要坚持新闻专业立场与原则，也要在新的媒介环境下满足公众需求）。[⑤] 匡文波认为，手机用户比手机传播中的受众更适合用来体现手机信息传播者的动态转换。[⑥] 因此，本研究基于“用户”

① 嵇美云、支庭荣：《互联网环境下媒体融合的瓶颈及策略选择》，《现代传播》2016 年第 11 期。

② 谢新洲、黄杨：《当理想照进现实——媒介融合的问题、原因及路径研究》，《出版发行研究》2018 年第 4 期。

③ 张昱辰：《跨学科视野中的媒介融合研究：多重维度与范式》，《新闻记者》2018 年第 6 期。

④ 姜圣瑜：《从“受众时代”走向“用户时代”》，《传媒观察》2011 年第 4 期。

⑤ 蔡雯：《从面向“受众”到面对“用户”——试论传媒业态变化对新闻编辑的影响》，《国际新闻界》2011 年第 5 期。

⑥ 匡文波：《2012 手机媒体发展盘点》，《传媒》2013 年第 1 期。

导向研究传统媒体融合发展策略，也是呼应了新闻学界和业界的期待。具体来看，移动端新闻用户即手机终端党报的使用者，不仅能浏览也能发表评论并转发分享，这不同于以前被动的阅读，也更体现出“用”的特点。

媒体融合背景下的用户研究数量较少，早期的文章主要论述的是传受关系、用户特征、互动以及融合新闻的效应等，近期的研究开始关注用户在媒体融合发展中的作用。李嘉妮对于媒介融合背景下的新闻受众特征进行了分析，发现新闻受众具有广泛性、自主性和思维多元化的特征。[①] 王耀民在对媒介融合环境下的受众特点分析的基础上，指出媒介融合环境下的受众乐享媒介的过程中也面临着信息焦虑、媒介沉溺、交往异化、隐私安全等问题。[②]彭增军指出造成媒体融合夹生饭的一个重要却常常被忽略的原因是受众加入了新闻生产的过程。受众有了更多的选择权和决定权，可以决定何时、何地，以何种方式接收信息。因此，媒体在融合发展过程中必须把受众考虑进去，才能够进行有效的模式创新。更重要的是媒体融合只是手段，是商业模式，不是目的，不能为融合而融合。[③] 但是上述研究多做宏观上的思考，尚未以用户为主体进行系统深入的研究。

综合前期的研究成果发现，对于媒体融合的研究存在一定的不足。第一，媒体融合的相关文献较多，但相关研究多流于表面，多集中于现状、问题和对策等的战略层面分析，多以传统媒体应如何应对媒体融合发展居多。第二，虽然部分研究意识到用户研究的重要性，但多为泛泛之谈，缺乏针对用户心理、行为的深入研究。第三，研究方法上存在缺失，多为经验之谈与宏观战略分析，缺乏实证研究，思辨性研究和对媒体融合主体的研究也较为少见。第四，研究方法缺失，研究不够深入，理论性的研究较为不足，无法指导实践。因此，本研究从宏观上分析媒介、人和社会间相互影响相互作用的关系，从媒体融合中的供需关系解析人的重要作用，解析用户新闻媒介选择行为成因，分析国内外代表型传统媒体改革发展案例，提出我国报业集团改革策略，以期解决传统新闻媒体融合发展进程缓慢、效果不佳的长期痛点，从而助力媒体融合向纵深发展。

---

① 李嘉妮：《试析媒介融合背景下的新闻受众特征》，《新闻研究导刊》2015 年第 10 期。

② 王耀民：《媒介融合生态下的新型受众分析》，《新闻知识》2018 年第 10 期。

③ 彭增军：《新闻业的救赎：数字时代新闻生产的 16 个关键问题》，中国人民大学出版社，2018。

第二章　从读者到用户

传播技术的迅速发展，促使传统媒体的传播体系逐渐瓦解。新媒体时代的传播平台、传播方式与传统媒体时代有着本质的区别，“受众”属性也发生了根本性的转变。“受众”不再是单一的信息接收终端，其身份逐步多样化，既是信息的接收者，也是信息的传播者与生产者。这种变化是信息技术迅速发展到一定阶段的必然产物。童兵指出，“马克思主义经典作家对‘受众’的观察、研究和论述，既是他们新闻传播实践的生动展现，也是对所处时代的社会生活沿革和科学技术发展深刻影响的回应。”① 受众研究既可以使我们更为深刻地理解媒介环境的变化，又可以为新闻传播实践提供重要的依据。

新媒体对于传统新闻媒体的巨大冲击，导致了传统新闻媒体读者的大量流失，大大减弱了传统媒体的主流地位与影响力。为适应新的媒介环境，全国各大党报纷纷向新媒体平台发展，建设“两微一端”。虽然传统媒体向新媒体平台转型的比例较高，但是整体效果不佳。究其原因，关键在于没有真正做到新媒体时代的“用户”思维转换。

第一节　用户观念的建立

“受众”是指信息传播过程中的接收者。麦奎尔认为，受众最早的概念是“特定地点的实体人群”，其源于公共剧院、歌舞表演以及早期的竞赛和大规模表演的观众。② 并且麦奎尔指出受众可能同时存在于社会、媒介和媒介内容中，其通常有两种类型：一、人们激发媒介使其提供适当的内容，即，人们的需求促使媒介提供内容；二、媒介内容对人们产生吸引力并创造了受众。

实际上，若采用以上第一种类型，可以假定媒介对社会、国家、地方社

---

① 童兵：《马克思主义新闻观中的“受众”》，《新闻与写作》2016 年第 10 期。

② 〔荷〕丹尼斯·麦奎尔：《麦奎尔大众传播理论》，崔保国、李琨译，清华大学出版社，2016。

区、既存的社会团体或被媒介选定为“目标群体”的某类人的普遍需求做出了回应；如按第二种类型，可以假定受众是因某些新传播技术，如电影、电视或广播的发明而被创造出来的，或者受到某些传播“渠道”如新杂志或广播电台的吸引而产生的。[①] 在此情况下，受众是由媒介来源特性，即“电视观众”或“某报的读者”来定义的。

一般来说，对受众的定义主要以第二种类型为主，即，按媒介的来源特性把受众进行细分。通常把纸质媒体的阅读者称为“读者”，把广播媒体的收听者称为“听众”，把电视、电影等视听媒体的用户称为“观众”。但是到了互联网时代，媒介传播方式的转变导致受众接收与获取信息的方式发生了根本性的转变，因此通过互联网获取和接收信息的使用者被统称为“用户”，这更强调了新的媒介环境下信息接收者的能动性与自主性，更注重信息接收者与媒介间相互作用相互影响的动态关系。

早期的受众研究主要认为受众具有大规模、无稳定结构、分散及匿名等特点，而且受众是盲目的、毫无抵抗力的，完全受大众传播内容的影响。因而出现了“皮下注射”“议程设置”等相关理论。但是随着传播学研究的不断深入，人们发现大众是具有自主能动性的。E. 卡茨在研究中发现用户使用媒介是基于个人的需求与愿望的。使用与满足理论指出，“社会和心理根源产生需求，需求产生对大众媒体或其他信息来源的期望，期望导致媒介接触（或对其他活动的参与）的不同方式，进而导致需求的满足和其他结果（或许大部分是无意义产生的结果）。”[②] 麦奎尔以人类需求的一般理论为基础，提出了较为倾向于心理学的受众动机理论，指出了 16 种不同形态的媒介使用动机，证明用户是根据不同的目的选择使用不同的媒介的。[③] 随着媒介技术的不断发展，受众可选择的媒介资源日益丰富，各媒介间存在着激烈的竞争关系。新媒体时代更加印证了“媒介对受众的需求，超过受众对媒介的需求”[④]

---

① 〔荷〕丹尼斯·麦奎尔：《麦奎尔大众传播理论》，崔保国、李琨译，清华大学出版社，2016。

② Katz，E.，Jay G. Blumler & Michael Gurevitch，“Utilization of Mass Communication by the Individual”，*The Uses of Mass Communications*：*Current Perspectives on Gratifications Research*，ed Jay G. Blumler and Elihu Katz（Beverly Hills），Sage，1974（20）：11 –34.

③ 〔荷〕丹尼斯·麦奎尔：《麦奎尔大众传播理论》，崔保国、李琨译，清华大学出版社，2016。

④ 〔荷〕丹尼斯·麦奎尔：《麦奎尔大众传播理论》，崔保国、李琨译，清华大学出版社，2016。

这一观点。随着媒介间市场化竞争的日益激烈，受众的个性化逐步凸显，“受众”观念逐渐被“用户”的概念所代替。

在媒介竞争关系日益激烈的新媒体环境下，用户在媒介的选择与使用上具有了更多的自主权，用户对新媒体产品的选择与使用行为直接影响了媒体发展前景。因此，具有创造价值的潜力用户成为新媒体时代各类媒体竞争的重要资源。[①] 在媒介形态与受众结构发生巨大变化的新媒体环境下，加深对受众变化的解析和对新型“受众”的认知，是传统媒体向媒体融合发展的基础。只有全面掌握新媒体环境下的“用户”特点与需求，传统媒体才能在新媒体环境下走出可持续发展的第一步。

第二节　用户特点的分析

“屏读”（Screening）一词是凯文·凯利在《必然》一书中提出的，主要指通过各种屏幕获取信息的行为，包括“阅读文字、观赏文字和阅读图像”等。前期研究发现[②③]，手机等移动终端已经成为网民获取新闻资讯的主要平台，“屏读”成为人们获取新闻资讯的新方式。

弗鲁塞尔认为不同的传播符号所构建的不同媒介，会对人类的认知行为和思考模式产生不同的影响。移动终端传播技术的发展与普及，使人们从以书籍为载体的文本（context）时代过渡到了以屏幕为载体的技术性符号（tecno - code）时代。这导致受众在信息接收上发生了根本性的转变，虽然二者同为信息的获取者，但是传统的纸媒“读者”与新媒体“用户”有着本质上的差异。本章将从读者与用户的身份属性、信息获取方式、阅读习惯、参与方式等方面的差异进行综合分析。

一　身份属性的变化

从概念的界定上看，“读者”是传统报业对受众的概念界定，表示的是自上而下的传播模式、一种不对等的信息供给关系，即读者被动接受报业提

① 崔先伟：《浅谈传统媒体转型过程中与读者关系的重塑》，《新闻研究导刊》2015 年第 15 期。

② 中国互联网络信息中心：《第 46 次〈中国互联网络发展状况统计报告〉》，2020，第 9 页。

③ 皮尤研究中心：《2016 年媒体报告盘点》，2016 年 11 月 13 日，http：//www. 199it. com/archives/536418. html。

供的新闻资讯，这在一定程度上会造成事实上长久的供需脱节。在信息传播过程中传统媒体处于绝对的优势地位，而受众处在弱势地位，被动地接收信息。从早期关于受众的传播学理论（“皮下注射”理论、“议程设置”理论）中可以看出，受众被看作是孤立的、被动的个体，在传播活动中对媒体的传播内容是毫无防备的，缺乏抵抗能力。

用户与读者有着本质的区别，是互联网时代的产物，它的身份特点更符合互联网的传播特性，更强调的是自主性、个性化，更重视使用行为、心理及体验。在信息高度膨胀的互联网时代，“用户”获取信息的方式与渠道更为多元化，拥有了更多的选择权与主动权。

对于媒体来说，屏读时代的一大好处是可以获得更多的用户信息。阅读时代媒体若不通过专门的调查研究，很难了解读者的身份、兴趣爱好、阅读后的感受等方面的信息。因此，大众传媒时代主要是以专业的大众传媒机构主导的传播为主，即从新闻价值的主体出发选择内容。但是在屏读时代，媒体通过各种数据追踪与抓取技术获取用户信息，了解用户使用行为及心理，注重用户反馈与体验。因此，互联网时代讲究的是用户的个性化，注重的是用户个人新闻消费取向，媒体通过智能算法根据用户需要进行差别化的信息推送，满足用户的多元化需求。

相关研究发现，用户是以不同的方式、基于不同的目的在使用移动新闻媒体的，而使用过程中媒体的系统功能、内容质量、呈现效果等方面的因素又影响用户对媒体的使用体验及评价，[①] 对媒体的评价与认知则会最终导致用户的媒介使用意向。[②] 因此，新媒体时代具有市场价值的用户，对媒体的发展具有重要的意义与影响。

二　信息获取方式的变化

屏读时代，媒介环境的变化使人们获取信息的习惯发生了改变。阅读时代人们更注重的是文字本身的内容，但是屏读时代人们更看重的是技术，更喜欢视觉的冲击以及多元的视觉呈现，信息是以松散的方式聚集在一起的。[③]

---

① 谢金文、邹霞：《移动新闻用户体验模型构建及实证研究——基于上海 5 所高校学生的调查》，《西南民族大学学报》（人文社科版），2017 年第 7 期。

② 王雪：《社交网络媒体研究：回避行为、转换意图及其影响要素》，延边大学出版社，2016。

③ 〔美〕凯文·凯利：《必然》，周峰译，电子工业出版社，2016。

金成在指出，每一次媒介传播技术的革命都会给人们带来不同的影响，这种影响与其说是技术媒体革命所带来的，还不如说是该媒体承载的符号所引起的。① 屏读时代的媒体信息多元化呈现方式，导致人们的思考方式不再像阅读时代那样强调线性思维，注重逻辑性，而是转为碎片化、跳跃式的思维方式。

信息生产与传播方式的变化，还表现在移动终端的广泛应用与普及对用户行为造成的影响上。移动终端的广泛应用与普及，使人们与手机时刻相连，出现了“捆绑的自我”现象。② 也就是说，人们通过手机可以时时刻刻与互联网或他人保持连接，一直处于网络中的一种状态。移动终端的这一消费特点，虽然可以让用户更高效率地利用时间，随时随地获取想要的信息，但是这一消费特点也导致了用户难以保持长时间的、持续静态的阅读，使移动终端用户的注意力大大降低。③ Deresiewicz 也同样对通信技术的发展对人们的影响表示了担忧，他指出通信技术不仅剥夺了人们的隐私与注意力集中的能力，甚至还剥夺了个人独处的能力。④

互联网时代的信息具有海量化的特点，内容生产以惊人的速度进行着。例如推特每天发布的信息有 5 亿条，优兔上传的新视频有 1 亿小时。⑤ 在这样的媒介环境下，用户难以长时间集中注意力关注某一媒体信息。相关研究发现，读者花在报纸上的时间明显高于花在新闻网站上的时间。具体来看，用户在线阅读新闻往往是以快速浏览的方式，每人平均每月花在新闻网站的时间是 54 分钟，平均每天只有几分钟而已，但是普通人阅读一份报纸的时间一般是 25 ~ 35 分钟。⑥ 正如媒介理论学家弗鲁塞尔的观点，媒介技术的发展将会对人类文化产生影响或是带来危机。

在海量的媒介信息环境下，人的注意力是有限的，用户的注意力成为新

---

① Seong - Jae, Kim. “For A Phenomenology of Media in the Postliterary Age: About the birth of technical pictures”, *Korean Association for Broadcasting & Telecommunication Studies*. 2000, 19 (1): 79 - 101.

② Turkle, S. “Always - on/always - on - you—The teteered self, In Handbook of Mobile Communication Studies, James E. Katz (ed.), Cambridge, MA: MIT Press, 2008: 121 - 137.

③ 彭兰:《场景：移动时代媒体的新要素》,《新闻记者》2015 年第 3 期。

④ Deresiewicz, W. *The End of Solitude. The Chronicle of Higher Education - The Chronicle Review*, http: //chronicle. com/article/The - End - of - Solitude/3708.

⑤ 〔美〕詹姆斯·韦伯斯特:《注意力市场——如何吸引数字时代的受众》，刘石磊译，中国人民大学出版社，2017。

⑥ 〔法〕茱莉亚·卡热:《媒体的未来——数字时代的困境和重生》，洪晖、申华明译，中信出版社，2018。

媒体时代重要的稀缺资源，以何种形式在短时间内吸引用户注意力，成为移动终端新闻媒体亟待解决的问题。

三　参与性的变化

传统媒体的读者与新媒体用户相比的另一大差异，还体现在新闻生产的参与性上。纸媒的读者很难直接参与新闻内容的选题与制作，而新媒体用户则具有更多的主动权。目前，互联网络中只有40%的内容是以商业形式创造出来的，其他的内容都是用户生成。[①] 出现这一现象主要在于以下原因。首先，新媒体为用户提供了自我表达的平台。童兵指出，新媒体时代是以用户为传播主体的时代，新媒体为一般大众提供了广泛参与新闻信息生产传播与接受、舆论表达和舆论引导的空间，人们拥有了自我展示与表达的平台。[②] 相关数据显示，截至2016年下半年，使用过社交媒体获取新闻资讯的用户比例高达90.7%。[③] 用户可以通过社交媒体平台，以转发或评论的方式，表明自己的新闻态度和立场。社交媒体不仅是用户获取新闻资讯的重要渠道，也是网络社会热点事件形成和发酵的平台，已成为舆论形成与发展的重要载体和新的公共舆论场。

其次，新媒体用户的表达欲望更为强烈。传统媒体时代的读者，很难有机会与平台表达个人的意见与观点，但是社交媒体的崛起，为用户提供了表达的平台，用户生成内容（User - generated Content）成为互联网的主流，新闻领域用户参与新闻也逐步广泛与深入，形成了新的新闻生产模式。麦奎尔指出，搜寻者（seeker）、咨询者（consultant）、浏览者（browser）、反馈者（respondent）、对话者（interlocutor）、交谈者（conversationalist）这样的角色，将代替被动的接听者、消费者、接受者或目标对象这样典型的受众角色。[④] 可见受众在新闻生产中的作用日益加大。

顾洁等按媒介技术的发展与新闻报道内容的演变，将受众参与新闻传播分为“点缀阶段”“收编阶段”和“共谋阶段”。[⑤] 点缀阶段是指在20世纪

---

① 〔美〕凯文·凯利：《必然》，周峰译，电子工业出版社，2016。

② 童兵：《新媒体时代舆论表达和舆论引导新格局》，《新闻爱好者》2014年第7期。

③ 中国互联网络信息中心：《2016年中国互联网新闻市场研究报告》，2017年1月。

④ 〔荷〕丹尼斯·麦奎尔：《受众分析》，刘燕南、李颖、杨振荣译，中国人民大学出版社，2006。

⑤ 顾洁、秦祎：《技术与内容的双重突破——受众参与新闻传播的历史路径与发展空间》，《新闻与写作》2013年第6期。

90年代初，受传播技术的限制，受众参与新闻大多是通过提供新闻线索的方式。这一阶段受众之间几乎难以相互联系，受众对大众新闻起的作用也不大。随着新媒体技术的不断发展，受众借助新媒体技术在一些突发事件中为新闻生产提供了大量的新闻素材（现场照片等），此时的受众不仅是现场新闻的生产者、评论者，还是媒体深入报道的推动者，这一阶段则是主流媒体对UGC的收编阶段。共谋阶段则是体现在新闻内容生产上，新闻以与公众切身利益相关的政治经济生活等方面的新闻选题为主，媒体邀请公众参与新闻报道。这一阶段以英国《卫报》在2012年初倡导并实行的“开放式新闻”计划为主要标志。①

在新媒体传播技术的支撑下，用户可以更为广泛与深入地参与新闻的生产过程，从被动接受到提供线索、提供素材，直到现在的直接参与新闻的内容生产。在新闻生产的形式与内容的转变过程中，用户在新闻传播中的地位与作用发生了明显的变化。

不同的传播符号构建了不同的媒介形式，形成了不同的媒介生态环境。在新的媒介环境下，受众的身份属性、信息接收习惯、参与性等方面都发生了质的变化。麦克卢汉提出“媒介即讯息”，指出媒介技术的更新迭代，不仅改变了媒介形式，而且改变了原有的媒介环境及社会环境。② 在新闻媒体研究中，不仅要看到新的媒介形态的变化，还要考虑到媒介的变化带来的媒介生态环境、新闻产业环境、社会环境及用户属性的转变。

第三节　新媒体时代媒介对用户的心理影响分析

社交媒体可以称为新媒体时代最具代表性的媒介，它是以参与、共有、开放的Web 2.0技术为平台的新媒体形态，是社会化媒体或社会性媒体，支持用户逆向上传，改变了传统媒体信息的传播流程。社交媒体以用户个人为中心，拥有自发传播的特点，允许用户个人进行信息内容的生产、创造和交流，并且具有实时性、互动性、连通性、开放性和社区化等特征。社交媒体的发展极为迅速，且普及率较高。截至2018年，全世界已有超过80%的网

① 顾洁、秦祎：《技术与内容的双重突破——受众参与新闻传播的历史路径与发展空间》，《新闻与写作》2013年第6期。

② 〔加〕马歇尔·麦克卢汉：《理解媒介：论人的延伸》，何道宽译，译林出版社，2011。

络用户在使用社交媒体，由此可见，社交媒体已不再是单纯的社交工具，它占据了我们的生活中的重要位置。[①] 为了探究新媒体时代媒介对用户心理和使用行为的影响，本节以社交媒体为研究对象进行深入分析，解析用户在新媒体的使用过程中受到的心理影响。主要根据目前社交媒体的使用现状及问题，对用户在使用社交媒体的过程中产生的负面评价和主观幸福感受到的影响两方面进行解析，并提出有针对性的解决路径，以期指导用户以正确的方式合理使用媒介，降低新媒体的使用对用户造成的负面影响。

一　社交媒体负面评价

社交媒体的不断普及所带来的影响并不只有积极、正面的。凯度集团发布的《2018 凯度中国社交媒体影响报告》中显示，社交媒体对用户的消极影响比例由 2017 年的 89% 上升到了 93%，特别是用户在社交媒体使用中产生的精神层面上的负面影响有明显增加。根据中国互联网络信息中心（CNNIC）第 43 次发展状况统计报告，截至 2018 年 12 月，代表强连接的封闭型社交媒体微信朋友圈、QQ 空间用户使用率分别为 83.4%、58.8%，较 2017 年底分别下降了 3.9、5.6 个百分点。社交媒体使用率的下降与社交媒体的负面影响存在直接的关联。因此，我们将从用户个人使用层面和社会交往层面，全面解析用户在使用社交媒体的过程中对其形成的负面评价。

社交媒体评价是指用户在使用社交媒体后对其服务及功能等方面做出正面及负面的综合评价。而负面评价包括：一、在个人使用层面和社会交往层面产生的社交媒体疲劳感；二、隐私侵犯担忧；三、社会评价顾虑；四、社交媒体疏离感。

（一）社交媒体疲劳感

社交媒体给用户带来了诸多便利，如信息检索和共享、建立与维持社交关系等。但是，媒介技术过度的开放性与实时性等也带来了不便甚至负担。具体体现在：一、新技术或媒体在操作等方面的难度带来的使用负担；二、信息过载、信息冗杂所带来的信息接收疲劳；三、人际关系超负

① Kim, Kyongdal, HyunJoo Kim & Young Bae, "Exploring the Concept and Determinants of SNS (Social Network Service) Fatigue", *Information and Society*, 2013 (26): 102 - 129.

荷所形成的人际关系负担。上述问题使用户在精神和身体上产生疲劳。用户在使用社交媒体的过程中产生的精神上和身体上的疲劳感，被称为社交媒体疲劳感。

Kyongdal Kim 等人认为，社交媒体疲劳感是用户在社交媒体使用过程中产生多样体验后，形成了对社交媒体的负面评价，包括精神上和身体上的疲劳感。[①] Hyun Ji Lee 和 Dong Hun Chung 把在社交媒体使用过程中经历的负面问题，如信息超负荷、隐私侵犯、机会成本提高等问题定义为社交媒体疲劳感。[②] 但是，社交媒体疲劳感不只是在媒介使用过程中产生的，它可以出现在使用社交媒体之后。

社交媒体疲劳感源于技术与社交两个方面。首先，从技术接受的角度来看，任何一种新媒介在应用初期，用户都需要相应的时间学习和适应，新媒介的下载、安装、操作等，这些操作技术方面的复杂性在某种程度上会给用户带来一定的负担。技术方面存在的难度在媒介使用过程中也是产生媒体疲劳感一个重要的因素。社交媒体与一般大众媒体不同，用户不是单方向接收信息，而是需要投入大量的时间去管理与更新自己的信息。在社交媒体上流动的大量信息或他人的状态都需要一一确认，这的确是件非常令人疲倦的事情。推特公司在 2014 年研发了一种不看特定用户的信息功能（mute 功能），该功能主要针对推特“太吵”的问题而研发。据统计，在推特上每天发布的信息数有 5 亿条之多。人类每天的时间和注意力都是有限的，媒介传播的信息内容却近乎无限，信息洪水现象导致用户接受疲劳的现象日益严重。例如推特由于推送的信息数量过多，“推特疲劳感”的情况比较严重，出现了大量用户抗拒使用的现象。

其次，在社交方面，管理在社交媒体上形成的众多的人际关系，需要大量的时间与精力，这导致社交媒体疲劳感产生。在社交网络中，人们渴望与他人建立联系，保持社会关系，但是，当关注的人数超过一定数量时，就会产生信息泛滥的现象。[③] 邓巴认为，人类在有限的注意力下，可以拥有的稳

① Kyongdal，Kim，Hyun Joo Kim & Young Bae，“Exploring the Concept and Determinants of SNS（Social Network Service）Fatigue”，*Information and Society*，2013（26）：102－129.

② Hyun Ji，Lee & Dong Hun Chung，“Influence of Perception toward Characteristics and Functions of Social Media on the Replacement Intention of Twitter and Facebook”，*The Korean Journal of Advertising ang Public Relations*，2013. 15（4）：100－133.

③ 王洪伟、任豪：《社交网络的有效信息量研究：基于节点强度的分析》，《北京工业大学学报》2015 年第 5 期。

定社会网络人数在150人左右，这就是著名的150定律，也被称为邓巴数字(Dunbar's number)。也就是说，当社交媒体朋友数量超过150人时，或者当接收的信息量超载时，就会出现社交网络的“悖论”现象。[①] 即，人们在社交媒体上想要建立紧密联系的渴望，会随着朋友数的增多产生反向效果。在社交媒体中比起推特、微博等信息型社交媒体，更强调社交特性的微信、脸书等社交型社交媒体的疲劳感相对来说更高。用户在管理社交媒体上形成的众多人际关系时，消耗了大量的时间和精力，产生了身体和心理上的疲劳感。

从人际关系的质量上考虑，社交媒体上的人际关系和线下的人际关系是有着本质区别的。即，线上的人际关系和真实世界的关系是有差异的。用户在管理社交媒体上形成的大量的人际关系时，由于感知到的付出与所得不成正比，会更容易感到疲劳。

因此，社交媒体疲劳感可以定义为：在社交媒体使用过程中，由于技术或社交原因而产生的心理的负担和身体的疲劳。社交媒体疲劳感依据用户个人的性格特点、对媒体的认知及依赖程度的不同而存在差异。一般认为，社交媒体的使用时间越长，媒体依赖程度越高，越容易产生社交媒体疲劳感。[②]

（二）社交媒体的隐私侵犯

法学中把隐私定义为“自己独处的权利”，从“空间”的侧面上来讲，主要指保障个体与社会或他人保持一定距离的权利。随着通信技术的发展，人们经常处于相互连接的状态。人们通过移动终端等“实时连接的工具”(always/always - on - you）随时随地与他人保持着相互连接的状态。雪莉·特克尔把这种现象称为“捆绑的自我”（tethered self)。[③] 社交媒体以智能手机为平台，不受时间、空间的局限，用户时时刻刻相互连接，随时随地相互接触，捆绑的自我现象更为突出，由此产生了隐私侵害等负面问题。无论是上班时间、上课时间还是休息时间，社交媒体可以时时刻刻侵入我们的

---

① 王洪伟、任豪：《社交网络的有效信息量研究：基于节点强度的分析》，《北京工业大学学报》2015年第5期。

② Wang Xue. “A Study on the Factors of Social Media Avoidance and Switching Intention”, PhD Thesis Chosun University, 2014.

③ Turkle, S. “Always on/always on you—The tethered self, In JamesE. Katz (ed.), *Handbook of Mobile Communication Studies*, Cambridge, MA: MIT Press, 2008, 121 - 135.

生活。

韩国信息通信政策研究院（KISDI）的研究发现，社交媒体用户对因个人信息外泄及隐私侵犯所带来的危害感到十分不安。个人信息及隐私侵犯是用户最为担心的问题。在韩国曾出现过断绝和社交媒体上“朋友”连接的“反社交网络服务”运动。

在大数据信息背景下，用户在互联网上的每一个行为都会留下相应的数据记录。Koops 将这些数据记录分为两类：一类是由用户个人留下的“数据脚印”（digital footprint）；另一类是由他人建立的关于用户的“数据影子”（digital shadows）。[①] 用户一旦将信息上传到网络空间，就失去了对信息的传播控制权。即使用户个人删除该信息，但是无法知道有多少用户对此信息进行了转载、保存和再次传播。另外，媒体会通过大数据分析技术对用户的个人行为数据进行分析，预测用户的喜好，对其进行信息推送和广告投放，甚至以营利为目的将用户数据销售给第三方机构。用户即便意识到了隐私风险的存在，但仍需要不断更新和发布个人的相关信息以维持社交关系。

（三）用户的社会评价顾虑

由于社交媒体是用户相互连接形成的网状形态关系，可以实现信息的瞬时交换及共享，因此，对于 social media 一词中的 social 解释为“社会”不如解释为“关系”更贴切。在形成与维持社交关系的过程中，一个影响社会关系质量的重要因素就是社会性评价。社会性评价是影响社会性交换情况下人际关系程度的重要因素。人们喜欢和可以信赖的人交往，主要依靠周围人的评价选择可以信赖的人，远离背叛或有欺骗行为的人。[②] 所以，在形成和维持社会关系的过程中，人们很自然地会在意他人对自己的评价。

心理学研究领域将个体在与他人的社会交往过程中因正在或预期遭受他人的负面评价而担忧和恐惧定义为负面评价恐惧（fear of evaluation，FNE）。[③] 有负面评价恐惧倾向的个体，会更在意他人给出的负面评价，更担

① Koops，B. J.，“Forgetting Footprints，Shunning，Shadow – A critical analysis of the ‘right to be forgotten’ in big data practice”，*Scripted*，2001，8（3）：229 –256.

② Berg，A. & Engseld，P.，“The Problem of Cooperation and Reputation Based Choice”，Annual Meeting of the American Choice Society，New Orleans，2005 –3：19 –13.

③ Watson，D.，& R. Friend，“Measurement of Social – evaluative Anxiety”，*Journal of Consulting and Clinical Psychology*，1969，33（4）：448 –457.

忧他人可能给出的负面评价，更注重给他人留下好印象。在演讲、聚会等情景中，人们都可以体验到这种广泛的社会评价性焦虑。①

普及度和使用率较高的社交型媒体，特别是强连接的关系型社交媒体，已经成为人们进行社会交往活动的主要工具。因此，用户在所属的社区网络中受到的评价对人际关系的质量有着重要的影响。由于社交媒体具有较强的实时扩散信息的功能，所以管理好社交媒体个人评价是件非常重要的事情。特别是强调建立与维持社会关系的社交型媒体，用户会担心上传的个人感想、照片、视频等相关信息会影响他人对自己的社会评价，因为信息只要上传到社交媒体便是不可控的。在此过程中，用户如果获得较好的评价，便可以很顺利地与他人建立和维持社会关系，反之，不良的评价可能导致用户难以继续维持正常的社会关系。因此，用户对个人的社交媒体评价存在一定的顾虑和担忧，是社交媒体的一个显著的特征。

（四）社交媒体的疏离感

疏离（alienation）主要是强调社会成员主观上的心理感受和体验，指个体心理上的孤独感、疏远感、冷漠感、无意义感等消极的负面情感。不同的学者给出了指代不同的现象与意义的概念。关于“疏离”这个词可从三个方面来分析：社会构造的观点、心理学观点和社会心理学观点。社会构造的观点是从疏离的客观性与构造的特性来观察的；心理学观点是从个人独立的心理状态考虑的；社会心理学观点则是从社会的结构性条件及个人从自身所在的人际关系网络中感知到的主观经验来分析的。

本研究考虑到社交媒体的关系指向型特性，在关于疏离的三个特性中，主要从个人在社会关系中主观感知到的经验，即以社会心理学观点为依据进行分析。社会心理学者 Seeman 认为，疏离感包括五个要素，即无力、无意义、无规范、孤立和自我疏离。② 用户在社交媒体上经常会在意和他人的关系，在与他人的关系中确认自身的存在，为维持这样的关系不断地努力。如果这样的努力没有得到良好的反馈，人们就会有无意义、无力、孤立等疏离感。

社交媒体疏离感是指个人在所属的社交网络中没能很好地融入，从朋友关

---

① 汪向东：《心理卫生评定量表手册》，《中国心理卫生杂志》，1999 增刊，第 204～229 页。

② Melvin，Seeman，“On the meaning of alienation”，*American Sociological Review*. 1959，24（6）：783－791.

系中产生距离感或是无力感，在自身所属的人际网络中产生的距离感不断增加的一种状态。马斯洛指出随着通信技术的高速发展，人们与他人建立人际关系的欲望、与他人分享友谊的欲望、在自身所属集体中获得所属感与纽带感等心理欲望不断增加。① 因此，社交媒体用户更期待与建立了人际关系的朋友有更多的互动，可以得到更多的社会关系。但是如果情况相反，用户从他人那里得到的关心比期待值小的话，就会很容易产生剥夺感与疏离感。

有研究发现，使用脸书会出现很多问题，如用户使用中毒、线下社会性缺失、相对的剥夺感、疏远感、对肤浅的网络社交关系的怀疑等问题。② 社交媒体可以使人们增进相互的连接，是形成与维持社会关系时很实用的媒体。但是，如果在与社会交往中归属感及亲密感的预期没能得到满足的话，用户很容易产生剥夺感和疏离感。

相关研究发现，手机媒体的使用程度与疏离感有直接的关系，手机依赖会使用户产生孤独感和疏离感。③ 笔者在研究中发现，社交媒体的使用程度对社交媒体疏离感有直接的影响，社交媒体使用依赖性强的话，社交媒体疏离感也相对较强。并且社交媒体疏离感对社交媒体的持续使用意向有直接的影响。

二　用户的媒体使用方式对主观幸福感的影响

（一）使用行为与社会比较行为的关系

1. 社会比较行为的概念化梳理

社会比较的概念最早由美国社会心理学家费斯汀格提出。简单来说，社会比较就是把自己的处境和地位与他人进行比较的过程；这一过程包括认知、情感和行为等不同的方面。关于社会比较的类型，研究者提出了不同的理论假说和模型。一般来说，可分为三种：上行比较、平行比较和下行比较。费斯汀格等人认为，上行比较是个体和各方面比自己更好的人之间的比较，平行比较就是个体和各方面与自己相似的人之间的比较，下行比较则是

① 韩永青：《媒介环境素养研究：背景、内容、范式与价值》，《新闻爱好者》2018 年第 7 期。

② Sung，Wook Hwang & Jae Jin Park，“Facebook，What's the Problem? – Exploratory Factor Analysis of Psychological Problems”，Korean Society for Advertising Education，2011（91）：68 – 95.

③ 姜永志、白晓丽：《大学生手机互联网依赖对疏离感的影响：社会支持系统的作用》，《心理发展与教育》2014 年第 5 期。

个体与各方面比自己更差的人之间的比较。

2. 社会比较行为分析

社会比较理论在媒体研究领域被广泛应用。前期研究主要集中在电视媒体视听环境下，用户与演员或模特等媒体环境中的人物通过上行比较产生的精神上与认知上的影响。① 但是使用率与普及率较高的社交化媒体既是用户展示自我的平台，也是接收他人信息的工具，用户与他人进行上行比较和下行比较时其心理情感会受到不同的影响。

社交媒体不同于以匿名制为基础的虚拟网络，它的实名制特点使用户在网络中展示的是更为真实的自我。因此，用户不再是单纯地通过角色扮演来进行自我呈现，而是在表现更为真实的自我的同时，运用丰富的手段来修饰自己在社交媒体平台上的形象。因此，在社交媒体的使用过程中，用户往往倾向于展示更好的自己，以期待给他人留下良好的印象，获得更多的认同。加拿大社会学家戈夫曼在《日常生活中的自我呈现》中指出：每个人的行为都会给人以某种印象，因此每个人都有意识或无意识地在用某种技巧控制自己给人的印象。也就是说，在社会交往过程中人们总是特别注意自己给他人留下的印象，希望可以借此获得他人或社会的认同，这种行为被称为“印象管理”。在社交媒体的使用过程中，用户同样希望获得他人的认同，因此有意识地进行积极的自我呈现。用户在使用社交媒体的过程中，会从不同方面对自己进行印象管理。比如发表评论、表达观点等，都会展示自己积极进取的一面，突出自己是状态良好、乐观向上的。而他人在接收到这样的信息之后，就会有意识无意识地与之进行比较，从而改变对自己某些方面的评价。这就是用户在使用社交媒体的过程中产生的上行比较行为。

（二）用户的社会比较行为与主观幸福感的关系

1. 主观幸福感的概念化梳理

主观幸福感的研究兴起于 20 世纪 50 年代的美国，我国的相关研究主要开始于 80 年代中后期。不同的学者对主观幸福感给出了不同的定义，但主观幸福感一般都具备以下的特征。首先，主观幸福感是个人的主观情感（满

---

① Euna Park, Youngshin Sung, “The Effect of Consumers' Congnizance of Advertizing Model on Purchasing Intention”, *Korean Psychology Journal Consumer Advertisement*, 2001, 2 (1): 115 - 132.

意度)，是个人对其生活质量的主观评价。其次，主观幸福感主要是由期待的生活状态与现实生活状态的一致程度所影响的，因此，它是由个人对生活的期待程度所决定的。最后，影响主观幸福感的主要因素除了现实与期待的一致程度以外，还受社会支持、过去的成就、个人的价值观等因素的影响。①

2. 社会比较行为对主观幸福感的影响

我国社会比较理论对主观幸福感的影响主要集中在心理健康研究领域，一般认为上行比较会降低主观幸福感，相反，下行比较会增加主观幸福感。一些前期相关研究证明，收看电视会使个人对自己的生活质量产生负面的认识。② 重度观看电视的用户，频繁地观看到电视里出现的富有阶级的高消费场景，很容易对自身的生活产生负面的认识。这样的研究主要是关注用户的心理变化，也就是用户通过上行比较产生了相对失落感。

对脸书的相关研究发现，与积极生成文本内容的用户相比，被动地“阅读”信息的用户，更容易对他人产生羡慕感。被动地“阅读”会引起羡慕感频繁产生，严重的会降低对生活的满足感。通过脸书经常获取他人生活近况等相关信息的人，经常会与他人进行上行比较，这样的上行比较行为会对生活的满意度产生负面的影响。③

(三) 用户媒介使用行为与主观幸福感的关系

根据个人心理特征及需求的不同，媒体使用的动机与满足是有所差异的，使用动机的差异会产生不同的影响和效果。④ 用户社交媒体的使用动机虽然多种多样，但是大体可以分为维持关系的社交型、自我展示型、获取信息型以及娱乐消遣型。⑤ 美国学者赖特指出“提供娱乐功能”是大众传媒的

---

① Kyoung - Poon Ha, Min - Kyoung Joo & Sun - Hee Song, “Relationship of Participation Satisfaction, Living Satisfaction and Life Satisfaction among Elderly Participants in the Job Creation Project for the Elderly”, *The Journal of the Korea Contents Association*, 2014, 14 (10): 186 - 209.

② Wood, J. V., “Theory and Research Concerning Social Comparisons of Personal Attributes”, *Psychological Bulletin*, 1989, 106 (2): 231 - 248.

③ Hye - Seung Yang, Jin - Hee Kim, Mi - Hye Seo, “Does Facebook Make Us Happy?: Examining the Relationship among College Students' Facebook Use, Upward Social Comparison and Life Satisfaction”, *Korean Journal of Journalism and Communication Studies*, 2014, 58 (6): 270 - 297.

④ 王雪, Sunhee Park, “The Influence of SNS Use Experience on SNS Avoidance”, *The Journal of Humanities and Social Sciences*, 2014, 15 (3): 265 - 292.

⑤ 王雪, Sunhee Park, “The Influence of SNS Use Experience on SNS Avoidance”, *The Journal of Humanities and Social Sciences*, 2014, 15 (3) 265 - 292.

“四功能说”中重要的功能之一。传播学领域的娱乐传播指的是人们为了转换心情或者休息等，通过休闲活动（游戏）等刺激相关的信息交换活动。[①]用户使用社交媒体的主要原因之一是社交媒体能够提供娱乐，满足人们对娱乐休闲的期待。休闲可以看作一种精神状态，与个人的主观意识有关，是以个人的期待、感情、价值以及过去经验为基础的个人主观性意图的体现。[②]用户通过社交媒体传播获得的对娱乐休闲的满足，便是一种主观的情绪性情感的满足。因此，从娱乐功能来看，社交媒体在一定程度上可以提升用户的主观幸福感。相关研究发现，城市新移民的社交媒体使用，会对其主观幸福感有所影响，但是不同的使用方式效果也有所不同。如果人们更多地使用社交媒体进行自我表达，其幸福感会有所增强，但如果人们更多地透过社交媒体来观察社会，其幸福感则会减弱。[③]

（四）减少负面评价、提升用户主观幸福感的有关建议

针对降低用户对社交媒体的负面评价、提升用户主观幸福感的目的，笔者认为可以从媒介素养知识推广普及、用户自身媒介使用时间和方式的控制以及媒体单位在服务和系统的研发等几个方面着手改进。

1. 提高用户个人的媒介素养，以正确的方式使用媒介

在大众传媒时代，用户应该像美国学者尼尔·波兹曼一样认识到电视媒介“娱乐至死”的特性，而在互联网时代，特别是智能手机等移动终端普及的时代，用户需要认识到，在新的媒介技术时代，应该具备相应的“技术性想象能力”，即利用技术性媒介进行数字化生存的能力，并且也应该认识到技术性媒介所带来的危害，例如“低头一族”的危害、“碎片化阅读”替代深度阅读的危害、媒介化关系替代面对面的实际关系的危害，等等。这些认知都是新的媒介时代用户应该具备的媒介素养，只有增强相关的媒介素养教育，才能让新媒体用户在新的媒介时代，利用新媒介不断创造以及维系自己的主观幸福感。

新媒体环境下用户不仅是媒介信息的消费者，同时也是生产者。因此，

---

① 周海宁：《论互联网时代受众的数字化生存能力》，《出版发行研究》2018 年第 12 期。

② Kelly, J. R. & V. J. Freysinger, *21 st Century Leisure*: *Current issues*, Allyn & Bacon, 2000: 103.

③ 韦路、陈稳：《城市新移民社交媒体使用与主观幸福感研究》，《国际新闻界》2015 年第 1 期。

用户在追求媒介使用和信息传播主导权的同时，也应该坚持正确的舆论导向，维护网络传播秩序，维护网络空间环境，主动抵制低俗信息传播，以合理的方式使用社交媒体。

美国卡内基梅隆大学的学者伯克和克劳特对1200名脸书用户的使用行为进行了研究，主要分析社交媒体上的社会互动行为及社交媒体使用与幸福感、连接感的关系。[①] 伯克和克劳特将社交媒体上的交流方式分为三类：不留下任何实际内容，仅是一般的点赞或祝福的“点赞式交流”；仅浏览朋友的最新动态或泛泛地浏览、接收信息的“广播式交流”；对朋友的新动态给予积极反馈的“创作式交流”。另外，伯克和克劳特将社交网络上的关系分为以线下人际关系为基础的“强关系”和仅在网络上相识或仅是相知关系的“弱关系”两类。研究发现，根据交流方式和社交关系这两个维度，“强关系”的交流会提升用户的主观幸福感，相反，“弱关系”的沟通对幸福感没有产生影响。当人们看到他人对自己社交网络上的动态进行了细致认真的评论，幸福感与连接感会有所提升，“朋友”的“点赞”行为则对幸福感的影响不大。基于这项研究，我们可以认为，要提升幸福感，可以多多利用社交媒体与“强关系”进行深入互动，或者在与“弱关系”互动时，多一些更深入的交流。

另外，需要自觉地控制媒介的使用时间，做到不过分依赖社交媒体，合理安排线上和线下的社交活动。适当提高线下社会生活比重，是减少社交媒体负面评价和影响的有效手段。数字化生存是指在互联网时代，人们依赖媒介将社会化的生活空间扩展到了虚拟的网络空间，即，人们的生活是线下生活与线上生活并重的。合理的数字化生存规划，应该兼顾网络生活和实际的社会生活，而非偏重一端，造成失衡。过度的网络生活，即过度地进行媒介化生活而忽视线下的面对面式的交流，最终会导致线下关系不稳定，使线上的关系受到扰乱；只偏重于现实生活而忽视媒介化的生活，则会无法适应媒介技术进步带来的新体验，从而与大众生活脱节。不均衡的发展最终会影响主观幸福感的建立以及维护。所以，正确地使用社交媒体，应该均衡线下生活和线上生活，提升用户的数字化生存能力，也应该均衡地发展现实生活能

① Burke, M. & R. E. Kraut, “The Relationship Between Facebook Use and Well - Being Depends on Communication Type and Tie Strength”, *Journal of Computer - Mediated Communication*, 2016, (21), 265 - 281.

力和网络生活能力。

2. 提升高校媒介素养教育比重，普及媒介素养知识

媒介素养是一种文化的养成，提升媒介素养首先应该从高校的课程建设开始。高校是教育和培养人才的主要阵地，大学生也是社交媒体的主要用户群体。因此，高校应注重媒介素养的相关课程建设，普及媒介素养的相关知识，以正确的方式合理地引导大学生接触和使用媒介，增强大学生的媒介意识和新媒体的使用能力，并由点及面地辐射至更广泛的媒体受众。

3. 媒体单位应加强用户研究，提升媒体服务和系统性能

媒体单位应该加大对用户的关注与研究，不仅只注重经济层面的效益，还要注重社会层面的影响，提高社会责任感，重视用户在媒体使用过程中的生理和心理影响。同时，在新媒体时代，各媒体单位特别是新媒体单位应该加强对用户媒介使用行为和心理的研究，认识到媒介对用户和社会的影响，承担起媒体单位的社会责任，促进社会的良性发展，不断地推动媒介服务和系统升级。具体到社交媒体，应该认识到媒介功能上存在的不足，不断加大对用户隐私保护等方面的研发和系统升级，减少用户对使用媒介的担忧，降低用户媒介使用风险。

第四节　如何让读者变为用户

习近平总书记在党的新闻舆论工作座谈会上指出，要切实提高党的新闻舆论传播力、引导力、影响力、公信力。在2017年党的十九大上，习近平总书记再次强调，要高度重视传播手段建设和创新，提高新闻舆论传播力、引导力、影响力、公信力。

党报等传统新闻媒体是现代传播体系和国家治理体系的重要组成部分，发挥党报的舆论传播力、引导力和影响力，提升党报的公信力，对加强执政党的执政能力和提高国家治理能力具有重要的意义。

但是在新媒体传播技术的冲击下，党报等传统媒体面临着巨大的挑战，其传播力、引导力、影响力和公信力都受到了不同程度的影响。在新媒体环境下，通过传播手段的创新把党报等传统媒体的声音传出去，形成正确的舆论引导，与用户建立良性的互动关系，是传统媒体发展的方向与重点。

一 传播力:“四力”建设的前提与基础

传播力、引导力、影响力和公信力虽然各代表不同含义与指向，却是一个相互依存、相互影响、相互作用、不可分割的整体。国内学者对“四力”分别给出了不同的解释，但是究其根本，传播力主要是指信息传播者与接收者对信息进行编码和解码的能力，是实现有效传播的能力和效力。有效的传播取决于传播内容、传播渠道以及传播效果等因素，衡量传播力的核心标准就是受众是否精确、快速地实现了传播主体的意图，即达到预期的传播效果。① 对于新闻媒体而言，传播力是指根据自身的业务能力，通过采访编辑，凭借自身特有的传播渠道（报纸、新闻客户端、公众号等）将新闻传播出去，最终对用户产生影响的一种能力。引导力一般是指新闻媒体根据不同的议程或议题对受众进行的思想上的引导，引导受众把握正确的价值方向，纠正舆论偏差，形成舆论的主导意识流。② 影响力从本质上看，其实就是一种控制能力，它是在传播过程中产生的，建立在受众对媒体的关注与使用基础上，传播者通过信息传播，使受众在观点、认知和行为上受到影响，表现为遵从或效仿的能力。③ 对于公信力的研究可以分为两个阶段：前一阶段为早期的属性说，认为公信力是媒介本身的一种属性，其核心则为媒介的信用问题；但是后续研究发现，公信力不仅仅是媒介的一种属性，更多地体现为媒介与受众的一种关系。④ 这种“后续研究”可谓公信力研究的第二阶段。受传双方的一种心理互动行为，取决于媒体是否能够满足受众对媒体所承担的特定社会角色的预期，以及获得受众认同的程度。⑤

---

① 邢晓红：《新媒体境遇下提升我国主流意识形态传播力的研究》，《南京师大学报》（社会科学版）2016 年第 6 期。

② 沈正赋：《新媒体时代新闻舆论传播力、引导力、影响力和公信力的重构》，《现代传播》（中国传媒大学学报）2016 年第 5 期。

③ 强月新、夏忠敏：《当前我国主流媒体影响力的调研与分析》，《新闻记者》2016 年第 11 期。中国传媒大学党报党刊研究中心课题组：《新时代提升党报“四力”的意义与方法研究——“人民共和国党报论坛”第十四届（2017）年会综述》，《中国记者》2018 年第 2 期。喻国明：《关于传媒影响力的诠释——对传媒产业本质的一种探讨》，《国际新闻界》2003 年第 2 期。

④ 喻国明：《大众媒介公信力理论初探（上）——兼论我国大众媒介公信力的现状与问题》，《新闻与写作》2005 年第 1 期。

⑤ 王晓宁：《论网络媒体公信力的塑造与维系》，《郑州大学学报》（哲学社会科学版）2007 年第 6 期。

从在对传播“四力”的概念界定与属性分析中可以看出，传播力是提升引导力、影响力和公信力的基础，是四力建设的前提与基石。传统新闻媒体只有把自己的声音传出去，才能引导受众把握正确的舆论方向，影响受众的认知、意见与行为，进而与受众形成良性的互动关系，得到受众的认同。金梦玉也指出，传播力是引导力的物质与思想基础的结合，党报的媒体融合的实质是传播力的提升。[①] 由此可见，新闻舆论工作的“四力”建设应把传播力作为前提，从提升传统新闻媒体的传播力建设着手，进而提升引导力，扩大影响力，提高公信力。

在新媒介技术的冲击下，党报等传统媒体在信息传播中已经不再具有绝对的优势与影响力。党报等传统媒体如何利用有效的手段在新媒体环境下提升自身的传播力，是亟待解决的问题。在新传播技术的大力推进下，媒介环境发生了根本性的转变，媒介信息资源由“供不应求”转变为“供大于求”，媒介对受众的需求已经超过受众对媒介的需求，[②] 用户成为媒体市场竞争中的重要资源。强月新等指出，媒体传播力竞争的本质就是对用户的竞争，如果媒介信息无法传达给用户，媒介传播力也无从谈起。[③] 所以，本书认为提高用户满意度，注重用户体验，扩大用户市场是传统新闻媒体提升传播力建设的重要途径，是传统媒体改革发展的重要方向。

二　用户：新媒体时代提升传播力的重要资源

受众主要是指信息传播过程中的接受者。随着媒介环境的变化，受众属性也发生了根本性的转变，由早期的“读者”过渡到了“用户”。新媒体时代赋予了用户更多的选择权与主动权，用户对产品的选择与使用，直接影响了媒体的发展前景。因此，具有创造价值的潜力用户成为新媒体时代各类媒体竞争的重要资源。[④]

---

① 中国传媒大学党报党刊研究中心课题组：《新时代提升党报“四力”的意义与方法研究——“人民共和国党报论坛”第十四届（2017）年会综述》，《中国记者》2018 年第 2 期。

② 〔美〕丹尼斯·麦奎尔：《麦奎尔大众传播理论》，崔保国、李琨译，清华大学出版社，2016。

③ 强月新、陈星：《当前我国媒体传播力的影响因素研究：以受众为视角》，《新闻大学》2017 年第 4 期。

④ 崔先伟：《浅谈传统媒体转型过程中与读者关系的重塑》，《新闻研究导刊》2015 年第 15 期。

彭兰指出，传播力的实现并不单纯取决于新闻产品的质量因素，还与受众的兴趣、需求及作用于受众的社会环境有关，是多种因素共同作用的复杂结果。① 强月新等的研究表明，传播力的影响因素主要有受众对媒体的功能认知、新媒体特征认知以及媒介使用行为等方面。② 受众是影响传播效果的重要因素，是提升媒体传播力的基础。但是与聚合类新闻客户端相比，传统媒体转型后出现的新闻客户端，其用户满意度与用户体验均处于劣势地位，整体发展现状不容乐观。③ 在新的媒介环境下如何理解用户，提高用户体验，利用互联网思维提升党报等传统新闻媒体的传播力对新闻舆论工作有着无比重要的现实意义。

三　全面推进媒体融合发展，满足用户需求，提升传统新闻媒体的传播力

（一）注重用户体验，提高传播技术

习近平总书记在十九大报告中指出，新闻舆论工作要高度重视传播手段的建设和创新。没有传播手段的建设和创新，媒体也无法展现其传播力，因此，传播力的实质就是建设和创新传播手段。④

对传统媒体转型的新闻客户端与聚合类新闻客户端的比较研究发现，传统媒体转型中的客户端，只有在“媒体形象”与“功能学习”两个方面的用户满意度高于聚合类新闻客户端，其他方面都远低于聚合类新闻客户端。⑤

罗杰斯在创新扩散理论中指出，用户在接受新产品的时候，对产品在操作上的复杂程度认知会在很大程度上影响产品的使用行为。认知的复杂性是指用户在理解或接受、使用创新产品时，所感知到的相对复杂程度。⑥ 新媒体党报的感知复杂性主要是指用户对新媒体党报的功能、使用及操作方法的

① 彭兰：《场景：移动时代媒体的新要素》，《新闻记者》2015 年第 3 期。

② 强月新、陈星：《当前我国媒体传播力的影响因素研究：以受众为视角》，《新闻大学》2017 年第 4 期。

③ 《2017 年中国新媒体行业全景报告》，2017 年 3 月 29 日，http://www.iimedia.cn/50347.html。

④ 陈力丹：《“提高新闻舆论传播力、引导力、影响力、公信力”——学习十九大报告关于新闻舆论工作的论述》，《新闻爱好者》2018 年第 3 期。

⑤ 《2017 年中国新媒体行业全景报告》，2017 年 3 月 29 日，http://www.iimedia.cn/50347.html。

⑥ Rogers, *Diffusion of Innovations*, New York: Free Press, 2003: 28.

复杂程度的认知。如果新媒体产品的使用方法简单，用户的使用意向就会较高。反之，新媒体的使用方法复杂，使用难度大，用户就会回避使用该媒体。这说明作为新媒体的党报，用户在使用初期对党报操作功能的认知将直接影响用户的使用行为，这就要求党报新闻客户端不仅要有丰富的内容，而且在设计与操作上要新颖便利，可以吸引用户。

在传播手段的建设上，传统媒体首先需要加强大数据与人工智能的建设与研发，不仅要利用精准的算法对新闻进行细致的分类，而且还要对用户的喜好与兴趣进行推算，为用户提供精准的推送，满足用户的个性化需求。另外，还要通过提升客户端的操作性能，通过 HCI 交互设计满足用户对客户端在操作功能上的需求。HCI（Human Computer Interaction，人机交互）涉及计算机科学、设计学、心理学、人类学、工程学等多学科领域，主要研究计算机与用户之间的交互关系。一个成功的 HCI 界面，不仅要有丰富强大的功能，而且要操作便利，可以满足现有用户的需求，也能够吸引新的用户。

在竞争日益激烈的新媒体环境下，加大技术支持，加强网页设计，在个性化推荐、界面设计与操作系统功能上进一步提升，是传统新闻媒体提升用户体验、提高用户活跃度的关键，是转型发展的重点。

（二）运用互联网思维，满足用户需求

时间的碎片化、情景和空间的快速切换等移动场景活动特点，导致用户难以保持一个封闭的、持续静态的阅读过程，这对用户阅读长篇的、深度的新闻内容会带来较大的影响。[①] 移动互联网的固有特点导致用户改变了信息接收的习惯，这在青年用户中尤为突出。青年用户已经习惯于接收各类信息快餐，但是对信息内容却难以保持长时间的注意力。目前，青年用户对单一内容的注意力持续时间平均为 8 秒，短视频的最佳持续时间平均为 22 秒。[②] 如何在短时间内以可视、可听、可看的多元化呈现方式将新闻信息传达给用户，满足移动互联网用户的信息获取需求，是传统媒体在内容生产方面进行改革需要重点解决的问题。

相比于 4G 移动通信，5G 移动通信具有更好的通信质量、更快的网络速

---

① 彭兰：《场景：移动时代媒体的新要素》，《新闻记者》2015 年第 3 期。

② 陈力丹：《“提高新闻舆论传播力、引导力、影响力、公信力”——学习十九大报告关于新闻舆论工作的论述》，《新闻爱好者》2018 年第 3 期。

度以及更安全的网络环境。在5G移动通信技术提供的优良网络环境下，在线视频将会进入飞速增长期。短视频新闻更符合移动终端用户的信息获取习惯，它将会聚焦更多的注意力，吸引更多的用户。制作精良、立意新颖的短视频新闻会迎合新媒体用户可听、可视、可看的碎片化信息需求。利用短视频扩大传统媒体的传播力、提升用户体验、增加用户数量、扩大传播影响力是党报改革创新的发展之路。

（三）关注用户需求，转变生产方式

随着媒介环境的不断变化与发展、传播平台的扩张与开放，新闻的生产与传播已经不再集中在传统媒体机构的手中，正在向着开放共享、注重用户生成的新媒介环境过渡，出现了用户生产新闻这一新的新闻生产模式。不同于一般的传播内容，新闻对中立性、客观性以及专业的新闻视角和采编能力都有较高的要求，因此专业化生产内容（PGC，professional - generated content）仍是新闻的主要生产模式。[①] 但是随着新闻生产模式的多元化发展，用户生产新闻模式在新闻生产中将占据重要位置。

一些主流新闻网站已经开设了供用户参与、分享、生成内容的平台。新华社新媒体基地打造了基于定位的实时分享客户端“我在现场”。用户可以通过移动互联网定位技术，把自己在新闻现场的所见、所闻、所感加以分享，提供及时、独家的新闻素材。新媒体传播技术的迅速发展，为公众提供了一个最接近公共领域概念的网络空间，用户生产内容（UGC，User - generated content）成为主流。[②] 虽然用户生产新闻的专业性无法与传统媒体相比，但是实效性和多元性要高于传统媒体。

随着新闻生产模式的多元化发展，用户生产新闻模式会在新闻生产中占据越来越重要的地位。传统新闻媒体要提高用户活跃度与用户黏性，就要注重提升用户的参与性，为用户提供充足的空间来表述个人观点与意见。注重与用户的互动，为用户提供生成内容的机会与条件。可以提供大量的新闻线索，加大地方事件新闻的报道力度，扩大传统新闻媒体在地方的影响力。专业的内容生产与用户生产相融合的新闻生产模式，对于传统新闻媒体在媒体

① 中国互联网络信息中心（CNNIC）：《2016年中国互联网新闻市场研究报告》

② 韦路、陈稳：《城市新移民社交媒体使用与主观幸福感研究》，《国际新闻界》2015年第1期。

融合环境下的发展将起到积极的推进作用。既保证传统媒体的优势，又充分结合新媒体时代用户的特征，满足用户需求，实现互利双赢，全面融合发展，才是传统媒体提升传播力的关键。

新媒体传播技术的兴起，使媒介生态环境发生了巨大的改变，传统的新闻媒体受到了严重的冲击。在新的媒介环境下传统媒体要更好地满足用户需求、扩大新闻的传播范围、对用户形成正确的舆论引导、提升媒体自身的传播影响力、与用户形成良性的互动、建立良好的信任体系是新闻舆论工作的重点。在提升传统新闻媒体的“四力”建设中，应以提升传播力为基础与前提，以满足新媒体时代的用户需求为主旨，不断推进传播手段的建设与创新，利用互联网思维，深刻把握用户获取新闻信息的习惯，满足用户需求，进行多元化的内容生产。

第三章　从版面到屏面

在媒介的演化进程中，信息内容的载体经历了三次重大变革。最初的信息载体主要是墙壁和一些建筑，其代表性的符号为壁画，即传统的图像。随着文字的诞生与古登堡印刷术的广泛应用，文字成为主要的传播符号，占据了文化的中心位置，书籍则成为重要的信息载体。20 世纪人类进入了"比特时代"，这一时期，屏幕成了人们获取信息的重要载体。目前，全球已有超过 50 亿张数字屏幕，而且制造厂商每年还会生产出 38 亿个新屏幕。[①] 屏幕的大量产出与广泛普及，使文字已经不再局限在书籍之中，它已经转移到电脑、手机、电视、电子显示屏中，人们已经由"书籍之民"过渡到了"屏幕之民"（People of Screen），[②]"受众"接收信息的方式与习惯也随着媒介的变化发生了质性的转变，已由"阅读"时代迈进了"屏读"时代。

屏读时代用户的信息获取习惯和行为发生了明显的转变，为了探究用户的新闻媒介选择和使用行为，首先，本章通过对用户的深度访谈，深入了解用户媒介选择和使用行为，掌握影响用户新闻媒介选择行为的主要因素。其次，在用户访谈基础之上，结合使用与满足理论、新闻使用与消费模型、理性行为理论、计划行为理论、创新扩散理论、技术接受模型等相关理论或模型，创建新闻媒介选择行为研究模型，通过 SPSS22 社会学统计分析方法，运用多元回归分析法解析影响用户选择与使用传统新闻媒体的主要因素。

第一节　媒介选择的相关理论与研究

对新闻媒介选择行为影响因素的研究属于信息行为研究领域，移动新闻媒介选择行为与其他信息行为一样，受到宏观人类信息行为规律的支配，同时又具有其特殊性。为了深入了解并掌握用户新闻媒介选择行为的一般规律，本研究结合传播学经典理论——使用与满足理论、新闻使用与消费模

---

① 〔美〕凯文·凯利：《必然》，周峰译，电子工业出版社，2016。

② 〔美〕凯文·凯利：《必然》，周峰译，电子工业出版社，2016。

型、理性行为理论、计划行为理论、创新扩散理论、技术接受模型等相关理论或模型，创建新闻媒介选择行为研究模型，探究影响用户新闻媒介选择行为的主要因素。

一　使用与满足理论

使用与满足理论最早由美国社会学者 E. 卡茨提出，该理论是传播学领域中研究受众传播效果的著名理论，它将受众看作具有主观能动性的个体，受众为满足自身特定的需求而自主能动地选择与使用不同的媒介，受众的媒介接触活动是为满足特定需求动机的使用行为。该理论打破了传播学领域以传播者或媒介的角度分析信息如何影响受众的研究模式，提出了受众研究的重要意义。

使用与满足理论认为：（1）受众接触媒介是基于一定动机的，并且受到心理因素和社会因素的驱动；（2）受众具有主动性；（3）受众是理性的，了解自己的需求并能意识到媒介是否满足了自己的需求。受众要从媒介那里得到满足必须经历“社会因素 + 心理因素——媒介期待——媒介接触——需求满足”这一过程。

卡茨等人对受众使用媒介的原因和媒介满足受众的理由做了进一步研究，并将其归纳为五点。

1. 受众使用大众传播媒介是目的导向的，受众基于心理或社会的需求使用媒介，同时想借此来满足自身的需求。

2. 传播过程中，需求满足和媒介选择的主动性取决于受众。

3. 大众传播满足的需求只是人们广泛需求的一部分。媒体需要与其他满足需求的来源竞争。

4. 从方法上来说，研究资料来源于受众自己提供的数据。受众是理性的，能了解自己的兴趣和动机，并且能够清楚地表达出来。

5. 不必对大众传播媒介下任何价值判断。①

在此基础上卡茨在后期的研究中进一步将受众使用媒介的需求归纳为五大类。1. 认知需求：获得信息、知识和理解；2. 情感表达需求：情绪的或美感的体验；3. 个人提升需求：增加可信度、信心、稳固性和身份地位；4.

① Katz, E., Jay, G. B., Michael, G., “Uses and Gratifications Research,” *Public Opinion Quarterly*, 1973 (4).

社会整合需求：增强与家人、朋友等的接触和联系；5. 纾解压力需求：逃避现实环境或转移注意力。

使用与满足理论为媒体研究提供了理论指导，它作为在用户使用初期掌握用户使用行为和心理以及了解媒体特点的重要理论被广泛应用于新媒体研究领域，是研究新兴媒体用户使用需求与满足效果的重要理论基础与研究方法。

二 理性行为理论

理性行为理论（Theory of Reasoned Action，TRA）源于社会心理学领域，主要用来研究了解和预测人们在社会因素和个体心理因素共同作用下对其态度行为的影响。该理论认为个体的行为由行动意愿直接决定，因为通常情况下人们总是会结合实际情况，按照自身的意愿采取行动。1967 年 Fishbein 等人对个体态度进行研究时建立了理性行为模型的雏形，1975 年 Fishbein 和 Ajzen 对该模型进行了进一步的研究和完善，建立了最终的理性行为模型。①

根据理性行为理论，个体的特定行为意愿（Behavioral Intention，BI）受到个体持有的行为态度（Attitude）和外在的主观规范（Subjective Norm）两方面因素的共同影响。其中，行为态度是指个体对某一考虑范围内的行为所持有的情绪，包括积极情绪（情感）和消极情绪（情感），这种情绪或者情感的根据是个体对行为产生的结果的主观认知以及对行为产生后果的价值判断。

主观规范是一种社会因素，主要指个人在产生某一项行为时会考虑到的群体对这个行为的评价，从而影响到个人行为。主观规范或行为态度越正向，行为意愿就会越高；主观规范或行为态度越负向，行为意愿就越低。理性行为模型表明，行为态度受到个体对特定行为结果的认知评价的影响（信念与评价）；主观规范主要由对行为准则的认知和对其他社会群体保持一致的动机水平（规范信念与依从动机）构成，具体理性行为理论模型见图 3-1。例如，一个人想接受美容整形手术，她首先会从主观上判断整形手术是不是可行的，在认为对自己有价值时，会结合周围人对整形手术的看法进行判断，如果大家对整形手术持有较为积极的态度，那么此人对进行整容手术

① Fishbein M., Ajzen I., "Belief, Attitude, Intention and Behaviour: An introduction to theory and research", *Philosophy & Rhetoric*, 1980, 41 (4): 842-844.

这一特定行为的热情度就会较高，采取这一行为的概率也较大；相反，如果周围人对整形手术持有否定态度的话，那么此人对进行整容手术这一特定行为的意愿就会较低，采取这一行为的概率也会较低。

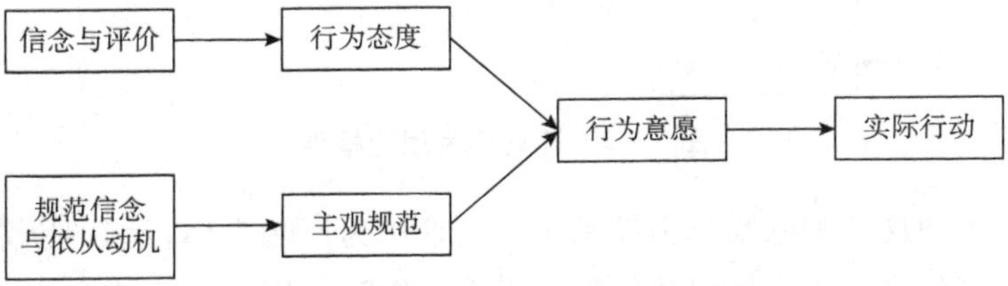

图 3-1　理性行为理论模型

三　计划行为理论

美国学者 Fishbein 和 Ajzen 为了解释和预测人的行为，基于社会心理学相关理论，提出影响用户采取"实际行动"的主要因素是"行为意愿"，而"行为意愿"是受"行为态度"和"主观规范"共同影响的。他们借此提出了理性行为理论模型（Theory of Reasoned Action，TRA）。① 但是 Liska② 指出 TRA 模型具有一定的局限性。即 TRA 理论适用的范围仅仅是自主行为，然而决定个人行为的还包括一些非动机因素，如技能、机会、时间或与他人合作行为等习惯性行为和资源因素。当研究出现不可控制因素时，TRA 模型的解释力就变弱了。因此，Ajzen③ 对 TRA 模型进行了延伸和扩展，在原模型基础上加入了感知行为控制变量（Perceived Behavior Control，PBC），指出人的行为不仅受主观规范和行为态度的影响，同时还受认知行为控制的影响，提出了计划行为理论（Theory of Planned Behavior，TPB），拓展了理性行为理论的研究范围，以提高模型对个体行为预测和解释的准确性（具体模型如图 3-2所示）。

计划行为理论在理性行为理论的基础上新增了感知行为控制变量，将行

① Fishbein M.，Ajzen I. "Belief，Attitude，Intention and Behaviour：An introduction to theory and research"，*Philosophy & Rhetoric*，1980，41（4）：842-844.

② Liska，A. E.，"Acritical Examination of the Causal Structure of the Fishbein/Ajzen Attitude-behavior Model"，*Social Psychology*，1984，47（1）.

③ Ajzen，I.，& Driver，B. L.，"Prediction of Leisure Participation from Behavioral，Normative，and Control Beliefs：An application of the theory of planned behavior"，*Leisure Sciences*，1991，13：185-204.

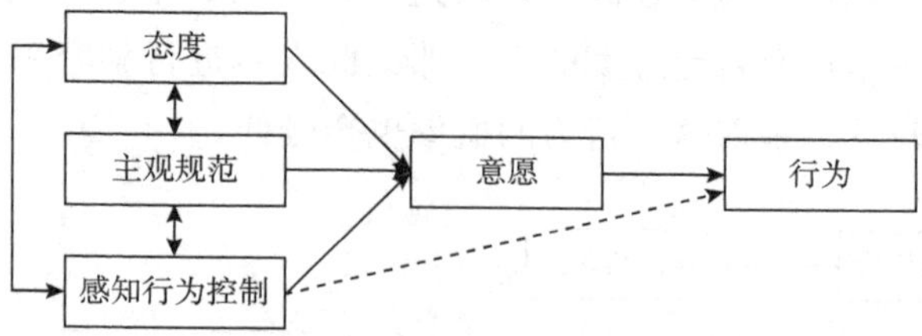

图3-2 计划行为理论框架

为态度、主观规范和感知行为控制三个因素作为影响个体行为的因素。其中感知行为变量主要指个体对执行某一行为感知到的容易或困难程度，即个体感知到为了完成某种行为所必需的机会和资源（时间、金钱、技能等资源因素）的丰富程度，反映了个体对过去某个行为的经验和预期的阻碍。[①] 感知行为控制变量是计划行为理论中的重要变量，不仅影响个体的行为意愿，而且影响个体的最终行为决策。

四 新闻使用与消费模型

Lee 和 Chyi 在归纳梳理影响新闻使用影响因素的基础上，结合使用与满足理论和行为预测与推理模型（Reasoned Action Model，RAM），将新闻观念（News beliefs）、新闻动机（News motivation）和新闻态度（News attitude）作为主要变量，将年龄和受教育程度作为人口统计学变量，测量新闻使用（News consumption）的影响机理。

其中，新闻观念主要指公众对新闻价值（Value）的整体看法，主要包括新闻的社会意义、新闻可以赋予的公众力量；新闻态度主要指公众对新闻消费的功利价值和享乐价值的感知程度，包括获取新闻是愉快的、获取新闻是有利的两个方面；新闻动机以使用与满足理论为支撑，以使用新闻的主要需求——信息需求为主要测量变量，主要包括了解世界上发生什么重大事件、关注政府行为、成为一个见多识广的公民、获得重要的新消息、满足知情等。

该模型将新闻信念、新闻动机和新闻态度作为心理中介因素，力图解释年龄和教育对新闻消费行为的影响。通过网络对 1143 名美国成年人调查后发

---

① Ajzen, I., & Driver, B. L., "Prediction of Leisure Participation from Behavioral, Normative, and Control Beliefs: An application of the theory of planned behavior", *Leisure Sciences*, 1991, 13: 185-204.

现，并不是年龄越大或学历越高，人们消费的新闻越多，相反，新闻消费主要受到新闻信念、新闻动机和新闻态度的影响。具体来看：（1）年龄和受教育程度导致一个人对新闻的积极观念；（2）一个人对新闻的观念越积极，他就越有动力去看新闻，对新闻的态度也就越积极；（3）一个人越有动力去看新闻，对新闻的态度越好，看政治、公共事务和时事新闻的频率就越高。该模型对新闻使用的解释力达到23.8%，而一般基于使用与满足理论的媒体使用研究解释力不到10%。相关研究表明，20%以内的差异通常被认为是中到较大的效应值，由此可见，该模型的解释力较高。①

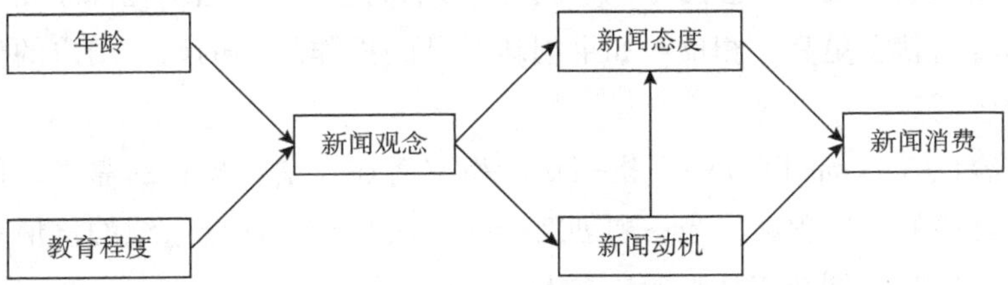

图3－3　新闻消费模型

五　创新扩散理论

扩散和推广是创新过程中最重要的部分，没有扩散和推广，创新几乎没有任何社会价值和经济意义。因此，从创新扩散的角度进行研究是促进媒体融合发展的有效手段与途径，较为系统的理论分析和实证研究有助于解释哪些因素对用户在新闻媒介的选择和使用上产生了具体的影响。

创新扩散理论（Innovation Diffusion Theory，IDT）由Rogers于1962年提出。Rogers认为创新可以是一个主意、一种想法，也可以是一种新颖的事物或是一种技术等。创新扩散理论是关于通过一定媒介来说服人们接受一个新观点、新事物或新产品的理论。他认为采纳或者拒绝一项创新是受到三个方面影响的：一是采纳者的个人的创新性，每个人对于创新的接受程度有显著的差异；二是他人的影响，采用创新会受到他人的影响；三是创新的特征，

① Angela M. Lee，Hsiang Iris Chyi，"Motivational Consumption Model：Exploring the psychological structure of news use"，*Journalism & Mass Communication Quarterly*，2014，91（4）：706－724.

个人对创新特征的认知对创新的采用与否起着决定作用。①

其中，创新特征主要表现为以下五个方面。相对优势（Relative Advantage），指采用创新产品给人们带来的优越程度，相对优势的程度主要受经济收益、社会信誉、便利性和满意度的影响。但影响人们采纳创新的因素并不是其本身所具有的优势，而是人们对其优势的感知程度。

复杂性（Complexity），指创新产品被了解或被使用的难易程度。Rogers指出感知到的复杂性是用户了解、使用创新产品时，感知到的相对复杂程度。② 用户对创新产品使用方法的复杂程度认知差异，直接影响了用户是否接受使用创新产品。③ 也就是说，用户可以快速了解和操作创新产品的话，其使用意向就会更高，相反，如果创新产品的操作复杂的话，用户的使用意向则会较低。

兼容性（Compatibility），指创新产品与潜在接纳者现在的需求、价值观和过去经验的一致程度。当一项创新产品无法与当前社会系统的价值观和规范保持一致时，创新产品则无法被人们快速采纳。

可试性（Trialability），指某些特定环境中能够被试验或尝试的可能性。被实验过的新产品可以降低人们使用的不确定性，提高人们的接受程度和速度。

可观察性（Observability），指利益或属性能够被潜在接纳者观察、想象或描述的容易程度。

综合来看，如果创新产品或服务被认为具备较强的相对优势，相容性好，可试性高，也不复杂，那么这些产品或服务相比其他产品或服务的被采用速度将会快很多。④

六 技术接受模型

技术接受模型（Technology Acceptance Model，TAM）是 Davis 在理性行为理论（Theory of Reasoned Action，TRA）和计划行为理论（Theory of Planned Behavior，TPB）的基础上提出的，采纳了使用意愿和使用行为的因

① Everett M. Rogers, *Diffusion of Innovations*, New York: Free Press, 2003: 16－20.

② Everett M. Rogers, *Diffusion of Innovations*, New York: Free Press, 2003: 16－20.

③ Ajzen, I., & Fishbein, M., *Understanding Attitudes and Predicting Social Behavior*, Englewood Cliffs, NJ: Prentice－Hal, 1980: 28.

④ Everett M. Rogers, *Diffusion of Innovations*, New York: Free Press, 2003: 20－25.

果关系来解释个体接受 ICT（Information Communication Technology）的行为。①

该模型用来解释和预测个体接受或抗拒使用 ICT 的主要因素，TAM 模型认为个体接受外部刺激后，会对 ICT 产生主观的感知判断，包括感知有用性（Perceived Usefulness，PU）和感知易用性（Perceived Ease of Use，PEOU），这两个因素是个体接受和抗拒使用的两个主要的基本因素。

感知有用性主要是指用户对新商品与已有商品在性能、外观、价格和使用便利性等方面进行比较后，对新商品的相对优势和使用有用性的认知程度。② 如果用户认为新商品的性能更好，使用更便利的话，则会对创新产品的使用持积极的态度。相反，Schiffman 和 Kanuk 指出，如果创新产品在性能和服务等方面，没有比现有产品具有更突出的优势的话，就会出现创新抵抗，相对优势越低的创新产品遭受的抵抗越强。③

感知到的易用性的相反概念是感知到的复杂性，其作为技术接受模型中重要的一个变量应用于众多的相关研究中。感知的易用性关系到个人对使用新技术和服务努力程度的认知，个人对新技术的使用认为简单，精神上和身体上不需要付出太多努力的认知程度④。该理论将不同的技术特征和用户集团特征联系起来考虑，作为解释说明网络和传播技术的导入和选择方式中强有力的理论被广泛应用，该理论有力地解释了用户对新技术的选择行为。

此外，如系统设计、用户特征、任务特征、组织结构等外部变量也对用户的技术接受产生显著影响，且这种影响受到感知有用性和感知易用性的中介作用。⑤ TAM 揭示了用户接受信息系统的一组通用影响因素，能有效地预测和解释用户面对信息技术系统时的使用态度、使用意向和使用行为。

---

① Davis, F. D., "A Technology Acceptance Model for Empirically Testing New End - user Information Systems: Theory and results", Sloan School of Management, Massachusetts Institute of Technology, 1986.

② Ram, S., "A Model of Innovation Resistance", *Advances in Consumer Research*, 1987, 14: 208 - 212.

③ Schiffman, L. G., & Kanuk, L. L., *Consumer Behavior*, Prentice Hall, 1991: 58.

④ Davis, F. D., "Perceived Usefulness, Perceived Ease of Use, and User Acceptance of Information Technology", *Management Information Systems Quarterly*, 1989, 13 (3): 319 - 340.

⑤ Davis, F. D., Bagozzi, R. P., & Warshaw, P. R., "User Acceptance of Computer Technology: A comparison of two theoretical models", *Management Science*, 1989, 35: 982 - 1003.

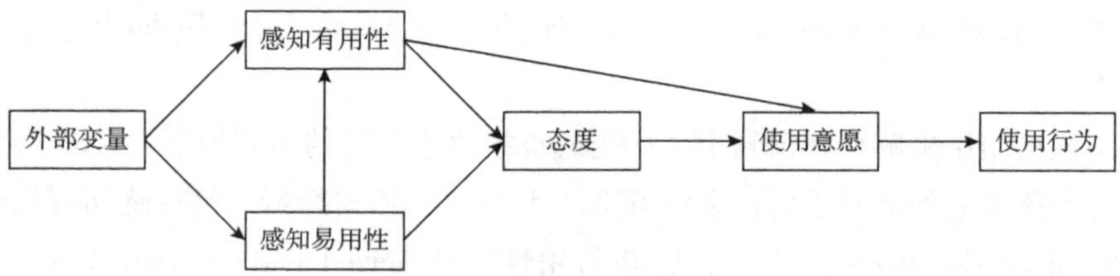

图 3－4　技术接受模型①

在技术接受模型中，行为由行为意愿决定，行为意愿由态度与感知有用性共同决定，而态度则由感知有用性和感知易用性所共同决定，其中感知易用性又对感知有用性产生影响。个体对技术感知的有用性和易用性越强，其使用技术的意向越高，对技术的接受程度也就越高。TAM 为解释和预测个体选择和使用新技术提供了一个理论基础，据此可以了解外部变量对使用者内部信念（beliefs）、态度（attitude）与意愿（intention）的影响，以及对科技接受和使用行为的影响。

技术接受模型强调了个体态度对使用意愿的作用而忽略了社会因素（主观规范）的影响。但是该模型由于简洁性、易操作性和强针对性，对信息科技的接受行为层面的解释能力获得了广泛的肯定，成为在科技采纳研究中应用最为广泛和最为经典的理论模型。

第二节　基于媒介选择的用户调研设计

为保证研究的科学性和准确性，充分掌握影响用户选择使用新闻媒介的主要因素，本节对 23 名新闻用户进行了深度访谈，主要了解用户获取新闻的渠道（微信、微博、新闻客户端、电视、报纸），选择该媒介获取新闻的主要原因，获取新闻的主要目的，对目前使用的新闻媒介的评价等。

为确保样本的代表性，本节以手机新闻的主要用户群体（70 后，80 后，90 后）为主要访谈对象，学历包括专科、本科、研究生，涉及科研、教育、金融、医疗和媒体等机构。在对受访者进行访谈后有如下几点发现。

① Davis, F. D., Bagozzi, R. P., Warshaw, P. R., "User Acceptance of Computer Technology: A comparison of two theoretical models", *Management Science*, 1989 (35).

一　用户会根据个人不同的新闻需求和媒介特点认知和选择新闻媒介

根据使用与满足理论，用户是根据不同的需求使用媒介的。而媒介生态位理论同时指出媒介环境如同生态环境一样，是存在着竞争关系的。Dimmick 通过生态位宽度、重叠度和竞争优势等三个维度解析了媒介间的竞争关系。[①] 媒介间的关系一般分为以下四种情况。一、竞争关系：媒介间的资源竞争较激烈，但是任何一方都没有突出的优势；二、替代条件：媒介间的竞争较强，有一种媒介的优势较为突出；三、替代关系：媒介间的竞争关系不强，同时一种媒介的优势较为突出；四、独立共存关系：媒体间的竞争关系较弱，同时任何一种媒介都没有相对突出的优势。相关研究发现，即使是提供同一类服务的媒介，在相同的资源背景下，媒介优势一般会存在一定的差异，用户会根据对媒介特点和优势的认知与判断，根据个人的不同需求选择使用媒介。[②] 在访谈中我们发现部分受访者对新闻平台的特点有一定的认知和把握，会根据自身不同的新闻需求选择和使用不同的新闻媒介。

Z 先生（70 后）：我主要通过腾讯、微信朋友圈、搜狐网、凤凰网等平台获取新闻。使用搜狐新闻网页是因为该网页做得比较正规，更新及时；凤凰网主要是涉及更多政治、军事内容，而腾讯、微信朋友圈最主要的就是方便。

二　便利性认知是用户选择微信朋友圈等社交媒体获取新闻信息的主要原因

便利性是用户选择新闻平台的主要原因之一。根据技术接受模型，用户对新服务或技术的易用性感知程度直接影响媒介使用意愿与使用行为。研究发现有六成以上的受访者是出于方便、快捷等因素选择使用微信朋友圈获取新闻资讯。

另外，微信朋友圈已经形成圈层文化。微信朋友圈不同于一般的社交媒体，它不仅是重要的社交平台，同时也是重要的信息交流工具和资讯获取平

---

① Dimmick, J. & Rothenbuhler, E. "The Theory of Niche: Quantifying competition among media industries", *Journal of Communication*, 1984, 34 (1): 103 – 119.

② Wang Xue, "Competition of Portal Site: Focused on Niche Theory about Users' Satisfaction of Service", *Seosuk Social Science Review*, 2013, 6 (2): 75 – 115.

台。较一般的社交媒体，微信朋友圈封闭性较强，用户之间的同质性较高，社会属性相似度较高，通常可以真实反映个人的社会圈层。

可见，微信等社交媒体已经不仅是用户交流和建立社会关系的平台，同时也是用户获取新闻资讯的重要渠道，已成为网络社会热点事件形成和发酵的平台，社交媒体正成为舆论形成与发展的主要载体，成为新的公共舆论场。①

W2 小姐（80 后）：平时工作和生活太忙，没什么闲暇时间，所以我几乎不怎么看新闻，但是要看新闻就主要通过朋友圈，因为很方便，重要的事情一定会在朋友圈里传播。

W1 小姐（80 后）：主要是通过刷朋友圈看新闻，一般大家关注的新闻都会通过朋友圈进行再次传播。

J 先生（70 后）：朋友圈是我获取新闻资讯的重要渠道，朋友圈里一般都是我的同事、同行、校友和朋友等，属于同一圈层，有共同关注的信息。例如好多和专业或职业相关的信息，大家会在朋友圈里分享。这也是我获取信息的主要途径。

三 媒介使用的危险性认知程度影响用户新闻平台的选择行为

感知到的危险是指用户在选择使用创新产品时，对接受和使用创新产品会带来负面影响的主观认知程度。② 认知到的危险是消费者在决定购买创新产品前，对自己的购买行为会产生的损失和可能存在的危险性的主观认知程度。在对受访者的访谈中发现，部分用户认为过多下载客户端会存在一定的风险。客户端的下载通常需要用户同意一些隐私条款，比如同意打开个人的相册、麦克风和定位等，这就导致用户在下载时有很大的不安全感，担心出现个人隐私泄露等问题。另外，下载安装客户端需要占据一定的内存空间，一些用户考虑到内存空间问题，拒绝下载安装过多的客户端。

Z 小姐（80 后）：我不喜欢下载太多的客户端，有内存空间问题、界面整洁问题和安全隐患问题。下载哪个客户端都需要同意一些隐私条款，不喜欢，太不安全了。

---

① 王雪：《融媒体环境下党报应对竞争的策略》，《青年记者》2018 年第 27 期。

② Bauer, R. “Consumer Behavior as Risk Taking”, In: R. S. Hancock, Ed, *Dynamic Marketing for A Changing World*, American Marketing Association, 1960: 389 - 398.

四　聚合类新闻客户端信息过于冗杂，用户产生排斥

部分受访者认为聚合类新闻客户端的信息过于冗杂，朋友圈可以在很大程度上起到新闻信息把关的作用。互联网的信息具有海量化的特点，以惊人的速度在生产着内容。例如推特每天发布的信息有5亿条，优兔上传的新视频有1亿小时，今日头条每日更新约3000次左右。[①] 在数字媒体环境里，虽然媒介形式日新月异，但媒体提供的内容和服务激增，其数量基本没有上限，人们消费媒介产品和服务的注意力却是有限的。[②] 各种各样的信息在为用户带来多种选择的同时，也给用户带来了不同程度的负担。如洪水一般的信息使用户在信息查找时消耗了过多的时间和精力，导致用户产生反感。因此，在新闻媒介选择时部分用户更看重的是新闻信息的质量而不是数量，在有限的时间里用户更希望可以获得更优质的新闻资讯。所以，这类用户较为排斥信息量巨大的聚合类新闻客户端，对传统媒体的倾向性更高。

W1小姐（80后）：我主要通过《人民日报》、澎湃新闻客户端和微信朋友圈看新闻，《人民日报》的新闻比较全，种类多。澎湃的新闻出稿快，内容质量高，种类也比较多。我一般是通过新闻推送，有感兴趣的新闻就点进去看看。另外就是通过刷朋友圈时看新闻，一般大家关注的新闻都会通过朋友圈进行再次传播。以前也下载过头条和网易，非常不喜欢，里面的内容太杂乱了，看好久都找不到什么重要的新闻，浪费时间，所以用几天就不用了。个人觉得新闻的把关还是很重要的，每天看新闻的时间是有限的，没有太多精力去找新闻，所以传统媒体这点比较好，没有太多太杂的内容，信息内容有保障。像网易新闻还有好多错别字，有点忍受不了。

Z小姐（80后）：我个人不太喜欢今日头条，以前下载过，但是基本不用，头条开放性过强，信息太冗杂了，缺乏把关，没有用的信息太多，暂时不删是因为周边人使用率较高，保留可以查看他人转发的信息。

S小姐（90后）：新闻没有必要每天推送那么多，根本看不过来，需要进行整合和筛选，例如国外的The Compass News，每天每个种类的新闻只推一条，每天十二条新闻，早晚各六条。对新闻信息进行了筛选和把关，节省

① 〔美〕詹姆斯·韦伯斯特：《注意力市场——如何吸引数字时代的受众》，刘石磊译，中国人民大学出版社，2017。

② 〔美〕詹姆斯·韦伯斯特：《注意力市场——如何吸引数字时代的受众》，刘石磊译，中国人民大学出版社，2017。

时间和精力。

五 抖音等短视频平台成为用户获取新闻资讯的另一重要渠道

艾媒网数据显示，2020 年中国短视频用户规模已超过 7 亿人，市场规模达到 1408.3 亿元。其中，抖音的增长势头较为迅猛，活跃用户规模从 2018 年 1 月的 0.55 亿人增长至 2020 年 11 月的 4.9 亿人。短视频平台的影响力和传播力逐渐扩大，已经成为新的流量池。众多传统媒体纷纷入驻短视频平台，构建新的传播矩阵，形成了新的传播形态。截至 2018 年 12 月，抖音已有 1344 个媒体官方账号，发布超过 15.2 亿个短视频，累计获赞数超 26 亿。[①] 新华社、央视新闻、《人民日报》等全国性新闻媒体及各级省市地方性新闻媒体通过抖音平台，利用短视频这一新的传播手段吸引了大批用户。

Trustdata 研究数据显示，有 79% 的互联网用户通过短视频获取新闻资讯，且月活跃用户（MAU）数增长迅猛，截至 2018 年仅 4 个月 MAU 达到 3.6 亿，较 2017 年增长 1 亿，日活跃用户（DAU）高达 1.6 亿。[②] 在美国，10 个成年人中就有超过 6 个人有观看网络视频的习惯，其中有 36% 的人选择观看新闻视频。[③] 韩国媒体通过调查发现，目前青年用户更偏向于通过优兔等视频网站搜索信息，因此，短视频新闻的生产也是韩国传统新闻媒体转型发展的重要方向。由此可见，短视频新闻已经成为一种全新的新闻传播手段和方式，并得到越来越多的用户选择和青睐。

W 小姐（90 后）：目前抖音是我使用最多的媒体，上面的内容很丰富，种类很多，一般需要的信息在上面都能找到。抖音上有好多是官方账号，专业性很强，我关注了很多账号，包括《人民日报》、央视新闻、央视网、澎湃新闻还有一些本地传统新闻媒体账号，一般重要的信息上面都会有，所以我一般都是通过抖音看新闻的。

六 关注本地信息资讯的用户选择使用地方媒体的意愿较高

地域性虽然在一定程度上限制了地方媒体在媒体融合环境下的发展空

---

① 罗青：《主流媒体短视频内容生产与传播策略——以人民日报抖音号为例》，《传媒》2020 年第 22 期。

② Trustdata：《2018 年短视频行业发展简析》，2018 年 5 月，https://www.sohu.com/a/255633827_99900352。

③ 全媒派：《短视频，究竟“多短”才最合适?》，2015 年 9 月 22 日，https://news.qq.com/original/quanmeipai/daunshipin.html。

间和传播影响力，但是在本地信息资讯的挖掘和报道上同时具有得天独厚的优势。[①] 相关研究发现，用户对切身相关的社会问题和区域新闻有很高的关注度。因此，对本地新闻信息较为关注的用户更愿意选择使用地方媒体。

Z 小姐（80 后）：看新闻的话主要通过微信公众号、报纸、腾讯新闻，微信公众号主要是看央视新闻或我关注的大 V。由于我在媒体行业工作，工作特性的关系，我也通过微信群看新闻，大家一般会把重要的或是我们共同关注的、大家感兴趣的新闻发到群里，大家一起看，有时还讨论一下。另外，我每天都会看报纸，因为工作关系，以前做记者时养成的习惯，比较关注报纸。而且我觉得报纸可以帮我把媒体的新闻进行主次梳理，报纸有版面的设计，会对每天的新闻进行排版，根据版面的位置就知道哪条新闻是重要的了。另外，我比较关心周边发生的事情，所以对本地新闻关注得比较多，报纸很好地帮助我解决了以上的问题。

七　新闻评论是用户选择新闻平台的影响因素之一

新闻评论已经成为新闻的重要组成部分，起到了解读新闻、监督权力的重要作用，为公众提供了一个最接近公共领域的平台，形成了新的民间舆论场。部分用户已经将新闻评论质量作为选择和衡量新闻媒介的重要因素。

L 先生（80 后）：我主要通过网易看新闻，网易新闻的评论很有意思，有时比新闻还好看。我不太喜欢传统媒体，因为传统新闻的报道风格过于严肃，官方立场较强，内容不够丰富。

J 先生（70 后）：我选择新闻平台的主要原因在于新闻内容的丰富性、新闻观点的多元化、新闻评论区的跟帖质量高。目前主要是看网易新闻和朋友圈里的新闻。网易新闻内容丰富，会提供给我很多我需要的信息，而且新闻的评论区很有意思，会有很多不同的想法、不同的声音。

S 小姐（90 后）：如果看新闻我会看评论，评论更重要更有趣，从不同的角度解读新闻。但是新闻评论还是需要筛选和把关的，否则会影响公众号的质量。

---

① 王雪：《融媒体环境下党报应对竞争的策略》，《青年记者》2018 年第 27 期。

八　新闻观念影响了用户的新闻使用行为

（一）认为新闻不重要的用户排斥传统新闻媒体的表述方式

访谈发现部分受访者对新闻的重要性认知度较低，且认为时政新闻的用语太官方，难以理解，有较远的距离感。新媒体环境下，自媒体不断发展壮大，新媒体平台的内容表达方式和新闻呈现方式不断多元化，满足了年轻用户群体的多样化需求，丰富了新闻传播的方式，冲击了传统媒体较为严肃的用语体系。新媒体时代的用户不仅对新闻质量有较高要求，同时对新闻的用语方式也提出了新要求，新闻不仅要有较强的专业性，表述方式还要生动有趣，符合新媒体用语习惯。特别是认为新闻不是很重要的用户对传统媒体的排斥感更强烈。

S 小姐（90 后）：我一般不太看新闻，我对周边的事件不是很感兴趣，特别是对时政新闻更是不关心，我觉得那些新闻内容和我没什么太大关系。好多新闻都是会议新闻，总觉得那些政策法规什么的和我的距离比较远，而且语言都太官方，不是很喜欢。我觉得新闻的时效性并不是很重要的，半个月左右看一次就可以。我更多关注的是我感兴趣的领域，喜欢看一些比较专业的东西。

（二）认为新闻较为重要的用户的新闻付费意愿较强

访谈发现，90 后人群中认为新闻较为重要的用户对高质量新闻内容的付费意识较强，愿意为可以提供具有深度和专业性的资讯付费。

对于知识付费，业内一般认为开始于 2016 年，2017 年知识付费的产业规模达到 49 亿元，2020 年已达到 392 亿元，用户规模 4. 18 亿人，较 2017 年增长了近 3 亿人，预计 2021 年产业规模将达到 675 亿元，用户规模将升至 4. 77 亿人。[①] 随着互联网行业不断发展，人们的网络消费意识不断成熟，知识付费已经成为一种新的商业模式，市场规模增长迅猛。用户对专业性较强的优质内容需求不断提高，付费意愿较强，该领域拥有较大的市场潜力。

新闻付费主要开始于英美传统报业。为应对互联网的冲击，以《华尔街

---

① 《2020 年中国知识付费行业发展专题研究报告》，2020 年 12 月 5 日，https：//baijiahao. baidu. com/s？ id = 1687327657541777516&wfr = spider&for = pc。

日报》《泰晤士报》《纽约时报》《金融时报》为代表的传统新闻媒体纷纷开始向新媒体转型，以内容付费模式代替传统报业的广告商业模式，专注于以用户为中心的优质内容生产，建立“付费墙”，开始了全新的新闻付费商业模式。

我国实行新闻付费的商业模式最早的是温州日报报业集团。2007年温州日报报业集团建立付费墙，以世界各地的温州人为目标用户，开始应用“数字报纸网上发行营销系统”。由于温州特殊的文化社会背景，温州日报报业集团的付费新闻尝试较为成功。温州有百余万商人分布在世界各地，这类用户群体消费能力较强，同时他们希望了解家乡的信息，温州数字报有效地满足了他们的信息需要。因此，温州日报报业集团在新闻付费模式上取得了一定的成绩与可观的收入。但是，温州模式是不可复制的，其后出现的《人民日报》《潇湘晨报》和上海观察等的付费模式均以各种原因而终止。

直到2017年11月，以财经新闻为定位的财新网宣布全平台实施收费模式，成为国内第一家全平台实施收费的专业新闻媒体。国际期刊联盟（FIPP）发布的《2019全球数字订阅报告》数据显示，财新以30万付费订阅用户名列全球第15位，并成为唯一入围榜单的中国媒体。据世界报业和新闻出版协会（WAN－IFRA）发布的《2019全球新闻趋势报告》，2014～2018年，全球数字新闻订阅用户数量增长了208%，大量读者已经转为数字新闻付费用户。其中，年轻用户群体为优质新闻内容付费的意愿较为强烈，这类用户群体更加注重新闻的专业性。

由此可见，用户对新闻的消费意识和消费行为在不断升级，尤其是年轻的用户群体，他们对新闻的专业性和权威性均有较高要求，愿意为相关领域有深度和专业性的新闻付费。

Y小姐（90后）：我愿意为有价值的新闻资讯付费。我觉得互联网时代大家的一个误解就是互联网的内容都应是免费的，其实有价值、高质量的内容是需要收费的，借此来支持专业的记者进行高质量的内容创作。例如专业的财经、科技报道是需要专业性很强的记者写作与分析的，因此，我愿意为专业性较强的新闻资讯和相关报告付费。

综合前期访谈结果我们发现，第一，用户的新闻观和新闻态度影响了新闻使用行为。认为新闻不重要的用户，对新闻的需求较低，一般不会主动查找新闻资讯，多通过微信朋友圈熟人间的二次信息传播接收新闻。认为新闻重要的用户会主动通过多种渠道接收新闻信息，并且对专业性较强的新闻资讯的付费意识较强。随着用户新闻消费观念的不断升级，年轻用户群体的新闻付费意识和意愿会不断提升，这对新闻的专业性和权威性提出了较高的要求，但同时也有望引出传统媒体转型发展的又一新的方向。第二，用户对新闻媒介属性和特点有一定程度的认知和判断，这是影响用户选择使用新闻媒介的重要因素。第三，新闻评论是影响用户新闻媒介选择行为的另一重要因素。新闻评论区由于其多元的新闻观点，已经成为影响用户选择新闻的主要因素。第四，社交媒体和短视频平台已经成为新的舆论场，成为用户接触新闻的主要渠道。

第三节　新闻媒介选择模型及研究假设

本章通过问卷星专业的问卷调查平台于 2019 年 4 月至 5 月进行调查和数据收集。为保证数据的代表性，问卷向我国十五个省、市、直辖市和自治区的用户群体进行了在线调查，共发放问卷 572 份，回收有效问卷 500 份。

一　模型构建

本章以理性行为理论、计划行为理论为分析框架，同时整合使用与满足理论中的新闻动机因素、技术接受模型和创新扩散理论中的媒介特点要素、新闻消费模型中的新闻观念和新闻态度要素，解析用户的新闻观念、新闻态度、新闻动机和主观规范及媒介特点对新闻媒介选择行为的影响，创建新闻媒介选择行为研究模型。在自媒体环境下对用户媒介选择和使用行为研究进行一定程度的拓展。

设影响因变量 Y 的自变量个数为 p，并分别记为 x_1，x_2，…，x_p。因变量 Y 对自变量 x_1，x_2，…，x_p的多元回归方程为：$Y=\beta_0+\beta_1 x_1+\beta_2 x_2+\cdots+\beta_p x_p+\varepsilon$，其中 $\varepsilon \sim N(0, \sigma^2)$，$\beta_0$，$\beta_1$，$\beta_2$，$\cdots\beta_p$，$\sigma^2$是与 x_1，x_2，…，x_p无关的未知参数。记 n 组样本分别为（x_{i1}，x_{i2}，…，x_{ip}，y_i），i = 1，2，…，n，令

$$Y=\begin{pmatrix} y_1 \\ y_2 \\ \vdots \\ y_n \end{pmatrix}, X=\begin{pmatrix} 1 & x_{11}\cdots x_{1p} \\ 1 & x_{21}\cdots x_{2p} \\ \vdots & \vdots\cdots\vdots \\ 1 & x_{n2}\cdots x_{np} \end{pmatrix}, \beta=\begin{pmatrix} \beta_0 \\ \beta_1 \\ \vdots \\ \beta_p \end{pmatrix}, \varepsilon=\begin{pmatrix} \varepsilon_1 \\ \varepsilon_2 \\ \vdots \\ \varepsilon_n \end{pmatrix}$$

则回归方程的矩阵形式为 $Y=X\beta+\varepsilon$，其中 ε_1，ε_2，$\cdots\varepsilon_n$要满足以下 4 个

假设条件：

1. 正态性假设，即 ε_i 是服从正态分布的随机变量；

2. 无偏差性假设，E（ε_i）=0；

3. 同方差性假设，所有的 ε_i 的方差都相同；同时也说明了 ε_i 与自变量、因变量之间都是相互独立的；

4. 独立性假设，ε_i 之间相互独立，且满足 cov（ε_i，ε_j）=0（$i \neq j$）。

研究模型如图 3－5 所示：

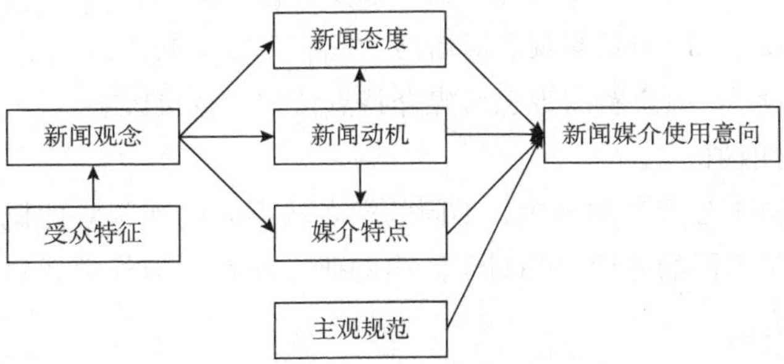

图 3－5　用户新闻媒介选择行为研究模型

二　变量设置及研究假设

（1）行为意愿

行为意愿（Behavior Intention）是指个人对于采取某项特定行为的主观概率的判定，它反映了个人对于采取某一项特定行为的意愿。Ajzen 认为所有可能影响行为的因素都是经由行为意向来间接影响行为的表现。根据计划行为理论，行为意愿主要受到态度、主观规范和感知行为控制等三个相关因素的影响，而行为意愿与实际行为之间有着紧密的联系。① 很多经济学、营销学和广告学学者将行为意愿作为预测消费者采取实际行为的重要参考和研究对象。该研究所指的新闻媒介使用意愿是指，在受新闻观念、新闻态度、新闻动机和主观规范的影响下，用户选择使用传统新闻媒体的意向。

（2）新闻观念

观念从通俗意义上来理解，就是人们在长期的生活和生产实践当中形成

① Ajzen, I., & Driver, B. L. "Prediction of Leisure Participation from Behavioral, Normative, and Control Beliefs: An application of the theory of planned behavior", *Leisure Sciences*, 1991, 13: 185－204.

的对事物的总体的综合认识。它一方面反映了客观事物的不同属性，另一方面又加上了主观化的理解色彩。所以，观念是人们对事物主观与客观认识的系统化之集合体。①

Lee 和 Chyi 在构建的新闻动机消费模型中，探究了用户新闻媒介使用行为的心理影响，发现用户的新闻观念对新闻态度和新闻动机产生了直接的影响，但是该研究未对新闻的动机进行细化，且新闻态度对新闻媒介的特点认知是否产生影响，尚未探究，因此提出研究假设 1、2、3。

研究假设 1：用户新闻观念对新闻态度有直接影响。

研究假设 2：用户新闻观念对新闻动机有直接影响。

研究假设 3：用户新闻观念对媒介特点认知有直接影响。

（3）新闻动机

动机是源于心理学的概念，不同的学者从不同的视角对此概念进行了阐述，并形成了不同的理论。相对于国内的研究而言，国外学者对此进行了较为深入的研究。

1900 年前后，弗洛伊德（S. Freud）在本能论中主张，人的行为由先天的本能所决定，不受后天环境和教育因素的影响。他认为本能是人生活中的基本要求、原始冲动和内驱力。赫尔（C. L. Hull）进一步提出内驱力理论，认为个体需求未得到满足时，便会产生内在驱力刺激，随后引起反应促使需要得到满足。Herbert L. Petri 和 John M. Govern 在《动机心理学》中，将这种驱动力定义为动机："当我们认为某个人的行为受到某种驱动力的影响时，我们便将这种驱动力称为动机。"② 平特里奇和司兰克（Pintrich & Sehunk）则将动机总结为是驱使用户不停地采取行动以达到某一特定目标并付诸持续性的内在动力。③ 张爱卿则认为动机是个体在自我调节的作用下，自身心理的内在要求（如本能、需要、驱动力等）与行为的外在诱因（目标、奖惩等）保持一致，从而形成的一种激发和维持行为的动力因素。④ 张爱卿通过进一步研究指出，动机与行为的关系主要有以下四点表现：第一，有动机不

① 百度百科，https：//baike. baidu. com/item/% E8% A7% 82% E5% BF% B5/1180711？fr = aladdin。

② 〔美〕皮特里：《动机心理学》，郭本禹译，陕西师范大学出版社，2005，第 29 页。

③ Pintrich，D. H，"Social Network Effects on the Extent of Innevation Diffusion：A computer simulation"，*Organization Science*，1997，8（3）：289 – 309.

④ 张爱卿、刘华山：《人际责任归因与助人意愿的关系》，《心理发展与教育》2002 年第 4 期。

一定有行为，因为行为的发生除了动机还需要其他因素的影响，比如客观环境等；第二，有些行为没有动机，比如受迫的行为；第三，同一种动机可以出现几种行为表现；第四，同一种行为可受多种动机驱使。[①] 在新技术或媒介的使用行为研究中，动机是影响人们使用行为和意图的重要因素。在2000年初，汤普森（Thompson S. H. Teo）结合统计学因素和内外部动机理论建立了动机模型，探究人们在互联网兴起初期的使用情况，他将人口统计学因素（性别、年龄、受教育程度）和内外部动机（感知易用性、感知愉悦性、感知有用性）作为自变量，以用户的上网行为（发信息、浏览、下载、购买）为因变量，解析动机与行为之间的关系。[②] 王雪和朴宣姬（Sunhee Park）在研究中发现，用户使用媒介动机的差异导致用户产生了不同程度的媒介使用依赖行为和媒介倦怠感，进而出现了不同程度的媒介回避行为。[③] 因此，该研究将用户的新闻媒介使用动机作为影响用户媒介选择行为的主要因素，进而提出研究假设4、5。

研究假设4：用户新闻动机对新闻态度有直接的影响。

研究假设5：用户新闻动机对媒介特点有直接的影响。

（4）新闻态度

态度（Attitude）是个体对特定对象（人、观念、情感或事件）所持有的稳定的心理倾向，[④] 是关于特定对象的消极或积极的情感。[⑤] 社会心理学认为，态度是人们在客观社会中经过一定的体验逐渐积累形成的，而不是与生俱来的；是具有社会性的，受到社会环境和周围因素的影响。态度基于个人对特定对象的认识，蕴含着对特定对象的主观评价，会对特定的社会行为产生倾向性。由于态度是预测个人社会行为的重要因素之一，诸多社会心理学家对其进行了深入的研究。在关于态度的研究中，早期主要集中于对态度概念的界定，其中最具影响力的就是奥尔波特。受行为主义影响，他认为态度

---

① 张爱卿：《论人类行为的动机——一种新的动机理论构理》，《华东师范大学学报》（教育科学版），1996年第1期，第71~80页。

② Teo, T. S. H., "Demographic and Motivation Variables Associated with Internet Usage Activities", 2001, 11 (2): 125-137。

③ 王雪，Sunhee Park，"The Influence of SNS Use Experience on SNS Avoidance", *The Journal of Humanities and Social Sciences*, 2014, 15 (3): 265-292.

④ 百度百科，2015-09-16，https://baike.baidu.com/item/%E6%80%81%E5%BA%A6/19305?fr=aladdin。

⑤ Ajizen, I., "The Theory of Planned Behavior", *Organizational Behavior and Human Decision Processes*, 1991 (50): 179-211.

是个人或社会群体对其他人和事物的评价与心理倾向。这种评价和倾向既表现在个人对其他事物的赞同、确定、相信等行为，又表现在对其他事物的喜爱、接受、反感等心理反应。[①] 因此，态度是具有评价性和心理倾向性的。社会心理学家迈尔斯提出，态度涉及三个维度，即认知、情感和行为意向。其中，认知主要指个人对客观事物的感觉、了解甚至判断，它来源于个人的经验和经历，是形成态度的基础；情感则是个人对客观事物的情绪，个人的喜好和价值观决定着这种情绪的程度；而意愿主要指个人对客观事物的行为倾向，这种倾向会直接导致实际行为的产生，同时受到态度的认知和情感两大因素的综合影响，但是当认知与情感发生冲突时，态度多数情况下还是决定于情感。[②] 总体说来，态度的三个维度是相互联系、相互协调的。

社会心理学指出，态度与行为有密切的关联，但是比较复杂，态度的强度是影响其与行为一致性的首要因素，也就是强度越大，态度与行为越一致。[③] RAM 认为，态度、社会规范和自我效能会对行为产生不同的影响，其具体结果取决于所研究和讨论的行为。理性行为理论（TRA）认为态度是个体采取某种行为的积极或是负面性的感觉。一般认为，新闻态度越积极，新闻消费的可能性越大。在 Lee 和 Chyi 构建的新闻消费研究模型中，新闻态度是影响用户是否消费新闻的主要因素。但是该研究主要讨论在呈现内容和功能服务上有较大差异的聚合类新闻客户端和传统新闻客户端，用户在新闻媒介的选择上，新闻态度差异对媒介选择行为的影响。

（5）媒介特点

关于 ICT 非用户的研究发现，用户对媒介的态度与个人的技术使用能力是用户是否抗拒使用新技术与新媒体的主要原因。[④] 即，如果用户使用媒介的技术能力不足，或是对 ICT 持有负面态度的话，则会抗拒使用 ICT。特别是，如果用户对 ICT 持有负面态度的话，即使有使用 ICT 的条件和能力，也会回避使用 ICT。由此可见，负面的态度和技术能力对用户使用新媒介与新技术有直接的影响。

---

① 宋明元：《品牌体验对消费者购买意愿的影响研究》，硕士学位论文，大连理工大学，2014。

② 宋明元：《品牌体验对消费者购买意愿的影响研究》，硕士学位论文，大连理工大学，2014。

③ 屠文淑：《社会心理学理论与应用》，人民出版社，2002，第 59 页。

④ Verdegem，P.，Verhoest P.，“Profiling the Non－user：Rethinking policy initiatives stimulating ICT acceptance”，*Telecommunications Policy*，2009（33）：642－652.

该研究考虑到用户在新闻媒介选择过程中对媒介自身技术特点的认知，结合创新扩散理论和技术接受模型，以感知到的有用性、感知到的复杂性、认知到的易用性、感知到的兼容性为中心进行分析。

①感知到的有用性

技术接受模型中感知到的有用性（perceived usefulness）和感知到的易用性（perceived ease of use）是创新扩散理论提出的创新特征中的一部分[①]。前期研究把感知到的有用性作为和相对优势近似的概念使用[②]。

技术接受模型指出感知到的有用性主要是指用户对新商品与已有商品在性能、外观、价格和使用便利性等方面进行比较后，对新商品的相对优势和使用有用性的认知程度。[③] 即，如果用户认为新商品的性能更好，使用更便利的话，则会对创新产品的使用持积极的态度。Schiffman 和 Kanuk 指出，如果创新产品在性能和服务等方面没有比现有产品具有更突出的优势的话，用户就会出现创新抵抗，相对优势越低的创新产品所遭遇的抵抗越强。[④]

在媒体环境中，新媒体如果能为用户提供更多的好处，那么用户使用新媒体的动机和欲望就会更高。如果用户认为传统新闻媒体在新闻信息获取上更高效，更能满足用户的信息需求，用户则会以更积极的态度选择和使用传统新闻媒体，其受到的负面影响也较小。

②感知到的复杂性

Rogers 指出感知到的复杂性是用户了解、使用创新产品时，对创新产品在操作和使用上的复杂程度的感知。[⑤] 用户对创新产品使用方法的复杂程度认知差异，直接影响了用户是否接受使用创新产品。[⑥] 也就是说，用户可以快速了解和操作创新产品的话，其使用意向就会更强；相反，如果创新产品

---

① Plouffe, C. R., Hulland, J. S., & Vandenbosch, M., "Research Report: Richness Versus Parsimony in Modeling Technology Adoption Decisions: Understanding Merchant Adoption of A Smart Card - based Payment System", *Information Systems Research*, 2001, 12 (2): 208 - 222.

② Venkatesh, V., Morris, M. G., Davis, G. B., & Davis, F. D., "User Acceptance of Information Technology: Toward a unified view", *Information Management*, 2003, 27 (3): 425 - 478.

③ Ram, S., "A Model of Innovation Resistance", *Advances in Consumer Research*, 14: 208 - 212.

④ Schiffman, L. G., & Kanuk, L. L., *Consumer Behavior*, Prentice Hall, 1987: 1991 - 212.

⑤ Rogers, *Diffusion of Innovations*, New York: Free Press, 2003: 16.

⑥ Ajzen, I., & Fishbein, M., *Understanding Attitudes and Predicting Social Behavior*, Englewood Cliffs, NJ: Prentice - Hall, 1980: 45.

的操作复杂的话，用户的使用意向则会较弱。

③感知到的易用性

感知到的易用性作为技术接受模型中重要的一个变量应用于众多的领域。感知到的易用性关系到个人对使用新技术和服务努力程度的认知①。该理论将不同的技术特征和用户集团特征联系起来考虑，作为解释说明网络和传播技术的导入和选择方式的强有力的理论被广泛应用，该理论有力地解释了用户对新技术的选择行为。

媒体环境亦是如此，新登场的媒介使用方法简单，用户对媒介的使用意向就会相对较高；相反，用户如果认为新媒介的使用方法难度较大，就会对媒介使用产生回避和抗拒。研究发现，由于用户对脸书系统持有“使用难度大”“操作复杂”等负面态度，其使用率下降了近40%，由此可见，用户对脸书操作系统的便利性和有用性的负面评价，直接影响了他们的使用行为。②本章主要讨论传统新闻媒体客户端在操作和服务上的易用性对用户媒介选择行为是否产生影响。

④感知到的兼容性

兼容性是创新扩散理论中创新产品所应具备的特点之一，主要指创新产品与潜在接纳者的现在需求、价值观和过去经验的一致程度。当一项创新产品无法与当前社会系统的价值观和规范保持一致时，创新产品则无法被人们快速采纳。相关研究发现，创新产品的兼容性是影响用户接纳和使用创新产品的重要影响因素之一。③ 结合该研究目的，本章中所指的兼容性主要指用户认为使用传统新闻媒体客户端的新闻立场、观点与个人的新闻观念相

---

① Davis, F. D. , “Perceived Usefulness, Perceived Ease of Use, and User Acceptance of Information Technology”, *Management Information Systems Quarterly*, 1989, 13 (3): 319 – 340.

② Kin, A. R. , Kim, J. H. , Kim, M. J. , Lee, H. J. , & Jung, Y. H. , 페이스북에 대한 인식의 부정적 변화와 요인에 대한 연구. 소셜데이터 분석을 중심으로. 한국경영정보학회 학술대회논문집, 2013, 1: 793 – 798.

③ Amaro, S. , & Duarte, P. , “An Integrative Model of Consumers' Intentions to Purchase Travel Online”, *Tourism Management*, 2015, 46: 64 – 79.

Kang J. M. , Mun J. M. , Johnson K. K. , et al. , “In – store Mobile Usage: Downloading and usage intention toward mobile location – based retail apps”, *Computers in Human Behavior*, 2015: 210 – 217.

Vijayasarathy, L. R. , “Predicting Consumer Intentions to Use on – line Shopping: the case for an augmented technology acceptance model”, *Information & Management*, 2004, 41 (6): 747 – 762.

符，使用传统新闻客户端有助于提高个人的新闻兴趣，加强对新闻的理解。

研究假设6：媒介特点对新闻媒介使用意向产生直接的影响。

（6）主观规范

规范指群体所确立的行为标准，即，一个组织在其社会互动中可以接受的思维方式、情感表达方式和行为方式等。社会规范的形成来源于社会群体中其他人的想法对个体的影响，就像在频繁的社会互动事件中，一个群体中的大多数成员总是维护和保持他们的相似点。[①] 在一个社会群体中，当个体对相关信息不了解，无法做出正确决定的情况下，为了尽可能地避免失误，就会倾向于通过外部的各种信息或者参考多数人的行为来做决定。主观规范（Subjective Norm）则主要是指个人对于是否采取某项特定行为所感受到的社会压力，即在预测他人行为时，那些对个人的行为决策具有影响力的个人或团体对于个人是否采取某项特定行为所发挥的影响。在理性行为理论（TRA）中，主观规范是作为测量用户行为意愿的重要因素，用户的行为意愿受现有社会群体（如家人、朋友、老师和同事等）对预期行为的情感接受程度的影响。TRA 和 RAM 理论的相关研究发现，主观规范与行为意愿的关系受行为特质的影响，时而显著时而不显著。本章中的主观规范是指用户在选择和使用新闻媒介平台时，由于新闻品牌的选择受到所属社会群体的压力或周边他人的影响，由此产生的主观信念，这种信念会进一步影响新闻媒介的选择和使用行为。

研究假设7：主观规范对新闻媒介使用意向产生直接的影响。

第四节　数据分析与研究发现

本研究问卷问项答案均采用李克特五级量表编码（1 表示“非常不同意”，5 表示“非常同意”）。具体问项及信效度检验如表 3 - 1 所示。

该研究信度分析采用克朗巴赫 α（Cronbach's α）信度系数进行分析，各个维度的信度系数均大于 0.8，说明此次调查中使用的量表可信度均较高。

① 宋明元：《品牌体验对消费者购买意愿的影响研究》，硕士学位论文，大连理工大学，2014。

表 3－1 用户调查变量测量表

<table>
<tr><th colspan="2">变量</th><th>相关描述</th><th>Cronbach's α</th></tr>
<tr><td colspan="2">新闻观念</td><td>新闻信息对我来说很重要
新闻的专业性对我来说很重要
新闻的内容质量对我来说很重要
新闻的真实性对我来说很重要</td><td>.913</td></tr>
<tr><td colspan="2">新闻态度</td><td>获取新闻信息对我来说很有趣
获取新闻信息对我来说很有益</td><td>.892</td></tr>
<tr><td rowspan="3">新闻动机</td><td>娱乐需求</td><td>我获取新闻信息主要是因为无聊
我获取新闻信息主要是来放松</td><td>.830</td></tr>
<tr><td>信息需求</td><td>获取新闻信息是为了了解世界上发生了什么事情
获取新闻信息是为了认识社会
获取新闻信息是为了了解政府相关政策
获取新闻信息是为了让自己成为一个有见识的公民
获取新闻信息是为了获取重要信息
获取新闻信息是为了满足获取知识的需求</td><td>.936</td></tr>
<tr><td>交往需求</td><td>获取新闻信息是为了更好地向他人展示自己
获取新闻信息是为了同他人进行交流时，使我在他们眼中有吸引力</td><td>.894</td></tr>
<tr><td rowspan="3">媒介特点</td><td>感知有用性</td><td>传统新闻客户端有助于我全面获取感兴趣的新闻
传统新闻客户端可以提高我获取新闻的效率
传统新闻客户端更好满足了我的信息需求</td><td>.927</td></tr>
<tr><td>感知易用性</td><td>对我而言熟练地使用传统新闻客户端很容易
传统新闻客户端操作简单</td><td>.859</td></tr>
<tr><td>兼容性</td><td>使用传统新闻客户端提高了我对新闻的兴趣和理解
传统新闻的新闻立场、观点和我的新闻观念相符</td><td>.854</td></tr>
<tr><td colspan="2">主观规范</td><td>对我有重要影响的人（老师、上司）认为我应该使用传统新闻媒体
对我很重要的人（家人、男/女朋友）认为我应该使用传统新闻媒体</td><td>.906</td></tr>
<tr><td colspan="2">使用意愿</td><td>我愿意选择使用传统新闻
我将尽可能多地通过传统媒体获取新闻
我将向亲朋好友推荐传统新闻媒体</td><td>.932</td></tr>
</table>

第五节 用户新闻媒介选择的平台偏向

为了系统了解和分析用户新闻媒介的选择行为和使用情况，本研究先后对近500名用户进行了问卷调查，访谈对象充分考虑到不同年龄和学历、职业特征。

本研究的受访者中男性220人（44%）、女性280人（56%），用户基本信息如表3－2所示。接受此项调查的用户中31～45岁的用户群体占比最多，达36%，有180人；19～24岁的用户群体占34%，有170人，占比第二位。本科学历人数最多，有245人（49%）。政府单位和事业单位人员最多，有200人，占40%。

表3－2 调查用户基本信息

年龄	人数（人）	占比（%）
18岁及以下	30	6
19～24岁	170	34
25～30岁	90	18
31～45岁	180	36
45岁以上	55	11
学历		
专科及以下	50	10
本科	245	49
研究生（硕士）	160	32
研究生（博士）	45	9
职业	人数（人）	占比（%）
政府或事业单位人员	200	40
企业职工	77	15
个体工商户	20	4
学生	126	25
其他	75	15

一 传统新闻媒体客户端使用情况

为掌握用户新闻媒介的使用情况，本节通过多重回应分析，对用户的传统新闻媒介和聚合类新闻媒介的使用情况进行了分析，具体情况如表3－3

所示。调查发现，传统媒体新闻客户端中，央视新闻和《人民日报》是目前用户使用率较高的媒体，各占比为21.8%和19.9%。

表3-3 用户传统新闻媒体使用情况 (N=146)

传统媒体类别	人数（人）	占比（%）
央视新闻	69	21.8
《人民日报》	63	19.9
澎湃新闻	45	14.2
本地传统媒体	38	12.0
人民网	36	11.4
《新京报》	16	5.1
新华社	15	4.7
其他	34	10.8
总计	316	100

在新媒体技术的驱动下，传统媒体不断尝试向新媒体转型发展，逐步过渡到了当下的全媒体时代。媒体在增强了新闻时效性的同时，增加了新闻的多元性呈现手法，拓宽了人们获取信息的渠道，不断地满足移动互联网用户的阅读习惯，增强了新闻的移动性、趣味性、互动性和参与性。艾瑞咨询mUserTracker数据监测显示，2017年传统新闻媒体月度覆盖人数较2016年有了较大的提升，尤其是中共十九大期间，增长率高达78.3%。① 越来越多的用户开始持续关注传统新闻媒体。

据艾瑞咨询mUserTracker数据监测，2017年12月央视新闻客户端月度覆盖人数在传统新闻媒体中位居第一，央视在传统媒体中具有非常高的权威性和代表性，公信力较高。《新闻联播》自1978年开播至今已经走过了41个年头，从传统电视台到社交媒体平台，在媒介融合发展的趋势下，央视新闻积极迎接数字化变革，勇于创新，大胆改革。2012年11月，中央电视台新闻中心的官方微博"央视新闻"上线。开通至今共发布11万余条微博，粉丝数量过8000万。2019年央视新闻的官方抖音号上线，获赞10亿，粉丝

① 艾瑞咨询：《2018年中国传统新闻媒体与新媒体的融合与创新研究报告》，2018年1月31日，http：//report. iresearch. cn/report/201801/3143. shtml。

数近 4000 万人。依托于央视强大的内容资源、多元化的呈现手段、较高的权威性、新闻生产的专业性和重大事件报道的快速性，央视新闻客户端获得了较多的用户数量，拥有较强的用户黏性，在传统新闻资讯客户端用户黏性排名中位居第一。①

《人民日报》在媒体融合发展中具有突出的代表性，其新闻客户端于 2014 年 6 月上线，向媒体融合发展迈出了重要的一步。同年“中央厨房”全媒体平台开始建设，全面推进媒体融合。近年来，《人民日报》已经由过去的一份报纸，转变为全媒体形态的“人民媒体矩阵”，成为拥有报纸、杂志、网站、广播、手机报、微博、微信和客户端等 10 余种载体、400 个媒体平台的媒体集团。②《人民日报》在内容传播上，坚持以内容为核心，通过多平台多渠道多维度分发加强了网络空间的传播力和影响力。据艾瑞咨询发布的《2018 年中国传统新闻媒体与新媒体的融合与创新研究报告》，《人民日报》移动客户端的用户黏性仅次于央视新闻客户端，位居第二。近年来《人民日报》的 H5 作品也在网络上形成了不小的影响力。2016 年的《快听！习近平通过人民日报客户端向你发来元宵节问候》获得中国新闻奖网络作品二等奖，2017 年的《快看呐！这是我的军装照》上线 10 天，浏览量就突破了 10 亿，形成了较大的影响力，获得首次设立的中国新闻奖媒体融合奖一等奖。

据中国传媒大学互联网信息研究院 2018 年 5 月 15 日发布的《新闻客户端信息生态指数 2018 年 4 月榜》数据，主流媒体新闻移动客户端总体信息生态现状为优，发展状态较好，以《人民日报》、新华社和央视新闻为突出代表，在信息导向方面，《人民日报》表现得尤为突出，在专题报道中形成了持续的导向影响。③

二 聚合类新闻客户端使用情况

聚合类新闻客户端中，今日头条和腾讯新闻是受访用户群体中使用率最高的媒体，占比分别为 27% 和 26%，远高于其他媒介平台（见表 3－4）。

---

① 艾瑞咨询：《2018 年中国传统新闻媒体与新媒体的融合与创新研究报告》，2018 年 1 月 31 日，http：//report. iresearch. cn/report/201801/3143. shtml。

② 艾瑞咨询：《2018 年中国传统新闻媒体与新媒体的融合与创新研究报告》，2018 年 1 月 31 日，http：//report. iresearch. cn/report/201801/3143. shtml。

③《新闻客户端信息生态指数 2018 年 4 月榜发布》，2018 年 5 月 17 日，https：//baijiahao. baidu. com/s？ id＝1600700661231045347&wfr＝spider&for＝pc。

表 3－4　用户聚合类新闻媒体使用情况（N＝178）

传统媒体类别	人数（人）	百分比（%）
今日头条	110	27.0
腾讯新闻	106	26.0
新浪新闻	54	13.3
凤凰新闻	43	10.6
网易新闻	36	8.8
搜狐新闻	26	6.4
ZAKER	5	1.2
其　他	27	6.6
总　计	407	100

本研究与艾媒网2017 年第四季度发布的研究结果一致。中国手机新闻客户端整体用户分布格局的头部效应逐渐显现，今日头条和腾讯新闻两大新闻客户端用户活跃度开始与其他客户端拉开差距。①

三　用户新闻平台使用情况

如表 3－5 所示，调查用户群体中使用微信的比例最高，达 31.9%。另外据相关数据显示，全球已有超过 80% 的用户在使用社交媒体，我国截至2018 年的移动社交媒体用户规模达 7.37 亿人，2020 年 6 月已达到 9.4 亿人。② CNNIC 数据显示，截至 2016 年下半年，使用过社交媒体获取新闻资讯的用户比例高达 90.7%。③ 由于社交媒体的普及率较高，社交媒体已经不再仅是用户建立社交和维持人际关系的平台，已成为用户获取资讯的重要渠道。

① 《2017～2018 年度中国手机新闻客户端中高端用户专题报告》，2018 年 2 月 12 日，https：//www.iimedia.cn/c400/60658.html。

② 艾媒报告：《2019 年中国移动社交行业专题报告》，2019 年 10 月 10 日，https：//www.iimedia.cn/c400/66297.html。

③ 中国互联网络信息中心（CNNIC）：《2016 年中国互联网新闻市场研究报告》，2017 年1 月。

表 3－5　用户新闻平台使用情况（N＝326）

平　台	人数（人）	占比（%）
微　信	233	31.9
客户端	185	25.3
微　博	170	23.3
浏览器	143	19.6
总　计	731	100.0

四　用户的新闻使用类型

如表 3－6 所示，用户使用率和关注度最高的两类新闻类型是社会和时政类新闻，占比为 26.9% 和 26.3%。相关研究发现，省级党报微信“10 万＋”热文的特点之一就是聚焦社会民生热点，[①] CNNIC 的数据也同样印证了这一点。对网民浏览新闻类型的调查发现，网民浏览社会新闻的比例高达 74.3%，远高于第二位的娱乐新闻（54.8%），这表明网民对与切身相关的社会问题具有很高的关注度。[②]

表 3－6　用户的新闻使用类型（N＝326）

新闻类型	人数（人）	占比（%）
社　会	246	26.9
时　政	240	26.3
娱　乐	193	21.1
财　经	111	12.2
体　育	74	8.1
其他新闻	49	5.4
总　计	913	100.0

① 韩鹏飞：《省级党报微信“10 万＋”热文的传播特性——以江西日报微信公众号为例》，《青年记者》2017 年第 24 期。

② 中国互联网络信息中心（CNNIC）：《2016 年中国互联网新闻市场研究报告》，2017 年 1 月。

五 描述性统计分析

如表 3 - 7 所示，用户的新闻观念较强（M = 4.11，SD = 3.41），普遍认为新闻是较为重要的，并对新闻持有积极的态度（M = 3.92，SD = 1.71）。在新闻动机中，信息需求（M = 4.04，SD = 4.15）动机较高，其次是交往需求（M = 3.41，SD = 1.83），而娱乐需求相对较弱（M = 3.09，SD = 1.91）。对于传统新闻客户端的媒介特征感知易用性（M = 3.69，SD = 1.69）、感知兼容性（M = 3.52，SD = 1.67）、感知有用性（M = 3.46，SD = 2.62）认知度均较高。受访者的主观规范尚可（M = 3.21，SD = 1.95），媒体使用意向相对较高（M = 3.39，SD = 2.61）。

表 3 - 7 描述性统计分析

因素		问项数	平均数（M）	标准差（SD）
新闻观念		4	4.11	3.41
新闻态度		2	3.92	1.71
新闻动机	娱乐需求	2	3.09	1.91
	信息需求	6	4.04	4.15
	交往需求	2	3.41	1.83
媒介特点	感知有用性	3	3.46	2.62
	感知易用性	2	3.69	1.69
	感知兼容性	2	3.52	1.67
主观规范		2	3.21	1.95
媒体使用意向		3	3.39	2.61

六 相关分析

为掌握各测量变量间是否存在关联性，以及各变量间的正负向关系和相关程度，该研究首先对各测量变量进行了相关关系分析，数据分析结果显示各变量间均存在较强的相关关系，如表 3 - 8 所示。

表 3-8　相关分析系数

	新闻观念	新闻态度	娱乐需求	信息需求	交往需求	感知有用性	感知易用性	感知兼容性	主观规范	使用意向
新闻观念	1									
新闻态度	.730***	1								
娱乐需求	.126*	.197***	1							
信息需求	.693***	.716***	.245***	1111111						
交往需求	.316***	.427***	.442***	.473***	1					
感知有用性	.259***	.404***	.447***	.464***	.582***	1				
感知易用性	.343***	.441***	.373***	.513***	.431***	.709***	1			
感知兼容性	.326***	.476***	.373***	.517***	.480***	.799***	.774***	1		
主观规范	.184**	.336***	.410***	.342***	.556***	.659***	.520***	.704***	1	
使用意向	.219***	.364***	.357***	.368***	.428***	.756***	.643***	.729***	.696***	1

* $p<.05$，** $p<.01$，*** $p<.001$

七　影响用户新闻媒介平台选择的主要因素分析

为对各变量进行进一步的分析、预测和控制，探究各变量间的因果关系和影响程度，验证模型的稳定性，该研究对各变量进行了线性回归分析。在回归分析方法中多元回归分析旨在研究一个因变量和多个自变量之间的相关关系。该研究将利用多元回归分析法，解析用户新闻观念、新闻动机、新闻态度、媒介特点和主观规范等自变量与用户媒介使用意向因变量间的相关关系。

（1）用户的学历、年龄和收入是影响新闻观念的主要因素

首先，该研究通过回归分析对用户的性别、年龄、收入和职业等因素对用户新闻观念的影响进行了分析，发现学历（$\beta=.145$，$p<.01$）、年龄（$\beta=.147$，$p<.01$）和收入（$\beta=.122$，$p<.05$）是影响新闻观念的主要因素。

也就是说学历越高、年龄越大、收入越高的用户越认为获取新闻信息对个人重要，认为新闻的专业性、内容质量和真实性较为重要。

（2）用户的新闻观念对新闻态度、新闻动机和新闻媒介特点认知均产生了较大的影响

该研究通过回归分析对用户的新闻观念对新闻态度、新闻动机和新闻媒介特点认知进行了分析。结果如表 3-9 所示。

研究问题1：新闻观念对新闻态度产生了较显著的影响。

回归方程的F值为370.5，显著性为.000，证明回归方程拟合效果很好。回归系数Beta值为.73，显著性.000，说明用户新闻观念对新闻态度产生了显著影响。即，认为新闻信息很重要的用户，对于获取新闻信息持有较为积极的态度，认为获取新闻是件有趣并且有益的事情。

表3-9 新闻观念对新闻态度的影响

因　素	新闻态度	
新闻观念	Beta	F
	.73***	370.5***
*** p<.001		

研究问题2：新闻观念对新闻动机的三个变量均产生了较显著的影响。

娱乐需求动机回归方程的F值为5.194，显著性为.023，证明回归方程成立。回归系数Beta值为.126，显著性.023，说明用户新闻观念对娱乐型新闻动机产生了影响。即，认为新闻信息很重要的用户，同样会因为消遣和放松等目的使用新闻。

信息需求动机回归方程的F值为299.2，显著性为.000，证明回归方程拟合效果很好。回归系数Beta值为.693，显著性.000，说明用户新闻观念对信息型新闻动机产生了显著影响。即，认为新闻重要的用户更多通过新闻了解社会和外部世界动态，了解政府决策等，满足自己获取信息和知识的需求。

社交需求动机回归方程的F值为35.8，显著性为.000，证明回归方程拟合效果较好。回归系数Beta值为.316，显著性.000，说明用户新闻观念对社交型新闻动机产生了显著影响。也就是说，认为新闻重要的用户，通过获取新闻信息向他人展示自己的欲望也更为强烈。

表3-10 新闻观念对新闻动机的影响

因　素	新闻动机					
新闻观念	娱乐需求		信息需求		社交需求	
	Beta	F	Beta	F	Beta	F
	.126*	5.194*	.693***	299.2***	.316***	35.8***
* p<.05，** p<.01，*** p<.001						

研究问题 3：新闻观念对媒介特点的三个变量均产生了较显著的影响。

感知有用性回归方程的 F 值为 23.4，显著性为 .000，证明回归方程拟合效果很好。回归系数 Beta 值为 .259，显著性 .000，说明用户新闻观念对感知有用性产生了显著影响。即，认为新闻信息很重要的用户，对传统新闻客户端的新闻价值判断更高。

感知易用性回归方程的 F 值为 43.1，显著性为 .000，证明回归方程拟合效果较好。回归系数 Beta 值为 .343，显著性 .000，说明用户新闻观念对感知易用性产生了显著影响。即，认为新闻信息很重要的用户，对传统新闻客户端的操作简易性评价更高。

感知兼容性回归方程的 F 值为 38.5，显著性为 .000，证明回归方程拟合效果较好。回归系数 Beta 值为 0.326，显著性 .000，说明用户新闻观念对感知兼容性产生了显著影响。即，认为新闻信息很重要的用户，对传统新闻客户端的兼容性评价更高。

表 3－11　新闻观念对新闻媒介特点的影响

因　素	媒介特点					
	感知有用性		感知易用性		感知兼容性	
新闻观念	Beta	F	Beta	F	Beta	F
	.259***	23.4***	.343***	43.1***	.326***	38.5***
* p<.05，** p<.01，*** p<.001						

研究问题 4：以获取信息和交往为主要目的用户对新闻持有积极的态度。

多元回归分析中通过验证模型是否显著成立的 F 值和体现各层引入的自变量对模型贡献量的 R^2 可以对个别因子的相对显著性进行比较分析。分析结果如表 3－12 所示。在引入新闻动机后 R^2 值为 .625，大于模型 1 的调整 R^2 值 .532，说明模型可解释的变异占总变异的比例越来越大，引入方程的新闻动机变量是显著的（F＝136.35，p<.001）。新闻动机要素中的信息型（β＝.344，p<.001）和交往型（β＝.120，p<.01）要素的回归系数均大于 0，证明越是以获取信息和社会交往为目的使用新闻的用户，对新闻的态度越积极。

以获取信息和社交为主要目的的用户，即为了了解世界、掌握社会动态和政府相关政策，在他人面前可以更好地展示自己的用户，对获取新闻信息持有积极的态度，认为获取新闻信息是有趣并且重要的。

表 3－12　新闻动机对新闻态度的影响

因　素		新闻态度			
		Beta	R	R^2	调整 R^2
新闻观念		.730***	.730***	.533***	.532***
新闻动机	娱乐型	.003	.793***	.629***	.625***
	信息型	.344***			
	交往型	.120**			
*p<.05，**p<.01，***p<.001					

研究问题5：用户使用新闻的动机对新闻媒介的特点认知产生了较大影响。

新闻动机要素对媒介特点认知中的感知有用性分析结果如表 3－13 所示，在引入新闻动机后 R^2 值为.423，大于模型 1 的调整 R^2 值.064，说明模型可解释的变异占总变异的比例越来越大，引入方程的新闻动机变量是显著的（F=60.49，p<.001）。新闻动机中的娱乐型（β=.211，p<.001）、信息型（β=.297，p<.001）和交往型（β=.373，p<.01）等要素的回归系数均大于0，证明越是以娱乐、获取信息和社会交往为目的使用新闻的用户，对传统新闻的有用性认知越强烈。

由此可见，新闻的使用动机对新闻客户端的有用性感知产生了较大的影响。以放松、娱乐消遣为主要目的的用户，认为通过传统新闻客户端可以获得更多个人感兴趣的新闻。以获取信息、知识，了解世界和社会动态、政府政策的用户认为传统新闻客户端可以提高个人获取新闻的效率。以社会交往为目的、通过获取新闻信息更好地向他人展示自己的用户，认为传统新闻客户端可以更好地满足个人的信息需求。

表 3－13　新闻动机对媒介特点认知的影响

因　素		感知有用性			
		Beta	R	R^2	调整 R^2
新闻观念		.259***	.259***	.067***	.064***
新闻动机	娱乐型	.221***	.656***	.430***	.423***
	信息型	.297***			
	交往型	.373***			
*p<.05，**p<.01，***p<.001					

新闻动机对媒介特点要素中的感知易用性的影响分析结果如表3-14所示，在引入新闻动机后 R^2 值为.423，大于模型1的调整 R^2 值.115，说明模型可解释的变异占总变异的比例越来越大，引入方程的新闻动机变量是显著的（F=42.09，p<.001）。新闻动机中的娱乐型（β=.210，p<.001）、信息型（β=.389，p<.001）和交往型（β=.155，p<.01）等要素的回归系数均大于0，证明越是以娱乐、获取信息和社会交往为目的使用新闻的用户，对传统新闻的易用性认知越强烈。

表3-14　新闻动机对媒介特点认知的影响

因　素		感知易用性			
		Beta	R	R^2	调整 R^2
新闻观念		.343***	.343***	.117***	.115***
新闻动机	娱乐型	.210***	.656***	.430***	.423***
	信息型	.389***			
	交往型	.155**			

* p<.05，** p<.01，*** p<.001

由此可见，新闻的使用动机对新闻客户端的易用性感知产生了较大的影响。以放松、娱乐消遣为主要目的的用户，认为传统新闻客户端的操作简单方便。以获取信息、知识，了解世界和社会动态、政府政策为目的的用户认为传统新闻客户端使用简单。以社会交往为目的，通过获取新闻信息更好地向他人展示自己的用户，对传统新闻客户的操作易用性判断更高。

新闻动机对媒介特点要素中的感知兼容性的分析结果如表3-15所示。在引入新闻动机后 R^2 值为.358，大于模型1的调整 R^2 值.104，说明模型可解释的变异占总变异的比例越来越大，引入方程的新闻动机变量是显著的（F=46.39，p<.001）。新闻动机中的娱乐型（β=.182，p<.001）、信息型（β=.393，p<.001）和交往型（β=.227，p<.01）的回归系数均大于0，证明越是以娱乐、获取信息和社会交往为目的使用新闻的用户，对传统新闻的兼容性认知越强烈。

新闻的使用动机对新闻客户端的兼容性感知产生了较大的影响。以放松、娱乐消遣为主要目的的用户，认为传统新闻提高了自己对新闻的兴趣和理解。以获取信息、知识，了解世界和社会动态、政府政策为目的的用户认为传统新闻的新闻立场、观点和自己的新闻观更相符。以社会交往为目的，通过获取新闻信息更好地向他人展示自己的用户，认为传统新闻媒体与自己的新闻观更相符，提高了自己对新闻的兴趣和理解。

表 3－15　新闻动机对媒介特点认知的影响

因素		感知兼容性			
		Beta	R	R^2	调整 R^2
新闻观念		.326***	.326***	.106***	.104***
新闻动机	娱乐型	.182***	.605***	.366***	.358***
	信息型	.393***			
	交往型	.227**			

* p <.05，** p <.01，*** p <.001

研究问题 6：用户持有的新闻态度越积极，使用传统新闻媒体的意向越强烈。

分析结果如表 3－16 所示。在引入新闻态度后 R^2 值为 .132，大于模型 1 的调整 R^2 值 .045，说明模型可解释的变异占总变异的比例越来越大，引入方程的新闻态度变量是显著的（F = 25.71，p < .001）。新闻态度的回归系数 Beta 为 .438，大于 0，说明新闻态度越积极，传统新闻的媒介使用意向越强。

认为获取新闻是有趣并且有益的用户对于使用传统新闻媒体获取新闻资讯的意向更为强烈。

表 3－16　新闻态度对新闻媒介使用意向的影响

因素	新闻媒介使用意向			
	Beta	R	R^2	调整 R^2
新闻观念	.219***	.219***	.048***	.045***
新闻态度	.438***	.371***	.137***	.132***

* p <.05，** p <.01，*** p <.001

研究问题 7：以娱乐、信息获取和社交为目的的用户对传统新闻媒体的使用意向更强烈。

分析结果如表 3－17 所示。在引入新闻态度后 R^2 值为 .242，大于模型 1 的调整 R^2 值 .045，说明模型可解释的变异占总变异的比例越来越大，引入方程的新闻动机变量是显著的（F = 26.94，p < .001）。新闻动机中的娱乐型

（$\beta = .197$，$p < .001$）、信息型（$\beta = .237$，$p < .001$）和交往型（$\beta = .243$，$p < .01$）的回归系数均大于0，证明越是以娱乐、获取信息和社会交往为目的使用新闻的用户，对传统新闻的使用意向越强烈。

新闻动机要素对传统新闻的媒介使用意向产生了较大的影响。具体来看，无论是以娱乐消遣还是获取信息资讯为目的，向他人展示自己的用户对传统新闻媒体的选择和使用都持有积极的态度。

表 3－17　新闻动机对新闻媒介使用意向的影响

因　素		新闻媒介使用意向			
		Beta	R	R^2	调整 R^2
新闻观念		.219***	.219***	.048***	.045***
新闻动机	娱乐型	.197***	.501***	.251***	.242***
	信息型	.237**			
	交往型	.243**			
* $p < .05$，** $p < .01$，*** $p < .001$					

研究问题8：感知有用性和感知兼容性是影响用户使用传统新闻媒体的主要因素。

分析结果如表3－18所示。在引入新闻态度后 R^2 值为.615，大于模型1的调整 R^2 值.045，说明模型可解释的变异占总变异的比例越来越大，引入方程的媒介特点变量是显著的（$F = 130.63$，$p < .001$）。媒介特点要素中的感知有用性（$\beta = .455$，$p < .001$）和感知兼容性（$\beta = .299$，$p < .01$）的回归系数均大于0，证明越是对媒介的有用性和兼容性感知强烈的用户，对传统新闻的使用意向越强烈。

媒介特点要素对传统新闻的媒介使用意向产生了较大的影响。具体来看，认为传统新闻有助于自己全面获取感兴趣的新闻、提高个人获取新闻的效率、满足个人的新闻信息需求、强化了个人对新闻的兴趣和理解、与自己的新闻观念和立场相符的用户对传统新闻媒体的选择和使用都持有积极的态度。

表 3－18　新闻动机对新闻媒介使用意向的影响

因　素	新闻媒介使用意向			
	Beta	R	R^2	调整 R^2
新闻观念	.219***	.219***	.048***	.045***

续表

因素		新闻媒介使用意向			
		Beta	R	R^2	调整 R^2
媒介特点	感知有用性	.455***	.787***	.619***	.615***
	感知易用性	.100			
	感知兼容性	.299**			
*p<.05，**p<.01，***p<.001					

研究问题9：主观规范是影响用户新闻媒介使用意图的重要因素。

回归方程的F值为304.5，显著性为.000，证明回归方程拟合效果很好。回归系数Beta值为.696，显著性.000，系数大于0，说明主观规范越强的用户，传统新闻媒介的使用意向越强烈。

表3-19 新闻观念对新闻态度

因素	新闻媒介使用意向	
主观规范	Beta	F
	.696***	304.5***
*p<.05，**p<.01，***p<.001		

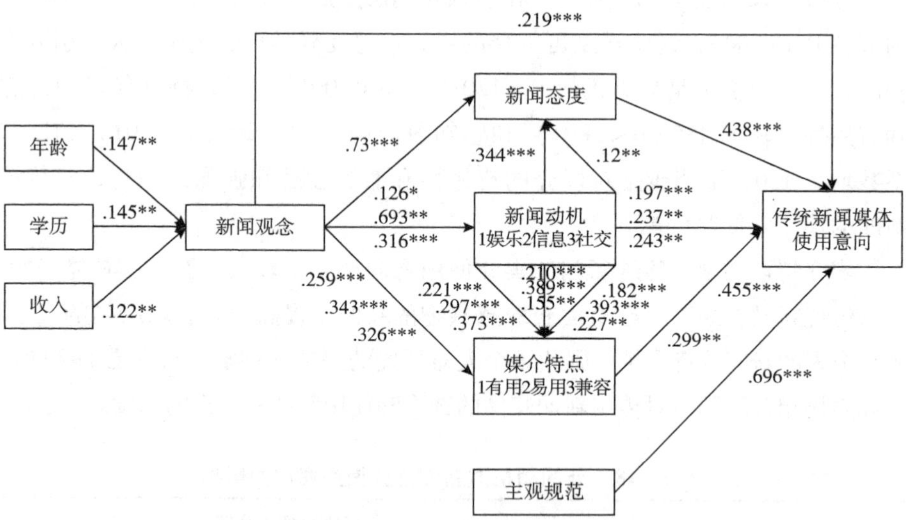

图3-6 研究结果示意图

注：*p<.05，**p<.01，***p<.001

小　结

1. 新闻观念是影响用户新闻态度、新闻动机和媒介特点认知的重要因素

综合研究成果发现，新闻观念对新闻态度要素，新闻动机的娱乐需求要素、信息需求要素和社交需求要素，媒介特点的感知有用性、感知易用性和感知兼容性要素均产生了影响。其中，新闻观念对新闻态度（$\beta = .73$，$p < .001$）和新闻动机中的信息需求（$\beta = .693$，$p < .001$）的影响最大，其次是新闻动机中的信息需求，对新闻媒体的感知易用性（$\beta = .343$，$p < .001$）和兼容性（$\beta = .326$，$p < .001$）也产生了较大的影响。也就是说认为新闻很重要的用户对获取新闻信息持有更积极的态度，主要是以满足个人的信息需求、社会交往需求和娱乐需求在使用新闻媒介，对新闻的易用性、兼容性和有用性感知更为强烈。

根据行为预测与推理行为模型，观念是影响人们的社会行为的根本要素。[①] Lee 和 Chyi 的新闻动机消费模型（Motivational Consumption Model）也指出新闻观念是影响用户新闻态度和动机的主要因素，该研究结果对行为预测与推理行为模型和新闻动机消费模型进行了进一步的验证和扩展，发现新闻观念不仅影响了用户新闻态度、新闻动机，甚至影响了用户对新闻媒介特点的认知。

表 3-20　新闻观念对新闻态度、新闻动机和媒介特点的影响

因素	新闻态度 Beta	新闻动机 Beta			媒介特点 Beta		
		娱乐需求	信息需求	社交需求	感知有用性	感知易用性	感知兼容性
新闻观念	.73***	.126*	.693***	.316***	.259***	.343***	.326***

2. 新闻动机影响了新闻态度和媒介特点认知

动机一般在使用和满足理论框架下被广泛使用，是一种以用户个人为中心的研究方法，通常用于研究用户使用媒介的心理驱动因素，探究用户是以何种目的和需求使用媒介的。相关研究发现，用户媒介使用动机的差异对媒

① Martin Fishbein, Icek Ajzen, "Belief, Attitude, Intention and Behavior: An Introduction to Theory and Research", https: //www. docin. com/p - 1862800664. html.

介的使用会产生不同的心理影响①，导致不同的媒介评价和使用行为出现。②该研究发现，用户不同的媒介使用动机对新闻态度产生了不同程度的影响，媒介特点认知也存在一定差异。这一研究成果扩展了新闻媒介使用行为研究范畴，为后续媒介研究提供了新的研究框架和理论基础。

具体来看，信息需求（$\beta = .344$，$p < .001$）和社交需求（$\beta = .120$，$p < .001$）对新闻态度产生了影响，其中信息需求的影响较大。也就是说越是以了解社会、世界动态，了解政府相关政策，满足知识获取需求等目的使用新闻的用户，越是对新闻持有较为积极的态度。为了在与他人交流时更好地展示自己、使自己在他人眼中更有吸引力的用户，认为获取新闻是有益且有趣的，对新闻持有积极态度。

不同的新闻动机对媒介特点认知产生了一定程度的差异。其中，娱乐需求型用户对传统媒体的有用性、易用性和兼容性均产生了一定的认知，但相对认知度较低。对媒介特点认知均产生了一定的影响，信息需求型用户对传统新闻媒体的感知易用性（$\beta = .389$，$p < .001$）和感知兼容性（$\beta = .393$，$p < .001$）认知更强烈，社交需求型用户对传统新闻媒体的感知有用性认知更强烈（$\beta = .373$，$p < .001$）。也就是说，为了在和他人交流时更好地展示自己的用户认为传统新闻媒体更有助于个人全面获取感兴趣的新闻、提高个人的新闻获取效率、满足信息获取需求。对于以了解社会动态、了解政府政策、获取重要信息和满足知识获取需求为目的的用户则对传统新闻媒体在操作和使用上的易用性评价更高，认为传统新闻媒体的新闻立场、观点和个人的新闻态度更相符。出于放松和娱乐需求获取新闻的用户对传统新闻媒体的有用性、易用性和兼容性认知相对较低。

由此可见，信息需求型和社交需求型用户对传统新闻媒介特点评价较高。传统新闻媒体的新闻专业性较强，态度严谨，把关严格，对新闻内容质量要求较高，可以满足对新闻信息要求较高的用户。但是与聚合类新闻平台相比，传统新闻媒体的娱乐性新闻较少，内容的丰富性和多元性较差，因此，出于娱乐需求的用户对传统新闻媒体的媒介特点评价较低。

---

① 王雪、周海宁：《社交媒体使用方式对主观幸福感的影响》，《青年记者》2019 年第 23 期，第 19～20 页。

② 王雪，Sunhee Park，“The Influence of SNS Use Experience on SNS Avoidance”，*The Journal of Humanities and Social Sciences*，2014，15（3）：265－292.

表 3－21　新闻动机对新闻态度和媒介特点的影响

因　素		新闻态度 Beta	媒介特点 Beta		
			感知有用性	感知易用性	感知兼容性
新闻动机	娱乐	—	.221***	.210***	.182***
	信息	.344***	.297***	.389***	.393***
	社交	.120**	.373***	.155**	.227**

3. 新闻观念、新闻态度、新闻动机、媒介特点认知和主观规范影响了用户新闻媒介的选择行为

用户的新闻观念、新闻态度、新闻动机、媒介特点认知和主观规范均对新闻媒介选择行为产生了影响。其中，新闻态度、新闻媒介的感知有用性和主观规范影响较大。

新闻观念是关于人们对新闻价值的一般看法，在新闻动机消费模型中，新闻观念是影响用户新闻消费行为的主要因素。该研究对新闻消费模型进行了进一步的延伸和扩展，发现新闻观念同时影响了新闻媒介选择行为。认为获取新闻信息重要的用户，对新闻的专业性、真实性和内容质量要求较高的用户，更倾向于选择使用传统媒体。

行为预测与推理行为模型、理性行为模型和计划行为模型均指出态度和主观规范是影响行为意愿的主要因素。该研究发现，在影响用户的新闻媒介选择的众多因素中，用户的新闻态度和主观规范最为重要。这一研究结果与前期理论模型的预测一致。说明认为获取新闻是有益且有趣的、对新闻持有积极态度的用户选择传统新闻媒体的意愿更高。受访者对传统新闻媒介的选择行为受主观规范的影响较大。关于理性行为的大量相关研究表明，态度和行为意愿、行为意愿与使用行为这两组变量关系得到了支持，但是，主观行为与行为意愿受具体行为差异的影响，其间的关系有不显著的情况。但是该研究发现，用户在新闻媒介的选择上受主观规范的影响较大。用户的社会圈（家庭、朋友、同事等）的态度和意见，对用户新闻媒介的选择行为产生了较大的影响。

该研究还发现，用户的新闻动机中，信息需求和社交需求对新闻媒介的选择行为影响较大，而娱乐需求影响较少。

信息需求型用户和社交需求型用户对新闻的内容质量要求较高，而传统新闻媒体的优势则是在于新闻内容生产。路透社与策略咨询机构 Flamingo 联

合发布的《年轻用户的新闻消费习惯和对主流媒体的启示》研究报告发现，年轻受众对新闻主要有两大驱动因素：一是追求个人进步，二是获得生活上的需求。[①] 这两大因素主要包含地位、身份、学习、联系、娱乐和热情等方面。新闻与社会地位密切相关，获取知识和信息有助于提升个人自信度和自我价值，丰富日常交谈的话题。艾媒咨询数据显示手机新闻客户端的网络口碑排名第一的是央视新闻，领先于腾讯新闻和今日头条。在网络热度指数排行中《人民日报》位居第二，仅次于今日头条。[②] 传统新闻媒体对新闻的质量和真实性要求较高，可以较好地满足新闻信息需求型和社交需求型用户对信息的需求。所以，信息需求型和社交需求型用户对传统新闻媒体的使用意图较强。

表 3－22　新闻媒介使用意向的影响要素

因　素		媒介使用意向 Beta
新闻观念		.219***
新闻态度		.438***
新闻动机	娱乐需求	.197***
	信息需求	.237**
	社交需求	.243**
媒介特点	感知有用性	.455***
	感知易用性	
	感知兼容性	.299**
主观规范		.696***

对于娱乐需求型用户，虽然传统新闻媒体的新闻种类和新闻观念不及聚合类新闻平台多元化，但是，传统新闻媒体的新闻种类也日渐丰富，传播模式也逐步走向新媒体化。两会期间传统新闻媒体推出的一系列爆款产品，如两会版《成都》、动画视频《当民法总则遇上哪吒》、视频节目《厉害了我的两会》《两会喊你入群》等，均采用新媒体的报道手法，以生动、活泼、有趣的语言形式表达严肃的新闻内容，符合年轻人娱乐化的新闻消费

① 《“家长式”定位 VS“自我式”需求：主流媒体如何挽回年轻用户?》，2019 年 10 月 21 日，https：//www. jianshu. com/p/7f0f26f5cee5。

② 《2019Q1 中国手机新闻客户端市场监测报告》，2019 年 5 月 10 日，https：//www. sohu. com/a/317321941_ 533924。

习惯。[①] 特别是《人民日报》于2017年建军节期间推出的H5产品“军装照”，在网络上引起了较大反响，点击量突破10亿，提升了品牌的知名度，扩大了影响力，增加了用户黏性。

在媒介特点认知方面，媒介的感知有用性和兼容性是用户新闻媒介选择行为的重要影响因素；与媒介兼容性相比，媒介的有用性产生了更大的影响。由此可见，用户选择新闻媒介更看重的是新闻的内容质量，用户更倾向于选择有助于个人获取感兴趣的新闻、提高个人获取新闻效率、满足个人新闻需求的新闻媒介。

据统计，代表性的传统媒体在微信、微博上均有较好的传播效果。《人民日报》、央视新闻和新华社的微信公众号传播指数始终排名前三，《人民日报》的公众号文章平均阅读量均保持在10万次以上。[②] 在新浪微博账号的周排行榜中，《人民日报》官方微博的传播指数始终排在前10位，央视新闻、人民网的传播指数均排在前20位。[③]

学界和业界一直对“内容为王”还是“渠道为王”争论不休，该研究发现，用户在新闻媒介选择过程中，始终是对新闻信息的内容质量有较高的要求。内容质量不仅是衡量新闻好坏的标准，也是用户选择新闻媒介的主要影响因素。此次新冠肺炎疫情期间受众的媒介选择和使用行为的转变也印证了该研究结果。疫情期间传统媒体网站/客户端的使用率有明显提升，媒介信任度高达57.7%，位居第一。[④] 由此可见，在重大突发事件中，传统媒体是用户获取相关信息、对事件深入了解的主要渠道。另外，随着互联网空间监管的逐渐趋严，聚合类新闻客户端在内容审核上面临着一定的挑战，而这正是传统媒体发展的新机遇。[⑤]

---

① 李良荣、袁鸣徽：《2017年中国网络媒体的基本格局和态势》，《新闻记者》2018年第1期，第44~49页。

② 李良荣、袁鸣徽：《2017年中国网络媒体的基本格局和态势》，《新闻记者》2018年第1期，第44~49页。

③ 李良荣、袁鸣徽：《2017年中国网络媒体的基本格局和态势》，《新闻记者》2018年第1期，第44~49页。

④ 中国广视索福瑞媒介研究：《疫情期间用户媒介消费及使用预期调查报告》，2020年2月，http://www.199it.com/archives/1012717.html。

⑤ 《2019Q1中国手机新闻客户端市场监测报告》，2019年5月10日。

第四章 英美报业的融合试验

从转型发展历程上来看，英国的改革已经进入“自驱动”环节，其转型动力更多体现为自上而下、由内而外的自发性。在实施数字化转型时，英国报业集团的管理层会根据自身特点，紧扣“内容”与“用户”进行顶层设计，制定差异化的数字化策略，而非跟风式的应对。因此，英国报业转型思路值得中国同行借鉴。另外，美国报业的转型实践显示，去纸媒化和数字化是未来报业的必然趋势。不同定位的媒体在转型过程中采取的具体措施各有不同，但重构用户连接这条路径是明确的。同时，改革不可能一蹴而就，需确保足够的容错空间，在不断的探索、调整中寻找最契合自己的转型道路。

从内容生产上来看，在移动传播与技术驱动的作用之下，当前的世界新闻业正步入一个全面告别传统生产与分发的新传播时代。然而，从2019年以来传遍世界的几则重大报道来看，互联网上和人们谈论的所谓主要的新闻信源，仍然来自主流传统媒体。在传统媒体阵营，尤其是一些在世界范围内卓有影响的媒体，另一场影响或更将深远的变革——新闻的叙事风格和组织逻辑的嬗变与创新正在发生。身处一个媒介遍在的社会，部分西方主流传统媒体因应人类使用媒介方式的改变而改变，不是止步于平台融合和单一的技术思维，而是主动适应信息受众对彼处空间与此处空间的连接和体验的需求，不断探索新闻的新样态，从而体现出主流声音的价值内涵，努力构建移动互联时代的传播新生态。

第一节 英国报业融合现状与转型思路

一 转型现状：注重用户的核心价值

英国传媒产业处于世界领先地位，报纸人均销量为欧洲国家之首，个别报纸在国际传媒领域极具影响力。早在20世纪90年代末，英国主流媒体即建立了自己的网站并开始探索新的商业模式；2005年前后，英国传媒产业进入剧烈动荡期，纸媒广告收入断崖式下跌，随即进入转型阵痛期，一直持续至今。

路透新闻研究所近期的研究显示，2019 年，智能手机已超越电视成为英国人触达新闻的首要介质。整体上看，人们习惯使用手机直接访问新闻网站和客户端，但 35 岁以下的年轻人更习惯通过社交媒体了解新闻，占比达到 44%。① 与此同时，新闻付费墙模式尚未获得可持续发展，人们更倾向于为娱乐内容付费。从 2013 年至今，新闻付费（包括订阅费、会员费、捐赠和其他任何形式的费用）人群的占比仅增长了 1%，目前保持在 9% 左右；其中，单纯的数字订阅者更少，仅有 4%。② 因此，对于英国媒体而言，如何留住年轻用户并寻求可持续的商业模式依然是当前的转型要点。

从近年来《卫报》《金融时报》《泰晤士报》《每日邮报》等主流报纸的转型动作来看，“内容”和“用户”重新回归新闻生产链的核心环节，渠道与技术则扮演着支撑角色，辅助媒体提升内容质量和用户体验。2018 年 9 月，浙江日报集团董立林等人前往英国研修，在走访多家报业集团后，同样指出了这一点，认为“英国报业在转型过程中已逐渐走出‘流量焦虑’，尤为重视核心用户的价值。”③

二 转型思路：内容、用户与国际化战略

（一）重视新闻品牌，增强内容传播力

第一，专注独家内容生产，塑造新闻品牌。路透社与策略咨询机构 Flamingo 联合发布的《年轻用户的新闻消费习惯和对主流媒体的启示》研究报告显示，年轻人不希望媒体回避严肃或艰难的故事，他们希望看到能激发他们改变的故事，并且提供给他们一条积极前进的道路。④ 事实上，媒体环境越嘈杂，内容和渠道越多，人们越困惑，传统媒体所能提供的就越多。以《卫报》为代表的严肃媒体秉承着专业主义精神，始终专注独家内容和系列

① “Executive Summary and Key Findings of the 2019 Report”, http://www.digitalnewsreport.org/survey/2019/overview-key-findings-2019.

② “Executive Summary and Key Findings of the 2019 Report”, http://www.digitalnewsreport.org/survey/2019/overview-key-findings-2019.

③ 董立林：《从追逐流量到抓住用户——浅观英国报业转型过程中的用户思维》，《传媒评论》2018 年第 10 期，第 54～57 页。

④ 梅宁华、支庭荣：《媒体融合蓝皮书：中国媒体融合发展报告（2019）》，社会科学文献出版社，2019，第 84～96 页。

深度调查报道，其网站的月平均独立访问用户稳定在1.5亿左右，均来自长期读者群而不是追求点击量的引流。最为典型的是其对环境议题的持续追踪。2019年10月中旬，《卫报》宣布将集合旗下全球记者的力量，基于科学事实，给予环境报道最重要的位置。其最新的系列调查报道“污染者”（The Polluters）曝光了20家石油巨头如何“贡献”了全球三分之一的二氧化碳排放。系列里的另一篇报道中，几位记者调查了石油巨头如何与英国的智库机构合作，或是巨额资助名校学者，在过去几十年间，动用不同公关及舆论引导手段，让公众相信气候变化是个伪命题，只存在于理论中而不是事实。[①]这样做无疑是有效果的，用户调查显示，《卫报》读者往往更愿意在深度调查报道的末尾捐助一定数额的资金。

第二，探索友好的内容呈现方式。新闻内容的版面和体量需要符合不同平台的推送形式，同时确保不能失掉传统新闻品牌所拥有的信用和权威。例如，《经济学人》通过打造客户端 Espresso 提供每日新闻概览，每则新闻内容长度大约占三个正常手机屏幕的篇幅，长度控制适中；且每篇都会以一个有趣的引语作为结尾，给深奥的专业新闻内容阅读增添了一些愉快的氛围。[②]《金融时报》秉持“影响力为核心，用户需求为优先”的转型思路，[③]一方面强调对原创新闻和调查性报道的追求，另一方面提倡开放式新闻——利用互动设计、编程等技术，把每一个故事更好地呈现给读者。该报的视觉设计团队与内容生产团队紧密合作，为报社所有终端服务。2015年年初，《卫报》完成了长达一年半的用户测评，并推出全新改版网站。为了这次改版，《卫报》花费了长达18个月的时间来研究国际市场不同用户群体的使用习惯及偏好。经过长期的用户研究《卫报》发现，读者经常感到被持续不断的新闻流淹没，难以知道应该关注什么，所以该团队决定探索新的内容包装方式，后来耗时6个月，设计了一款面向付费用户的日报客户端，[④]主打无广告和精简新闻内容，与主报客户端相比，它在层次结构上更为清爽。

---

① 《英国百年老报率先加入“共益企业”，意味着啥?》，https://mp.weixin.qq.com/s/lRU-VU6WtOUbVG28KAglyJg。

② 《“家长式”定位 VS“自我式”需求：主流媒体如何挽回年轻用户?》，2019年10月21日，https://mp.weixin.qq.com/s/s4hpre7uBBA8MxqqwG64JA。

③ 杨波：《全媒体转型：转什么？怎么转？——英国媒体见闻》，《新闻记者》2014年第9期，第60~63页。

④ 《媒体、平台花式拉新，社媒广告费首超纸媒广告》，2019年10月21日，https://new.qq.com/omn/20191021/20191021A03KB400.html。

（二）量化用户数据，提升用户联结度

第一，以数据洞察用户特征，设定报道议题。早在2008年前后，《泰晤士报》便专门组织技术小组从搜索关键词着手，提交给网络编辑部一份名单，列出网上最受关注的关键词排名，网络版的校对编辑会在保证新闻标准不被降低的前提下，尽量多用名单上的关键词。① 如今，英国报业在数据分析方面已较为成熟，几乎每家报媒都有一套实时数据分析系统，② 数据作为桥梁连接了媒体与用户。例如，邮报在线自主研发了一款名为“realtime”的即时数据分析工具，可实时获知新闻点击量和阅读人群的地理位置分布，从而及时调整网站的内容。这个小小的软件甚至帮助决策层做出了开辟美国、印度等新市场的决定。整体上看，这些分析系统大同小异，实用性较强，通常可以清晰地看到整个数字端以及各频道板块甚至每篇稿件的实时在线人数、访问终端占比、渠道占比（如直接访问）、社交平台引流、搜索引擎引流等。③ 这种实时数据分析，不仅让编辑在稿件编排上更加有章可循，也使用户更方便快捷地找到自己想要的内容。

第二，大数据挖掘潜在付费读者，实现良性反馈。《卫报》从会员结构、读者来源、捐赠者习惯等维度进行大数据分析，以此优化内容，提高读者转化率，增加付费会员人数及捐赠次数。例如，在网页端设计“付费会员”与“一次性捐赠”的提示信息时，数据分析部与编辑部合作，设计了30组长度、风格、位置等方面存在差异的版式进行测验，从而分析怎样的版式能带来更高的转化率。④ 测试结果显示，当付费会员及捐赠提示信息强调《卫报》独立的姿态，客观、自由、高性价比的内容时，会员读者转化率增长更为明显；弹出窗口消息显示效果更优于文章底部信息与文章链接嵌入信息；同时，以邮件简报的方式进行会员及捐赠推广会达到较为理想的转化率。另一个典型案例是《金融时报》。它借用零售业的做法，对Recency（最近一次登

---

① 蔡雯、李亚丽：《传统媒体如何决胜数字时代？——对英国三家著名媒体的调查与思考》，《国际新闻界》2007年第9期，第49~53页。

② 董立林：《从追逐流量到抓住用户——浅观英国报业转型过程中的用户思维》，《传媒评论》2018年第10期，第54~57页。

③ 王垂林、张志安等：《英国媒体数字化转型：案例与模式》，南方日报出版社，2017，第54页。

④ 叶珂、贺咏柳：《〈卫报〉转型之路》，https：//www. huxiu. com/article/279931. html？h_s = f4. 2019/11/21。

录网站的时间）、Frequency（登录频率）和 Numbers（阅读文章数）三项指标进行加权赋值，分数越低，代表客户越有可能流失，推销团队就需调整优惠方案留存读者。①

除上述两点外，英国报业也在积极建立专业化、常态化的用户数据分析团队。《金融时报》的用户分析团队分布在英国、美国和亚洲，由数字科技、数字情报、报道和管理信息、用户研究和活动管理部门组成；为更好地服务于会员，《卫报》专门建立了 50 人的会员服务团队，提供数据分析、程序开发、市场运营、用户体验等方面的支持，提升用户忠诚度。

（三）“社区 + 会员”，探索多元化用户培养机制

付费墙模式并非一帆风顺。仅靠内容是不够的，为了让更多人愿意为新闻付费，不少媒体开始探索更加多元化的用户培养机制，采用“社区 + 会员”的模式，联通线上与线下。

《泰晤士报》最早推出星级用户（TIMES PLUS）的俱乐部服务，他们利用新闻大楼顶楼举办俱乐部活动，给客户预留演唱会、音乐会的 VIP 门票，让客户体验到尊享服务。据《泰晤士报》的数据，参加过活动的用户更乐意成为付费订阅用户，且流失率可以降低 40% 。②

作为会员制的先行者，《卫报》早在 2014 年就推出数字付费会员计划，目前大概有 50 名左右的员工在维持这一会员系统，包括数据、开发、营销和用户体验等。本着提高用户联结度的目的，其将会员分三类：第一类为“支持者”（Supporters），每月支付 5 英镑；第二类为“好伙伴”（Partners），每月支付 15 英镑；第三类为“老顾客”（Patron），每月支付 60 英镑。③“好伙伴”可享受线下活动门票、《卫报》出版物和小礼物；“老顾客”可获得更多增值服务，如高端幕后沙龙等。一般而言，付费会员能够获得的权限多为优质内容阅读、更流畅的阅读体验、广告减免等无形权益。负责《卫报》会员制的高管认为，他们提供的会员制实际上是一种“反转的付费墙”，即用

---

① Richard Fletcher，“Reuters Institute Digital News Report 2017：3. 1 Paying for news”，Oxford：Reuters Institute for the Study of Journalism，2017.

② 《英国媒体：用户深度运营与融合路径的选择》，2016 年 10 月 31 日，http：//www. 360doc. com/content/16/1031/10/21733879_ 602717561. shtml。

③ 叶珂、贺咏柳：《〈卫报〉转型之路》，https：//www. huxiu. com/article/279931. html？h_ s = f4. 2019/11/21。

额外的高端、优质内容和项目，吸引读者付费。①

（四）实施国际化战略，拓展用户群

即便传统媒体行业呈现出全球性的衰落趋势，但英国报业依然在世界范围内享有较高声誉。因此，在寻求数字化转型的过程中，不少媒体将眼光放到了海外，通过实施国际化战略，拓展用户群。

《经济学人》之前的报道主要关注发达国家，近年来，它的关注重心逐渐转移至发展中国家，报道网络也努力向这些国家延伸，已经在印度、南非、开罗、巴西等地建立了报道网络。

邮报在线经过 10 年的数字化转型，已经走出英国本土，成为服务全球用户的媒体品牌。2010 年邮报在线登录美国，设立洛杉矶分部；2013 年底，邮报在线在美国重金购买新域名“dailymail. com”提高品牌识别度。2014 年登录澳大利亚，设立悉尼分部，致力于成为澳大利亚访问量最高的新闻网站。②

《卫报》于 2014 年将会员计划扩展到美国和澳大利亚，该计划中包含的“卫报现场”是一个滚动节目，旗下设置有辩论、访谈和主题演讲等内容，会去往世界一些重要城市举办活动，以将《卫报》品牌带到全球。③

数字化不仅仅是把内容从印刷纸上搬到网上，引进数字化技术而不改变媒体内部文化，只是一种消极的、被动的转型。王垂林在走访英国报业后对中国报业转型现状进行反思，认为目前国内对于“数字优先”的改革多于“受众优先”；并且，“数字优先”更多体现为一种急剧的扩张而非融合，即不断推出新数字产品；“受众优先”的表现则大多停留在语言模式的软萌化以及在社交平台与读者的互动上。④

---

① 《最新顶级外媒付费制观察：让用户为好内容付费，这波操作可借鉴》，2018 年 3 月 2 日，https：//mp. weixin. qq. com/s？ _ _ biz = MzA3MzQ1MzQzNA = = &mid = 2656935249&idx = 1&sn = b1a214521762583175a19fbecb3fa733&scene = 21#wechat_ redirect。

② 王垂林、张志安等：《英国媒体数字化转型：案例与模式》，南方日报出版社，2017，第 164 页。

③ 梅宁华、支庭荣：《媒体融合蓝皮书：中国媒体融合发展报告（2019）》，社会科学文献出版社，2019，第 301 页。

④ 王垂林、张志安等：《英国媒体数字化转型：案例与模式》，南方日报出版社，2017，第 156 页。

第二节　美国报业融合现状与转型思路

报纸作为美国新闻业版图中的重要部分，更早受到数字化浪潮的猛烈冲击。早在20世纪80年代，美国主流传统媒体便开始了应对数字化发展的转型尝试。本章认为，美国报业在转型过程中，以“重构用户连接”为出发点，始终坚持“数字优先”战略，在传播渠道、传播内容、用户数据上积累了丰富的经验，已逐步迈入改革深水区。尽管中美传媒体制存在较大差异，这些经验依然为我国报纸转型提供了重要的参考。

一　融合现状：步入改革深水区

报业数字化转型的迫切性在于，传统媒体与用户的连接方式失效，无法触达用户，引发人才、用户和广告流失等问题。当前，美国报业一直在朝着数字化、移动化和社交化的方向迈进，期冀挽留现有用户并开拓新的用户市场。

深圳大学传播学院辜晓进教授认为，美国报业转型的探索，目前已进入“方法似乎用尽、前景仍欠明朗”的改革深水区。①皮尤研究中心发布的《2018年美国新闻媒体行业概况》间接佐证了这一点——2018年，美国日报总发行量（纸质版加电子版，不包括附属出版物）降至历史最低；其中电子版发行量在2018年有所提升，数字广告收入也在增长，占传统媒体总广告收入的35%，②但依然无法扭转总发行量和总体广告收入的下行颓势。这也显示出，美国报业作为全球新闻行业的转型典范之一，依然面临巨大挑战，数字化转型的漫长和艰巨可见一斑。不过唯一确定的是，不转型则必定被淘汰，这一点已成共识。

二　转型思路：数字优先，以重构用户连接

现阶段，美国国际性媒体、全国性媒体、区域性媒体和地方性媒体正在根据自己的定位进行下一步的探索。其转型思路的共性是“数字优先，以重构用户连接为出发点”。

---

① 陈鸥帆：《传统媒体转型：重走美国大报带来的启示——对话媒介研究学者辜晓进教授》，《现代视听》2016年第12期，第28～37页。

② 皮尤研究中心，key - takeaways - state - of - the - news - media - 2018，https：//www. pewresearch. org/fact - tank/2019/07/23/

（一）传播渠道数字化，着力发展移动端

第一，减少纸质版的资金和人力投入，着力发展数字化内容。现阶段纸媒仍在赢利，在一定程度上阻碍了报业的转型决心。《纽约时报》在2017年1月发布的“2020报告”中指出，要在将纸媒办得更好的同时降低其在组织内部的主导作用。[①] 费城媒体集团高级副总裁斯坦·维茨诺夫斯基甚至直言，“一天之中，纸媒是最后被考虑的”。[②] 基于上述理念，少数改革激进派停止了印刷版的发行，改为网络版继续运作，例如2009年4月停刊的《基督教科学箴言报》。大部分报业的“数字优先”则以更加温和的方式进行，以《纽约时报》为例，该报的纸质版仍在发行。但一个明显的信号是，在该报坚持了一个多世纪的每日编前会上，次日报纸要闻版（特别是头版稿件）内容的讨论被取消，代之以数字平台主页内容精选，以确保数字新闻的高品质。

第二，移动端是报业下一阶段最为重视的传播渠道。调查显示，2018年度，传统媒体新闻网站与原生数字新闻网站的访问量趋于平稳，未见明显增长；同时，用户的页面访问时长呈下滑趋势。主要原因是，年轻一代用户更多采用社交媒体作为了解新闻讯息的主要渠道。[③] 上述趋势使得报业日益重视移动端这一阵地。[④] 主要措施有两点。一是以“主账号＋垂直号”的方式抢占各社交媒体平台。《丹佛邮报》在各社交媒体平台上创办的账号多达200个，均带有报社的统一标识，内容为“机器＋人工”结合发布，并使用一款名为deliver. it的社交媒体管理系统，抓取网站内容自动发布。大部分媒体都会借助软件管理这些纷杂的账号内容，《达拉斯晨报》也是如此，其使用的内容管理系统叫作Whosits。二是开发客户端，复兴服务新闻，向垂直领域发力。截至2017年1月8日，全美81家主流报纸在苹果、谷歌、亚马逊和微软四大应用下载商店拥有19类、共计749个客户端，类别由新闻向娱乐、商务、餐饮和教育等类别拓展。[⑤]《纽约时报》开发的典型服务型新闻客户端有NYT Cooking（美食）、NYTimes Crossword（字谜游戏）和The Scoop（纽约

---

① Dean Baquet & Joe Kahn, “The Year Ahead”, www. nytco. com. 2017. 1. 17.

② 辜晓进：《重走美国大报——美国报业转型：颠覆与重生》，南方日报出版社，2018，第344页。

③ 皮尤研究中心：/key－takeaways－state－of－the－news－media－2018，https://www. pewresearch. org/fact－tank/2019/07/23/。

④ 注：美国的社交媒体超过70种，远多于中国。

⑤ 叶愉：《美国报业APP特征与趋势发展研究》，硕士学位论文，深圳大学，2017。

生活服务）。《丹佛邮报》则根据当地多雪的特色，开发相关客户端如“Snow Report”和“滑雪指南”，极受当地用户好评。当然，报业也会根据旗下社交媒体账户和客户端的数据表现进行调整，对其进行关停或开发新应用。

（二）内容表达数字化，重视视频及可视化新闻

随着报纸、广播电台和电视台之间的媒介属性区别日渐模糊，报纸不再将自己局限于图文生产，多种媒介形态嵌入报道的方式被报业广泛践行。

第一，视频生产常规化。《华盛顿邮报》很早就开始生产视频，但那时的视频新闻只是类似于电视节目的“视频秀”。目前，该报每日生产的内容量达到1200多条，其中包含200多条常规化视频。此外，还有不定期产出的VR、AR等特殊视频纪录片。该报执行总编辑加西亚-瑞兹认为，视频毫无疑问会成为未来新闻报道的主要形式，但需要注意的是，相较于独立的视频新闻，在新闻中嵌入视频、使其和文字新闻合为一体的叙事方式显得更加自然。[①]《华盛顿邮报》的编辑要求记者在尽可能的条件下，确保每条新闻都附有与新闻相关的视频内容，提供文本新闻所难以提供的鲜活信息，帮助读者更好地理解新闻。其中最为关键的是，要寻找到视频的切入点，让它们与文字新闻构成完整的新闻主体。除了大型报业集团外，地方性媒体也在积极开拓视频新闻报道。拥有30万订阅用户的《堪萨斯城星报》从原来的强调图片向“视频为主，照片为辅”转变，给所有摄影记者增加了视频点击量的考核指标；另外，在内容生产上，要求视频全覆盖，不但包括突发新闻、体育新闻等常规视频领域，还要求深度调查甚至社论都要配上视频。[②] 具体到突发新闻类视频的制作，该报不再单纯强调现场，因为在实际操作中发现，这种消息式的视频效果并不好。一是因为互联网上同质化的内容太多，二是很难形成持续性的内容输出，体现报纸的价值观。因此，除了抢第一落点之外，该报的突发类新闻视频生产重心开始向后续新闻延伸，最终从突发新闻形成一个专题。此外，视频队伍的建设也受到极大重视。例如，《拉斯维加斯评论日报》一直在对旗下所有的记者和编辑进行工作方式的大轮训，每两周举办一次，分为白班和夜班，轮训的内容包括视频制作和数据分析。

---

① 辜晓进：《重走美国大报——美国报业转型：颠覆与重生》，南方日报出版社，2018，第125页。

② 《美国主流纸媒的视频化战略与实践》，2017年12月12日，https://www.sohu.com/a/210032789_644338。

第二，可视化新闻是吸引用户的关键抓手。可视化新闻始于《纽约时报》等媒体的尝试，最初体现为地图或表格的简单呈现；发展至今，出现了更多优秀的数据漫画、数据地图和文字云，[①] 它们结合交互式的体验，广受用户欢迎。环球编辑网络（Global Editors Network）颁发的“数据新闻奖”是第一个旨在表彰全球数据新闻领域杰出工作的国际性大奖，2017 年 6 月，共有来自 51 个国家的 573 件数据新闻作品参评了这一奖项，产出了 12 件获奖作品。这意味着可视化新闻已从一种辅助表达方式转变为重要的新闻体裁之一，被主流报业所重视。例如，《华盛顿邮报》在内部建立了一支共 47 人的媒体工程师团队，负责数字平台上新闻叙事的新方式，他们从报道的最初阶段介入，与记者、编辑共同考虑如何呈现与传播，实现“用最好的技术，做最好的新闻”。

（三）用户数据数字化，产品化思维办报

第一，用户数据收集与分析工具成为刚需。为形成传播主体与用户之间的双向互动，报业巨头们以外部购买或自我研发的方式，将数据监测软件应用于新闻生产中，培训编辑和记者使用。Chartbeat 是使用最广的数据软件提供商，Hoot Suite 和 Parse. ly Dash 也日渐知名。其中，Parse. ly Dash 甚至能帮助作者寻找热门报道题材。《华盛顿邮报》则联合科技公司，根据各部门需求定制开发了一款名为 Loxodo Analytics 的数据软件，可监测的用户数据非常广泛，包括用户注册信息、用户页面停留时间、用户阅读喜好等。CNN 的母公司特纳广播公司创建了“特纳数据云”，将用户的注册信息、网址、客户端使用行为数据和浏览行为数据等全部装入云端并实时更新。[②] 麦克拉奇公司旗下的《萨克拉门托蜂报》建有大数据团队，提供集团层面的大数据服务，既为数字和纸媒读者提供基于大数据的内容，又以大数据的方式为他们提供实用性的信息服务。同时，这些数据还会在集团内部所有报纸和机构中进行共享。[③]

第二，依托用户数据反馈进行战略决策。在产品化思维的办报趋势下，用户数据被报业视为宝贵资产，它是内容生产和业务开发的重要依托。例

---

① 《关于可视化新闻，这五大新趋势你知道了吗》，2017 年 7 月 27 日，https：//www. sohu. com/a/160213652_ 375507。

② 辜晓进：《重走美国大报——美国报业转型：颠覆与重生》，南方日报出版社，2018，第 94 页。

③ 辜晓进：《重走美国大报——美国报业转型：颠覆与重生》，南方日报出版社，2018，第 454 页。

如，用户数据数字化以后，报业可以轻易获取其阅读偏好，并选择在流量高峰期发送内容，获得更大的流量。更重要的是，在转型过程的重要战略决策中，用户数据可以起到重要作用。以变现模式举例。美国报业探讨不休的一个问题是——免费还是订阅？选择免费道路，则意味着给自己套上了“流量”的桎梏，将收入来源局限在广告发行中，不利于优质新闻内容产出和长期品牌塑造；选择订阅模式，则会导致用户流量减少，极有可能出现订阅收入无法覆盖流量低迷带来的广告收入骤减。《纽约时报》在2005年开始尝试“付费墙”战略，经几度调整后，其最终确定为“计量式付费模式”——在一定的免费阅读额度后开始订阅收费。调整过程中，该报持续观测不同阅读额度下的用户流量变化，最终确定了一种最佳模式，使得流量增长和订阅收入达到了良好平衡。《今日美国》经过长时间的测试和用户体验调查，对USA Today Sports等多个客户端的移动网站进行全面改版，从页面到功能都吸取了Facebook的长处。自2017年4月投入使用至8月，其移动端每篇文章的平均阅读时长由改版前的25秒增加至45秒，增幅达75%，有效地增强了用户黏性。

第三节　案例透视：西方主流媒体叙事逻辑的嬗变与创新——以《纽约时报》《卫报》的年度重大报道为例

法国当地时间2019年4月15日晚，举世闻名的巴黎圣母院突发大火，教堂的屋顶和尖塔坍塌。这则消息第一时间通过世界各地的个人移动终端传遍全球，使人们再一次见证了人类信息传播方式正在不可阻挡地向传统挥别。在无限接近事件发生时间的突发性报道上，按照时下流行的一些趋势和观点，报纸、广播和电视台似乎已经必然地退居于后端。在移动传播与技术驱动的作用之下，新闻业开始走入一个全面告别传统生产与分发的新传播时代。

然而，从近年来传遍世界的几则重大报道来看，互联网和人们谈论的所谓主要的新闻，仍然来自西方的几大主流传统媒体，这应该不是偶然现象。除了研究和因应新闻传播形态的市场变化，积极通过融合发展以求新生之外，在传统媒体阵营，尤其是一些在世界范围内卓有影响的主流媒体，另一场影响或更将深远的变革——新闻的叙事风格和组织逻辑的嬗变与创新也正在发生，以围绕扩展新闻消费者的内在需求，重新构建作为专业新闻生产者的内容价值。本节以美国《纽约时报》和英国《卫报》的部分报道为例，一窥其中变化的痕迹和启示。

一　从技术逻辑到分析逻辑：“满足读者的心理期望”才是最重要的

2019 年以来，在世界范围内被广为传播的重大报道中，突发性新闻占有相当的比例。这类报道在当前经济社会生活全球化趋向和网络技术应用普及的背景下，关注度不断提高并极具代表性。但在这类新闻的报道实践中，随着近年来信息传播环境的急剧变化，专业媒体一不小心就会沦入边缘境地。哈佛大学尼曼新闻研究中心曾就发生在2013 年美国波士顿马拉松终点大爆炸的突发新闻被全民全网传播的现象，提出了“网状新闻界”（networked press）的传播概念，并指出，新传播时代的一个最显著的特征，就是传统新闻机构和全网各类社交媒体等主体结成突发性新闻信息的“网状结构”，从而可以几乎“零时差”地更新新闻的进展。[①] 种种迹象显示，曾在突发性报道的历史上大放异彩的传统媒体，在这场爆炸中就应该失去了所谓主流的地位。它们面临的不只是平台（报纸广播电视）转换的问题，还有更核心的内容生产的问题。

但事实上，来自社交媒体的挑战虽然一直存在，一些大型传统媒体的主流传播地位却也一直未被根本动摇。最近几年，传媒业内部除了在发布终端进行了大规模的技术融合、积极布局新型嵌入下载式平台之外，在材料的组织和叙事的风格上，开始出现从技术逻辑向分析逻辑的悄然转变和升级。

我们可以从广为传播的巴黎圣母院突发大火的报道看出与此前不太相同的一些现象。首先，在谈论事件经过的时候，《纽约时报》《泰晤士报》《金融时报》以及当地的报纸媒体并未缺位。社交媒体所引用的新闻信息，主要来自这些传统媒体。其次，人们关注的核心——关于巴黎圣母院的损坏主体、相关建筑以及历史的解构性报道，几乎清一色来自传统媒体，体现出大数据等技术逻辑在“传统 + 专业”媒体上发挥的作用。另外，或许更重要的是，一些主流大报在报道事故发生现场状况时，不再像过去那样“以鼠标的

---

① 仇筠茜：《新闻策展：“微媒体”环境下突发新闻报道及伦理分析——以美国马拉松爆炸案报道为例》，《国际新闻界》2013 年第 9 期，第 123 ~ 130 页。

无限下滑”① 的一般的互联网思维来组织材料，而是基于对读者关注点的把握，开始把“满足读者心理期望”的内容放在突出位置，以追求最佳的传播效果和更深层、隐性的新闻价值，体现出一种新的分析逻辑的报道原则。

例如，《纽约时报》的网站报道是《巴黎圣母院发生大火　法国总统马克龙誓言重建》，英国《卫报》的则是《巴黎圣母院大火造成严重毁坏 但主建筑幸存》。从这些报道的指向来看，读者除了可以获得社交媒体上大量的“灾难”“伤痛”“哀祷”的情景式内容，还有对人们在得知结果后一种普遍心理期望的重点回应。随后它们继续报道最新进展：“‘这场悲剧似乎凸显了马克龙政府面临的巨大挑战’，《纽约时报》16 日评论说，他的政府一直在努力调和法国的理想主义和传奇历史的强大影响力以及为满足 21 世纪的需求而进行的变革。俄罗斯科学院国际问题专家库德利亚夫采夫 16 日对俄消息报表示，这场大火也可能成为法国居民对政府不满的一个新理由，‘马克龙总统的命运将取决于他在这一事件中的表现’。”② 这些主流的传统媒体，把握住全球读者注意力尚未消退的最佳时机，没有简单地将一次突发的灾情报道归于结束和偶然，而是将其纳入法国深层的政治问题进行分析，与以前波士顿爆炸时被动让位于社交媒体的情形形成鲜明对照。

同月，英国《卫报》关于维基解密创始人阿桑奇（Assange）被捕的报道则更具代表性。4 月 11 日，阿桑奇被拖出伦敦厄瓜多尔大使馆后被英国警方逮捕。这位曾被《时代周刊》票选为“最受读者欢迎的年度人物”“互联网时代的罗宾汉”一时间再次引发人们的网络共情。像以往一样，突发消息借助社交媒体迅速传播，卫报的报道《关于朱利安·阿桑奇你需要知道的一切》（Everything you need to know about Julian Assange），同样收获了巨大的流量。与前面《纽约时报》的“马克龙誓言重建”的报道一样，这篇报道直击了普通读者最关心的三个问题——“朱利安·阿桑奇是谁?”“朱利安·阿桑奇为什么会在厄瓜多尔大使馆?”“为什么美国方面想要引渡他?”并将这三个问题分别作为报道的段落标题进行了解读，将整个突发事件的来龙去脉交代得清清楚楚。在报道的末尾，记者还揭示了阿桑奇可能的命运：如果美国

---

① 黄浩：《从美国媒体融合的战略选择看传统报业融媒转型四大瓶颈》，《中国记者》2015 年第 9 期，第 127 ~ 129 页。

② 姚蒙、任重、柳玉鹏：《巴黎圣母院大火烧痛法国》，《环球时报》2019 年第 1 期，https：//baijiahao. baidu. com/s? id = 1631008061177909931&wfr = spider&for = pc。

司法部指控的罪名成立，他将面临最长达5年的监禁。①

文章逻辑契合了民众在知道了新闻的发生和之后潜在可能进展的知情需求，准确把握了读者在事件突发后真正的传播“峰值”，从而为内容生产与传播赢得时间，而这正是以点状为特征的社交媒体还不具备的能力。这些媒体的专业优势，在“网状新闻界”的一席之地不仅仍在，而且还通过网络传播的“前站”效应，重新确立自己在新时代的主流话语权。

二　从事件描述到观察换位：谁关心你的故事?

法国雷恩第二大学人类学和社会学教授阿梅尔·余埃特（Armel Huet）曾指出，“人类具有一种展望的本性……人类社会的本质就是一种乌托邦式的思考别类的社会。”② 这种人类社会的本质特征在新传播时代正在进一步扩大人们对趋势与现象性报道的消费需求。

与突发性报道稍有不同，趋势与现象性报道一般需要大量的背景和细节陈述。然而在今天信息过载和快节奏工作与生活的矛盾面前，人们对篇幅偏长的传统深度报道正失去耐心。况且，社交媒体已大行其道，大量的重复情节不可避免。这对传统媒体来说，总编辑们长期秉持“好记者讲好故事”的做法或将渐远。

2019年2月初，中国贺岁电影《流浪地球》票房大热，上映10天就突破30亿元大关。2月4日，《纽约时报》以一篇《中国电影业终于加入‘太空竞赛’》（China’s Film Industry Finally Joins the Space Race）的报道，迅速揭示了这个标志着“中国电影新时代到来”的“文化”现象。文章一开头就是：“中国是太空探索的后来者，同样，在电影业中，该国也是科幻片的后来者。但这一局面即将发生改变。”

在社交媒体一片火热的包围之中，《纽约时报》的这篇报道仍然以压倒性优势吸引了读者注意。它首先当然地放弃了浅表价值的资讯推送，也没有按照传统的套路调查影片在观众中的口碑和吸引眼球的各种槽点。报道介绍了这部电影改编的背景、投入情况和已经达到的高技术标准，还提及了两部类型相似的好莱坞电影《地心引力》和《火星救援》。但显然，人家关注的

① “Everything You Need to Know about Julian Assange”, 2019-4-11, https://www.theguardian.com/media/2019/apr/11/everything-you-need-to-know-about-julian-assange.

② 〔法〕阿梅尔·余埃特：《21世纪的城市世界：从技术逻辑到“去中心化”的人本空间》，《同济大学学报》（社会科学版）2005年第6期，第32~36页。

当然不只是一部电影在中国和世界电影市场异军突起，而是进一步揭示出他们从一部电影的逆袭事件中对中国在全球科技发展实力的判断和关切：

“这部电影的上映正值中国航天事业取得里程碑式的跨越之际：今年1月，中国的探测器在月球背面着陆。虽然落后于俄罗斯和美国几十年的时间，但如今的中国已将宇航员送入太空轨道，并制订了加入甚至领导太空探索新时代的宏伟计划。”

来自《卫报》的另一篇报道《令和：日本的新年号如何打破传统》（Reiwa：How Japan's New Era Name Is Breaking Tradition），与《纽约时报》的报道异曲同工。2019年4月初，日本新年号“令和”产生。作为世界上唯一仍保留传统年号的国家，早在新年号公布的前几周，社交媒体上就炸开了锅，人们在纷纷猜测这次会是哪两个汉字，来自哪一部典籍，以及背后的故事。但《卫报》试图传递的是人们不易觉察而更为敏感的知情需求：这到底是不是在现代社会生活的日本国民对战前君主主义的一次回潮？《卫报》分别从两个层面对此进行了解读：“作为第一个灵感来源于日本古典文学作品，而非中国典籍的年号，‘令和’打破了千百年来的传统。”但这只是现象性的解读。在文后，报纸特地引用了当地通讯社的采访内容：“京都大学的荣誉退休教授兴膳宏告诉共同通讯社：‘日本社会不再由天皇统治’。”①

至此，《卫报》通过对事件发生的表层现象和最后结果的深层揭示，报道出日本政治社会对传统的绝对影响力与控制力，在社交媒体的众声喧哗中，发出最权威的、特定的声音。

从这些报道可以看出，新传播时代的专业媒体在组织现象和趋势性报道的时候，显然并不沉浸于完整的事件（故事）陈述，而是对材料进行了更精当的提炼和取舍，其叙事风格和语言逻辑，从过去主要作为第三方叙述的单一性，换位到更接近读者身份的多角色多角度的思考和关注层面。这不仅使人们节省了阅读的时间，并获得新的认知和体验，而且可以满足人们的内在需求，即想了解这种趋势和现象究竟将给未来社会带来什么，而事件（或现状、细节）本身以及更详尽的“他者的故事”是否引人入胜已不重要。实际上，《纽约时报》和《卫报》新推出的这类报道，已找到或更接近于阿梅

① “Reiwa：How Japan's New Era Name is Breaking Tradition”，2019－4－1，https：//www.theguardian.com/world/2019/apr/01/reiwa－how－japans－new－era－name－is－breaking－tradition.

尔·余埃特所指的社会学意义，即别处的社会与自身关系建立的程度，或者对别处社会异同生活的观察与思考等。与此同时，专业媒体还帮助读者实现了新传播时代资讯泛滥的信息管理功能，将刚刚尝到甜头的互联网用户思维再次推进了一大步。

三　从 Fact（事实）到 Truth（真相）的偏正：巩固地位，收复失地

社交媒体和一些新媒体客户端的兴起，使人们获取信息的方式达到前所未有的快捷与便利。在今天，动辄以千万乃至亿计的“现象级”传播已越来越多。说不定就在下一刻，一则突发新闻就会形成一波席卷世界的信息海啸。但新的问题是，多年以来通过主流传统媒体构建起来的新闻独立性、客观性正在受到颠覆，“舆论反转”的现象时有发生。公众在获得资讯的便利性与丰富性的同时，从 Fact（事实）到 Truth（真相）的距离却变得遥远起来。

实际上，早在 2016 年美国大选之后，一些媒体就已经在开始反思这个问题。《纽约时报》两名记者写道：“新闻界一直关注各种问题，以及一些看似无法治愈的社会病症，这为特朗普所散播的不满与绝望的种子提供了土壤，使之生根发芽。……其导致的一个后果是，如今很多美国人很难想象渐进式的系统变革会给社会带来好转，他们不再重视它，甚至不再相信它，这让他们渴望一场彻头彻尾的颠覆性变革。”① 特朗普的“意外”当选美国总统，让很多一向标榜客观反映了最广大民意的主流媒体人陷入深思：我们报道了真正的事实吗？我们报道的事实与真相是一回事吗？为什么竞选过程中一直不为主流媒体看好的特朗普，居然最后得到了多数人的选票？

就在所谓“严肃”的报道都面临着事实与真相的偏差之际，记者和社会学者还发现了一个更严峻的问题：智能手机给当代人带来海量信息和各种超链接，同时它又像一个个潘多拉的魔盒，裹挟着大量的社会性焦虑，给读者带来更多的认知偏差。研究表明，人们普遍缺乏处理消极偏见的能力，现在这种情况则更为严重。在媒体报道拥抱了大数据，并相信它提供了相对客观

---

① 〔美〕史蒂芬·平克：《当下的启蒙：为理性、科学、人文主义和进步辩护》，浙江：浙江人民出版社，2019，第 51 页。

的技术性纠偏之后，数据的缺陷也开始暴露出来，从事实到真相的距离依然存在，“社会数据的非单调性为新闻媒体提供了一种简单的伎俩，用以强调负面的信息”。[①] 正是认识到这种“注意力效应”（或“流量效应”）的单一评价标准与客观标准的严重偏移，主流媒体开始有意识地从报道所谓更多Fact（事实），到寻求更多Truth（真相），这是一种对新闻内容回归真相的结构偏正，也为传统媒体在互联网时代收复失地，并试图重新执掌主流话语权提供了机会。

2019年3月12日，美国司法部曝出有史以来提起诉讼的最大一起高校招生欺诈案。这项大规模调查动用了200名联邦探员，指控涉及50人，包括SAT和ACT考试管理人员、大学招生人员、中介和家长。网络上迅速掀起对包括大学、学生在内的种种猜测，网络社会愤怒情绪开始蔓延。但《纽约时报》报道这一消息的标题是：“美国（司法部）指控富豪家长涉嫌高校入学欺诈（U. S. Accuses Rich Parents of College Entry Fraud）”。报道说：

“这起招生丑闻披露了一些有钱的父母是如何处心积虑地将孩子送进竞争激烈的美国高校的。

“33名富豪家长在本案中被指控，包括好莱坞明星和杰出的商界领袖。检察官表示，之后可能会提起更多诉讼。

“联邦检察官没有指控任何学生或大学有不法行为。

“马萨诸塞州联邦检察官安德鲁·莱林说：‘家长是这起欺诈案的主谋。’”[②]

这篇报道重点强调的是司法部门提供的准确性内容，指出部分明星与富豪家长的主谋身份。这次轰动世界的高校招生丑闻持续发酵，参与报道的媒体极多，包括传统媒体和大量的自媒体机构。但这次一个突出的传播现象是，以《纽约时报》为代表的传统主流媒体的声音被广泛重视，以至于有些自媒体称“所有的主流媒体以及自媒体们步调一致跟在《纽约时报》《洛杉矶时报》后面做传声筒”。[③] 除了长期积累的品牌优势，还可以看出它们在事实与真相之间的细致考量和展现的专业程度。

---

① 〔美〕史蒂芬·平克：《当下的启蒙：为理性、科学、人文主义和进步辩护》，浙江：浙江人民出版社，2019，第45页。

② “U. S. Accuses Rich Parents of College Entry Fraud” 2019 - 3 - 12，https：//www. nytimes. com/2019/03/12/us/college - admissions - cheating - scandal. html.

③ 如柳：《“步长制药丑闻”背后的阴谋》，2019年5月5日，http：//www. shaibaonet. com/remenshijian/10338. html。

结论　在媒介遍在的时代对专业价值内涵的再确认

正如有研究者所指出的，在信息技术和全球化（或城市化）的驱动下，我们正“身处一个媒介遍在的社会，人们普遍拥有从此处空间卷入彼处空间的（精神上或者行动上的）现实经历，这孕育出日常生活中广泛的参与性以及由此带来的对自我体验的确认、强化”，“进而引发情感卷入和社会参与”。[①] 新传播时代的这种信息消费需求特征，使部分西方主流传统媒体不断因应人类使用媒介方式的改变而改变；不是止步于平台融合和单一的技术逻辑，而是主动适应受众需求，从最核心的生产环节入手，充分关注新传播时代媒介融入人们日常生活的机理与过程，不断探索新闻新样态，从而努力构建移动互联时代的传播新生态，这应该引起业界和学界的充分注意。在全球传统行业普遍焦灼于所谓“技术的胜利”带来的转型压力之际，作为“社会的瞭望塔”“人类文明进步的守护者”的新闻传媒业，没有理由放弃对专业价值内涵的永恒追求和理念坚守。西方部分主流媒体通过创新来重构价值，成为全网越来越不可或缺的信源，其努力与成效，无疑给我们带来信心与启示。

---

① 王斌：《从技术逻辑到实践逻辑：媒介演化的空间历程与媒介研究的空间转向》，《新闻与传播研究》2011 年第 3 期，第 58～67 页。

第五章　韩国报业的融合对策

全球各大报业的转型与发展不仅受到业界的重视，也备受学界的关注。通过检索CNKI数据库我们发现，学界对美国、英国及日本报业改革发展的研究都有广泛关注，但对韩国报业改革发展的研究较为匮乏，多为宏观描述性分析，研究不够深入，缺少针对性，没有具体提到韩国报业改革的问题与创新发展。因此，对韩国报业的研究不仅可以填补国内对韩国媒体研究的空白，还可以作为业界研究报业改革与发展的案例，对我国报业媒体融合发展起到积极的促进作用。

因此，本研究首先通过文献资料整理的方式，初步了解韩国媒体的发展现状、用户的媒介使用方式及程度，掌握韩国传统新闻媒体的产业环境、市场环境及用户需求，在此基础上制定访谈提纲。其次通过深度访谈法，对韩国较有代表性的传统新闻媒体的主要相关负责人进行深度访谈。

本次主要选取了韩国《中央日报》《韩民族日报》《国民日报》等三家比较有代表性的传统新闻媒体进行了研究分析。

《中央日报》（중앙일보）创刊于1965年，与《朝鲜日报》《东亚日报》并称为韩国三大报业集团，是韩国最早开始发展媒体融合的报社。《中央日报》从1996年开始制作数字新闻，2015年《中央日报》进入了第二阶段的数字化改革，全面推进媒体融合发展。

《韩民族日报》（한겨레신문）创办于1988年，是韩国四大报纸之一，自称世界第一家真正独立于政权和财团的报纸，代表进步的《韩民族日报》因鲜明的报道立场、优质的新闻内容在韩国拥有较为稳定的用户群体。

《国民日报》（국민일보）创刊于1988年，1989年加入韩国新闻协会，属综合类全国发行早报。《国民日报》在政治问题报道上相比于保守的《中央日报》和进步的《韩民族日报》立场较为中立。

本研究根据韩国言论振兴财团（Korea Press Foundation）的2017言论受众意识调查中的用户媒体使用率、日均媒体使用时间、新闻媒体使用率及日均使用时间等相关数据，对韩国用户的媒介使用现状进行分析。

韩国《中央日报》

韩国《韩民族日报》

第一节　用户使用现状

从图 5－1 可以看出，在韩国，电视仍是用户使用率最高的媒体，从 1993 年至 2017 年虽使用率略有降低，但是仍达到 93.2%。移动网络媒体是

韩国《国民日报》

使用率第二位的媒体，使用率为 82.3%。而报纸的使用率自 2002 年后呈现断崖式下跌，2002 年前的使用率超过 82%，但是截止到 2017 年使用率仅为 16.7%。广播、杂志的使用率也有较为明显的下滑。

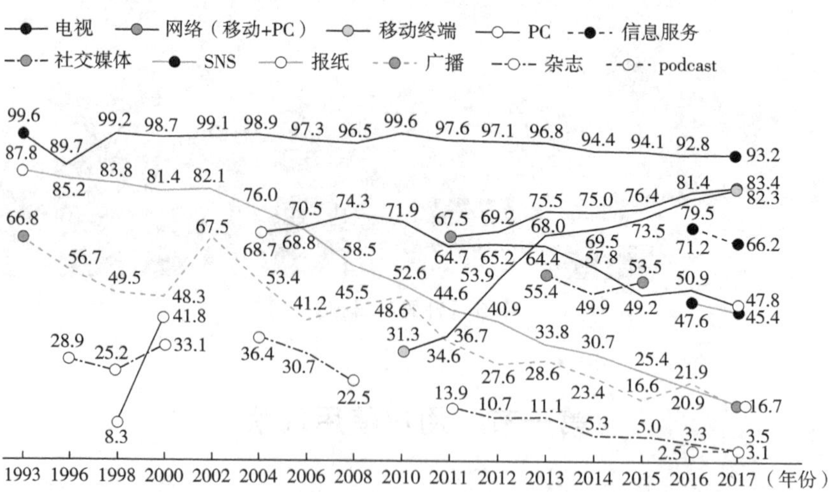

图 5-1 媒体使用率趋势（1993~2017 年）（单位：%）

数据来源：2017 言论受众意识调查第 22 期《媒体环境变化下用户形态调查》调查分析，p. 23

如图 5－2 所示，对媒体的日均使用时间调查发现，用户对电视媒体的日均使用时间仍较高，有 152.9 分钟。其次是网络（移动＋PC），有 118.7 分钟，其中移动网络的日均使用时间有 71.1 分钟。而广播、报纸、杂志的使用率均较低。（见图 5－2）

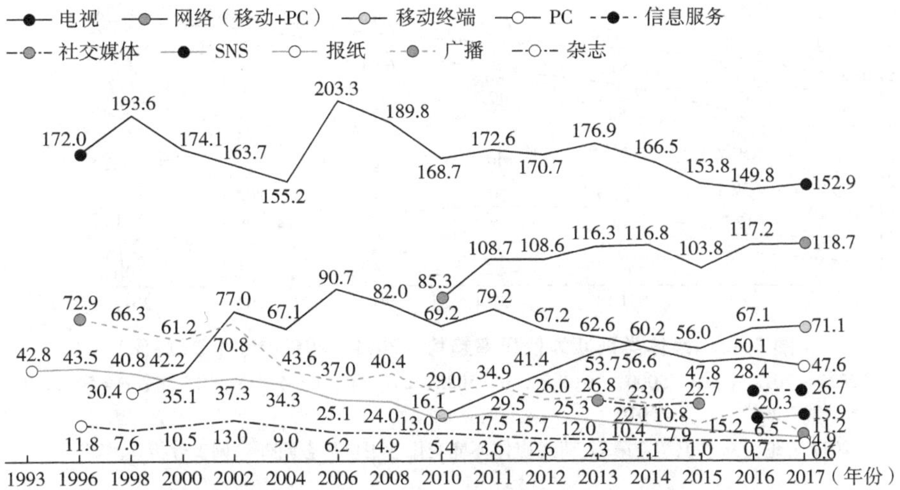

图 5－2　日均媒体使用时间趋势（1993～2017 年）（单位：分钟）

* 1993～2006 年，n＝1200；2008 年，n＝5104；2010～2012 年，n＝5000；2013 年，n＝5082；2014 年，n＝5061；2015 年，n＝5062；2016 年，n＝5128；2017 年，n＝5010

** 从 2016 年起将社交媒体分为信息服务（messaging service）和 SNS，分别进行测定。

*** 2017 言论受众意识调查第 22 期《媒体环境变化下用户形态调查》调查分析，p. 23

一　不同媒介的使用率状况

按媒体类别来看新闻的使用情况，通过电视获取新闻资讯的比例最高，占 85.5%，其次是移动终端 73.2%，PC 终端 32.8%，报纸仅占 16.7%。

按媒体类别来分析新闻的日均使用时间，用户大约每天有 41.5 分钟的时间通过电视媒体来获取新闻，18.5 分钟以移动终端来获取新闻，PC 终端则是 8.2 分钟，而报纸的使用时间较短，仅有 4.9 分钟。

二　不同媒介的用户使用情况分析

（一）报纸使用情况

从报纸的使用情况来看，2017 年报纸的使用率仅为 16.7%，日均阅读时间仅为 4.9 分钟。

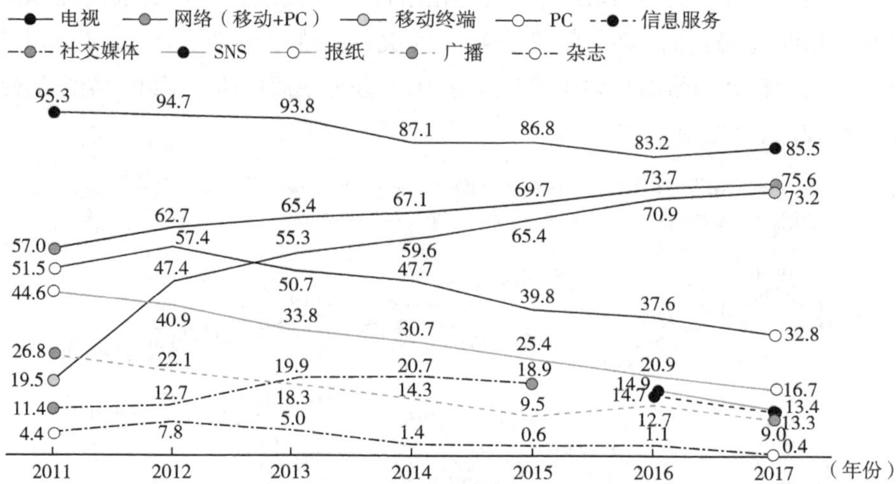

图 5－3　媒体类别新闻使用率趋势（2011～2017 年）（单位：%）

* 2011～2012 年，n＝5000；2013 年，n＝5082；2014 年，n＝5061；2015 年，n＝5062；2016 年，n＝5128；2017 年，n＝5010

** 2017 言论受众意识调查第 22 期《媒体环境变化下用户形态调查》调查分析，p. 24

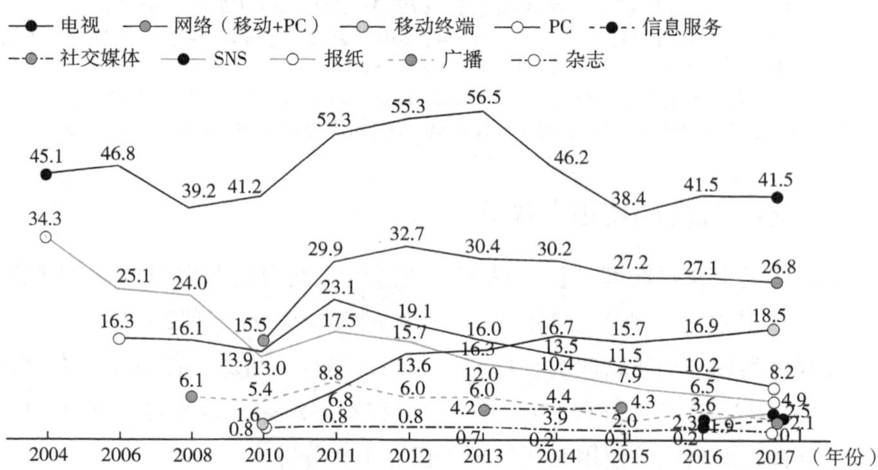

图 5－4　媒体类别新闻日均使用时间趋势（2011～2017 年）（单位：分）

* 2004～2006 年，n＝1200；2008 年，n＝5104；2010～2012 年，n＝5000；2013 年，n＝5082；2014 年，n＝5061；2015 年，n＝5062；2016 年，n＝5128；2017 年，n＝5010

** 2017 言论受众意识调查第 22 期《媒体环境变化下用户形态调查》调查分析，p. 24

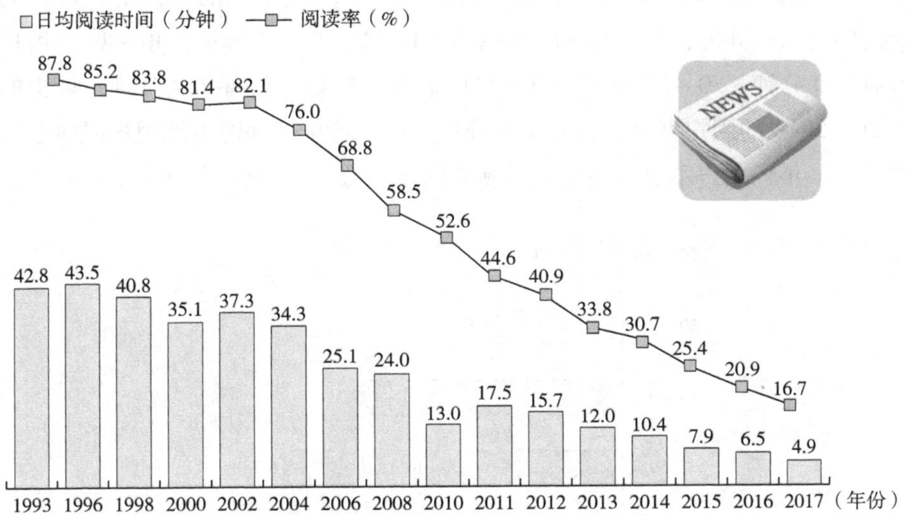

图 5－5　报纸阅读率及日均阅读时间趋势（1993～2017 年）

* 1993～2006 年，n＝1200；2008 年，n＝5104；2010～2012 年，n＝5000；2013 年，n＝5082；2014 年，n＝5061；2015 年，n＝5062；2016 年，n＝5128；2017 年，n＝5010

** 2017 言论受众意识调查第 22 期《媒体环境变化下用户形态调查》调查分析，p. 26

按用户的年龄段来看，50～59 岁与 60 岁及以上的人群报纸的使用率最高，有 22.4%，40～49 岁有 20.1%，但是，30～39 岁则有 11.0%，而 20～29 岁仅有 4.7%。可见，青年用户报纸的使用率较低。

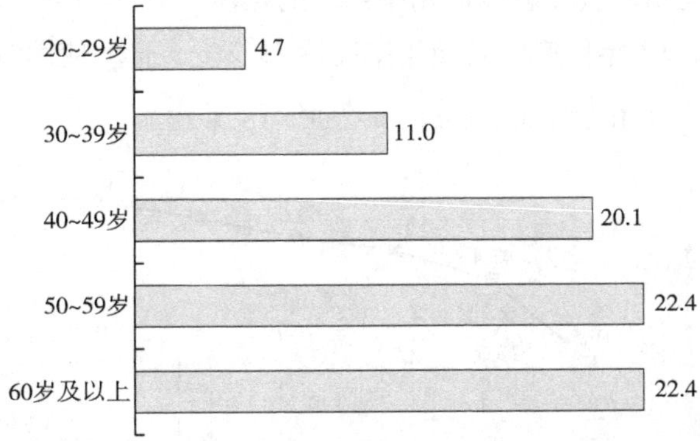

图 5－6　不同年龄段用户报纸新闻阅读率（单位：%）

* 20～29 岁，n＝893；30～39 岁，n＝894；40～49 岁，n＝1017；50～59 岁，n＝994；60 岁及以上，n＝1211

** 2017 言论受众意识调查第 22 期《媒体环境变化下用户形态调查》调查分析，p. 26

报纸用户群体中阅读时间最高的群体为60岁及以上的用户群，日均阅读时间为8.0分钟；其次是50~59岁的用户群，为6.7分钟；40~49岁用户群有5.0分钟；30~39岁用户群日均阅读时间较短，仅有2.4分钟；最少的是20~29岁的用户群体，仅有1.1分钟。由此可见，韩国报纸用户群体老龄化严重，年轻用户不仅使用报纸看新闻的比率低，而且使用时间也较少。

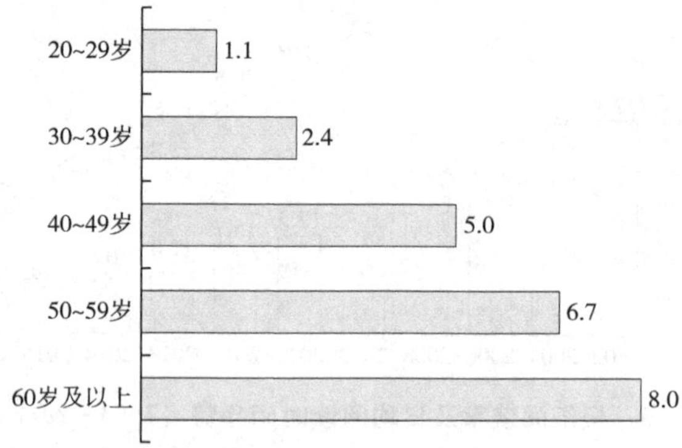

图5-7 不同年龄段用户报纸日均阅读时间（单位：分）

* 20~29岁，n=893；30~39岁，n=894；40~49岁，n=1017；50~59岁，n=994；60岁以上，n=1211

** 2017言论受众意识调查第22期《媒体环境变化下用户形态调查》调查分析，p. 26

（二）移动终端使用情况

移动网络是用户获取新闻使用率第二的媒体，自2011年起，其使用率逐年升高，截至2017年年底，其使用率高达73.2%，日均使用时间18.5分钟。

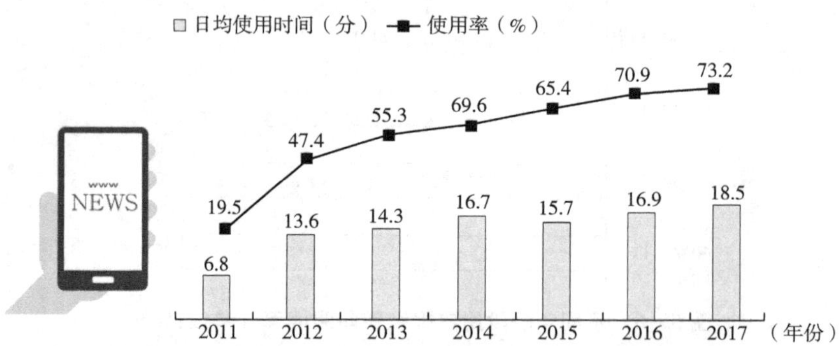

图5-8 通过移动互联网获取新闻的比率及日均使用时间趋势（2011~2017年）

* 2011~2012年，n=5000；2013年，n=5082；2014年，n=5061；2015年，n=5062；2016年，n=5128；2017年，n=5010

** 2017言论受众意识调查第22期《媒体环境变化下用户形态调查》调查分析，p. 30

按用户的年龄段来看，50 岁以下的用户群体对移动网络媒体及移动网络新闻的使用率都较高，其中 20～29 岁的青年用户群体的移动新闻使用率最高，达 94.2%。

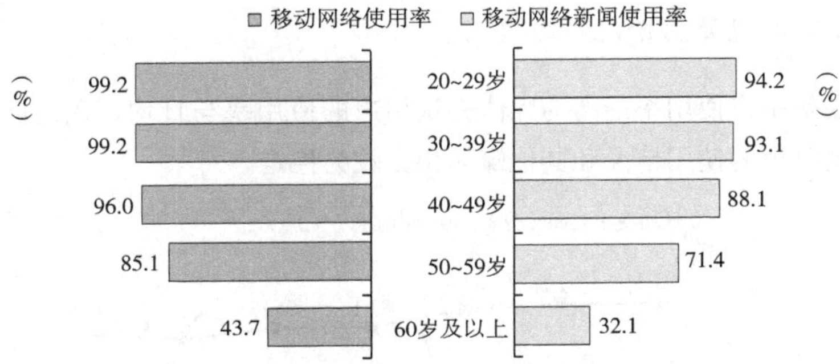

图 5－9　不同年龄段用户移动互联网使用率及新闻使用率

* 20～29 岁，n＝893；30～39 岁，n＝894；40～49 岁，n＝1017；50～59 岁，n＝994；60 岁及以上，n＝1211

** 2017 言论受众意识调查第 22 期《媒体环境变化下用户形态调查》调查分析，p. 30

从用户的移动网络及移动新闻使用时间来看，移动网络使用时间最长的为 20～29 岁用户群体，日均使用时间达 132.5 分钟。其次是 30～39 岁用户群，日均使用时间 105.0 分钟。40～49 岁用户群位居第三（72.5 分钟）。综合来看，用户移动网络的使用时间与年龄成反比，即，年龄越大的用户群体移动网络的使用时间越短。

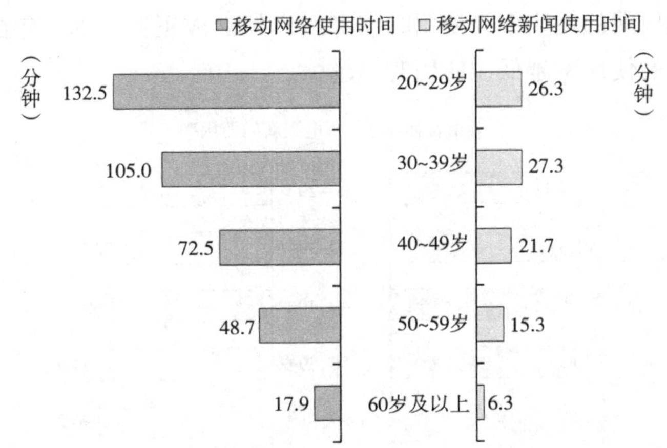

图 5－10　不同年龄段用户移动互联网使用时间及新闻使用时间

* 20～29 岁，n＝893；30～39 岁，n＝894；40～49 岁，n＝1017；50～59 岁，n＝994；60 岁及以上，n＝1211

** 2017 言论受众意识调查第 22 期《媒体环境变化下用户形态调查》调查分析，p. 30

移动新闻的使用时间则是 30 ~ 39 岁用户群体的使用时间最长，为 27. 3 分钟。其次是 20 ~ 29 岁用户群体，使用时间为 26. 3 分钟。位居第三的是 40 ~ 49 岁的用户群体，使用时间为 21. 7 分钟。

（三）电视使用情况

电视是用户使用率最高的媒体，从用户的使用率与日均使用时间趋势表可以看出电视的使用情况和其他媒体相比较为稳定。

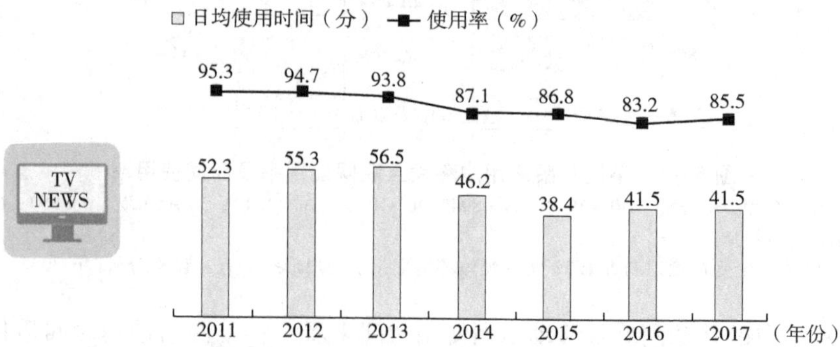

图 5 - 11　电视新闻使用率及日均使用时间趋势（2011 ~ 2017 年）

* 2011 ~ 2012 年，n = 5000；2013 年，n = 5082；2014 年，n = 5061；2015 年，n = 5062；2016 年，n = 5128；2017 年，n = 5010

** 2017 言论受众意识调查第 22 期《媒体环境变化下用户形态调查》调查分析，p. 37

按年龄段来划分，60 岁以上的用户群是电视媒体使用率最高的群体。综合来看电视新闻的使用率与使用时间和用户年龄成正比，即，年龄越小的用户电视新闻的使用率越低，使用时间越少。

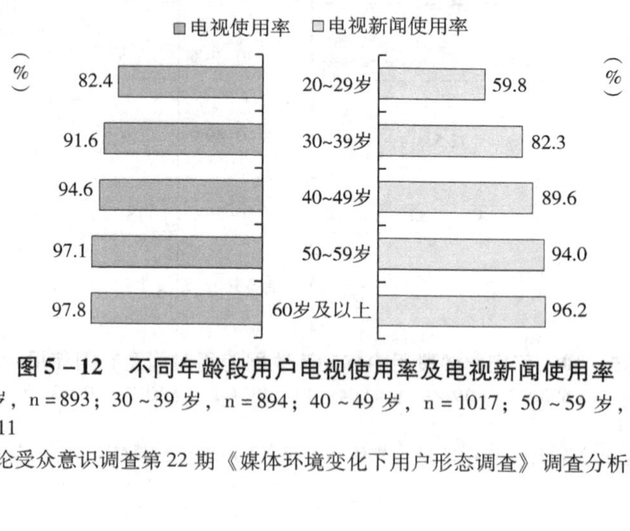

图 5 - 12　不同年龄段用户电视使用率及电视新闻使用率

* 20 ~ 29 岁，n = 893；30 ~ 39 岁，n = 894；40 ~ 49 岁，n = 1017；50 ~ 59 岁，n = 994；60 岁及以上，n = 1211

** 2017 言论受众意识调查第 22 期《媒体环境变化下用户形态调查》调查分析，p. 37

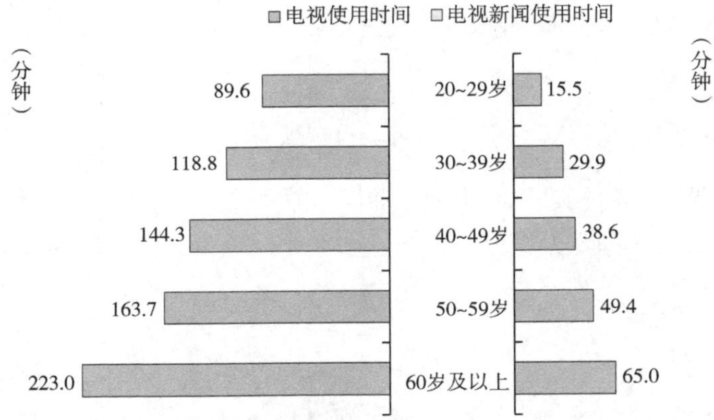

图 5－13 不同年龄段用户电视使用时间及新闻使用时间

* 20～29 岁，n＝893；30～39 岁，n＝894；40～49 岁，n＝1017；50～59 岁，n＝994；60 岁及以上，n＝1211

** 2017 言论受众意识调查第 22 期《媒体环境变化下用户形态调查》调查分析，p. 37

三 用户媒介使用情况综合分析

（一）电视是媒体使用率与新闻使用率最高的媒体

媒体使用率：电视 93.2% ＞移动网络 82.3% ＞社交媒体信息服务 66.2%；

新闻使用率：电视 85.5% ＞移动网络 73.2% ＞PC 网络 32.8%。

（二）电视是媒体使用时间及新闻使用时间最长的媒体

媒体使用时间：电视 152.9 分钟＞移动网络 71.1 分钟＞PC 网络 47.6 分钟；

新闻使用时间：电视 41.5 分钟＞移动网络 18.5 分钟＞PC 网络 8.2 分钟。

按用户的年龄划分，20～29 岁的用户群体使用移动新闻媒体的比例最高，为 94.2%，使用时间为 26.3 分钟。其次是电视媒体，使用率有 59.8%，使用时间为 15.5 分钟。而报纸的使用率较低，仅有 4.7%，使用时间仅为 1.1 分钟。由此可见，移动网络是青年用户群体获取新闻资讯的主要方式。

30～39 岁的用户群体移动新闻媒体的使用率低于 20～29 岁的用户群体，占 93.12%，但使用时间高于 20～29 岁的用户群体，为 27.3 分钟，是使用移动网络看新闻时间最长的用户群体。其次是电视媒体，使用率有 83.2%，使

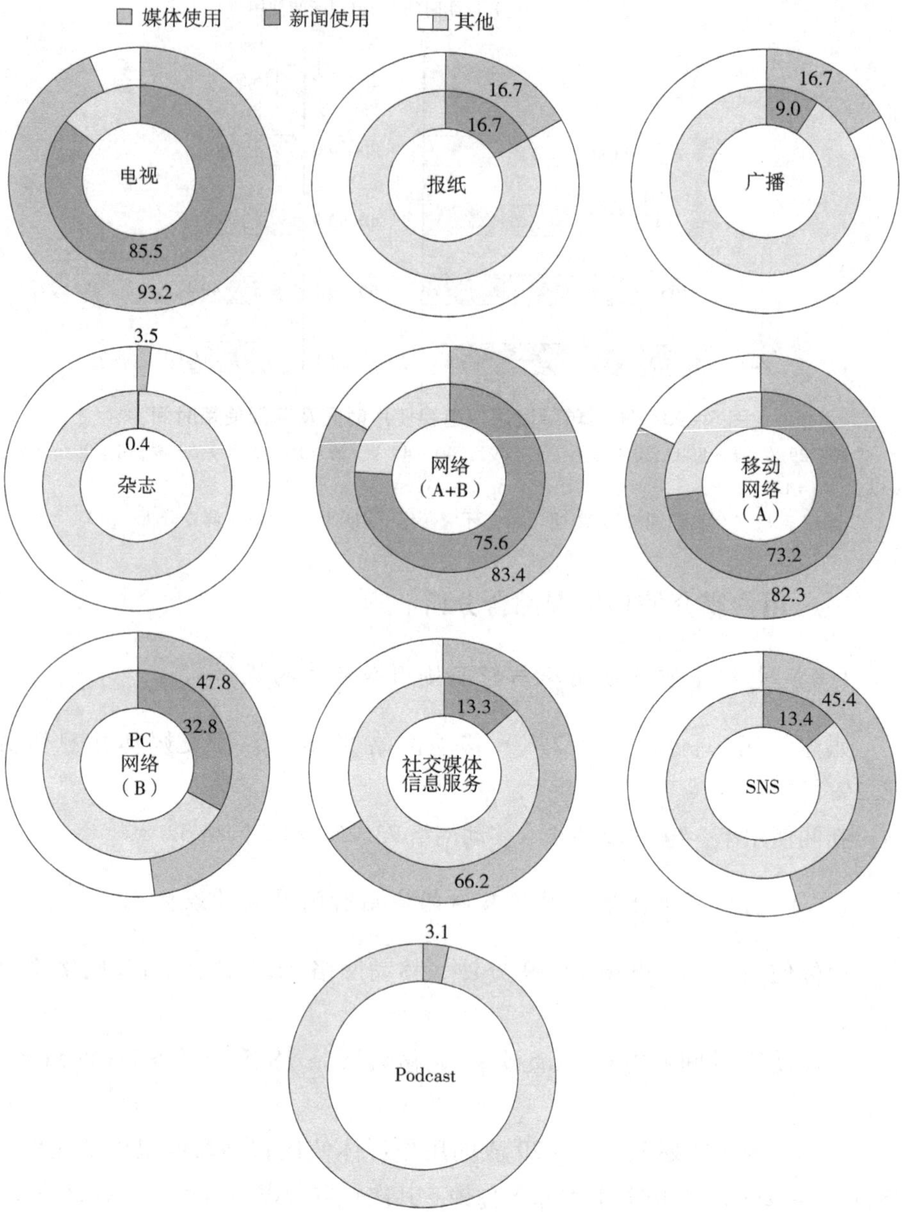

图 5－14　媒体使用率及新闻使用率（单位：%）

* podcast 只测试了媒体的使用率

** 2017 言论受众意识调查第 22 期《媒体环境变化下用户形态调查》调查分析，p. 42

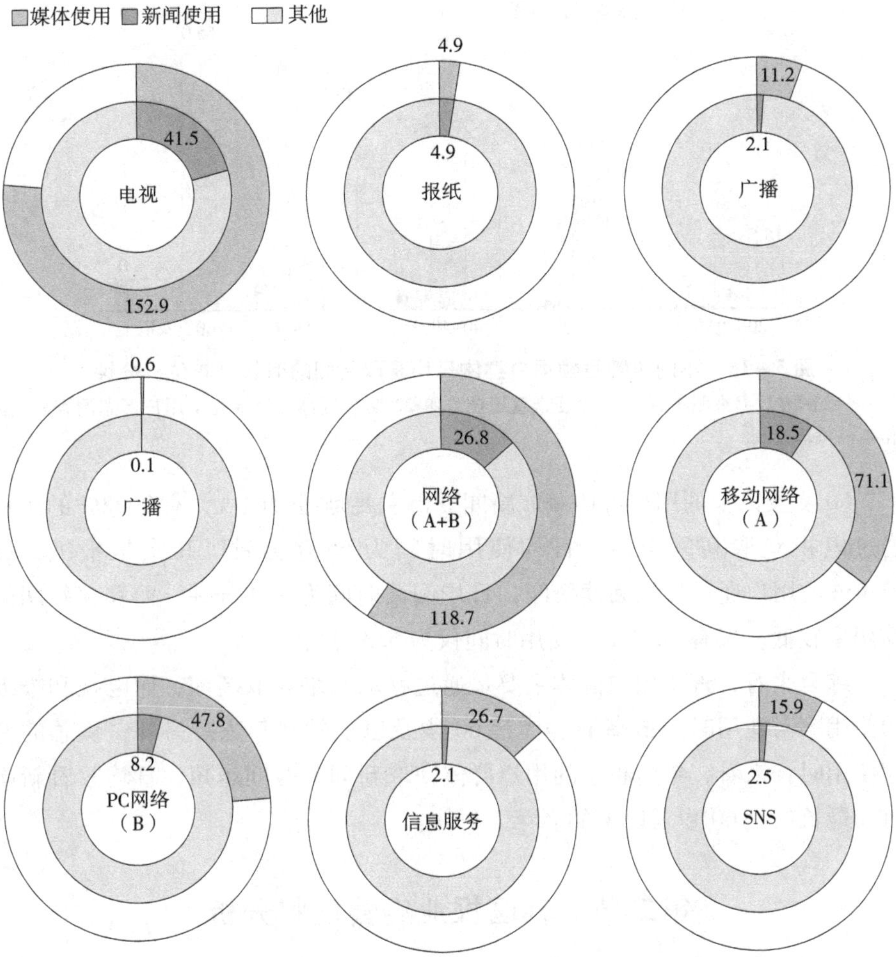

图 5－15　日均媒体使用时间及新闻使用时间（单位：分钟）

* 2017 言论受众意识调查第 22 期《媒体环境变化下用户形态调查》调查分析，p. 43

用时间为 29. 9 分钟。而报纸的使用率较低，为 11%，使用时间为 2. 4 分钟。

40～49 岁的用户群体通过电视获取新闻资讯的时间较长，有 38. 6 分钟，为 89. 6%；其次是移动网络新闻，使用率为 88. 1%，使用时间为 21. 7 分钟；使用报纸获取新闻资讯的比例为 20. 1%，日均阅读时间为 5 分钟。

50～59 岁的用户群体通过电视获取新闻资讯的比例较大，有 94%；时间较长，有 49. 4 分钟。其次是移动网络新闻，有 71. 4% 的用户通过移动网络获取新闻资讯，使用时间为 15. 3 分钟。使用报纸获取新闻资讯的比例为 22. 4%，日均阅读时间为 6. 7 分钟。

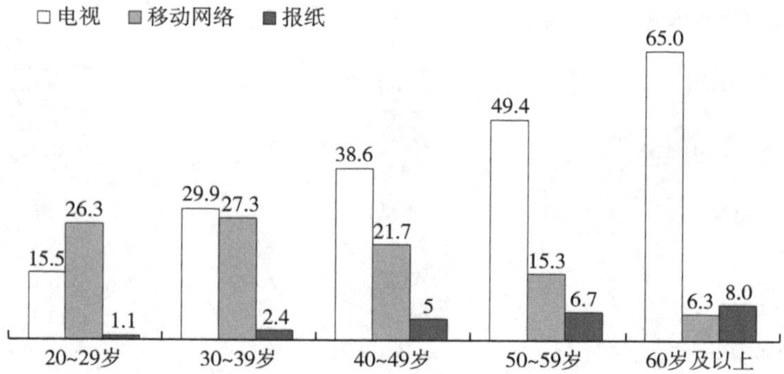

图 5-16 不同年龄段额用户群体日均获取新闻的时长（单位：分钟）

* 该图表数据来源于 2017 言论受众意识调查第 22 期《媒体环境变化下用户形态调查》，由作者再整理绘制。

60 岁及以上的用户群体获取新闻资讯主要是通过电视，有 96.2% 的用户通过电视获取新闻资讯，日均使用时间为 65.0 分钟。其次是报纸，有 22.4% 的用户通过报纸阅读新闻，日均阅读时间为 8.0 分钟。而移动新闻的使用率较低，仅有 32.1%，使用时间仅为 6.3 分钟。

综合来看，青年用户群体主要是通过移动网络获取新闻，而电视和报纸的使用率与使用时间最高的群体是 60 岁及以上的老年人。另外，从总的新闻使用时长来看，年龄越小的用户群体获取新闻的时间越短，日均收看新闻时间最长的是 60 岁及以上的老年人群体。

第二节 韩国报业经营现状分析

一 韩国报纸销量现状

根据 2017 年韩国言论年鉴综合整理的数据资料，韩国主要日报销售额在减少。其中，只有《朝鲜日报》是发行量和销售额在 100 万份以上的日报。与 2015 年相比，《朝鲜日报》的发行数（-32746 份）和销售量（-12466 份）均有所下降。《中央日报》（-30383 份）和《东亚日报》（-2374 份）销售量各减少 4.0% 和 0.3%，但发行量（《中央日报》18268 份，《东亚日报》28914 份）反而有所增加。《东亚日报》与《中央日报》相比发行量有大幅度增长，所以销售量减小的幅度较小，仅次于《朝鲜日报》，位居销售量的第二位。虽然“朝中东”三社和《每日经济》的销售量均有减少，但是其他报纸（除《国民日报》外）反而发行量和销售量有所增加。①

由此可见，韩国各大报业也同样面临着新媒体所带来的寒冬。其中，部分报社报纸的发行量和销售量有所增加，主要是因为部分报社通过每年各社实施的社内订阅扩张大会等方法增加了报纸的销售量。但是，报纸销量的减少主要是因为新闻消费方式正从原来的以报纸为主快速向移动终端转移，导致广告商将移动终端作为主要的广告媒体，想要克服这种逐渐下降的趋势较为困难。②

表 5-1 报纸的发行量及销售量（2015~2016 年）

（单位：份）

媒体名	发行量			销售量		
	2015 年	2016 年	增/减	2015 年	2016 年	增/减
朝鲜日报	1545819	1513073	-32746	1266763	1254297	-12466
中央日报	960530	978798	18268	750314	719931	-30383
东亚日报	917851	946765	28914	731788	729414	-2374
每日经济	705322	705526	204	552363	550536	-1827
韩国经济	527782	529226	1444	352184	352999	815
国民日报	189299	185787	-3512	139550	138819	-731
文化日报	173536	177887	4351	157928	163090	5162
首尔新闻	160948	164446	3498	113425	116028	2603
首尔经济	83993	84635	642	56654	57955	1301

* 《2017 年韩国言论年鉴》，p. 15。

二 韩国报纸广告销售额区域比较

为掌握广告市场规模，韩国广播广告公司对韩国境内 636 家报社进行了调查。据相关数据显示，2016 年报纸广告市场规模约 1 兆 5395 亿元（韩币）较 2015 年的 1 兆 5613 亿元减少 1.4%，2017 年仍有持续降低的趋势。按区域来看，2016 年总销售额的 82.2% 集中于首尔。

① 韩国言论振兴财团（Korea Press Foundation）：《2017 年韩国言论年鉴》，2017 年 12 月。

② 韩国言论振兴财团（Korea Press Foundation）：《2017 年韩国言论年鉴》，2017 年 12 月。

表 5 – 2　报纸广告市场规模

（单位：百万元韩币，%）

	年度	总额	主要区域		
			首尔	6 大广域市	9 个道
销售额	2012	1717762（100.0）	1517623（88.3）	97804（5.7）	102335（6.0）
	2013	1622724（100.0）	1410584（86.9）	109136（6.7）	103004（6.3）
	2014	1561168（100.0）	1327696（85.0）	122316（7.8）	111156（7.1）
	2015	1561316（100.0）	1302186（83.4）	102317（6.6）	156813（10.0）
	2016	1539465（100.0）	1274486（82.8）	105424（6.8）	15555（10.4）
	2017	1508833（100.0）	1259612（83.5）	100596（6.7）	148625（9.9）

* 《2017 年韩国言论年鉴》p. 16。

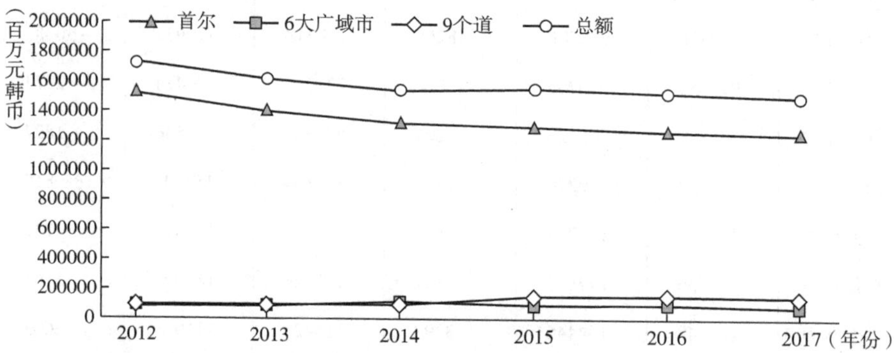

图 5 – 17　报纸广告市场份额

* 该调查的原始数据为韩国广播广告公司（KOBACO：Korea Broadcasting Advertising Corporation）于2013 年起发布的《广播通信广告费调查》，由韩国言论振兴财团《2017 年韩国言论年鉴》再次整理发布，p. 16。

第三节　韩国主流报业媒体融合的战略选择

从前文的数据中可以看出，韩国报业也同样遭受着新媒体所带来的寒冬，面临着极大的挑战。该课题主要从新闻的生产与发布流程改革、组织与制度的改编、新技术的应用及与第三方平台的合作等方面对韩国报业在融媒体环境下的改革进行综合分析。

韩国首尔报刊亭

一　数字媒体先行战略

在韩国报业的改革发展中，数字媒体先行（Digital First）战略更为突出。新闻主要是在新媒体终端及各线上平台先报道后，纸质媒体修改后登载，这种发稿模式成为常态化生产模式。

《中央日报》是最先在韩国开始实施融合发展的报社，其改革较为成功，具有鲜明的代表性。《中央日报》2007 年开始尝试打通网络新闻与报纸之间的界限，通过线上（网络新闻）编辑局和线下（报纸）编辑局工作人员的交流，尝试构建（线上、线下）综合新闻编辑室。

根据互联网时代的发展需要，《中央日报》逐步开始改进新闻撰写系统。从 2015 年末到 2017 年初，研制出新的内容管理系统（CMS），改变了原有的新闻写作工具系统。以前记者写完新闻将文本发给编辑，编辑会重新整理内容后再发布。现在记者在 CMS 系统上写稿后，出稿直接在网络平台上发布。新闻制作部会以这些新闻为基础，挑选出适合的新闻进行修改后制作成报纸，改变了原有的生产流程。

在该系统应用之初，由于记者不适应新的新闻生产方式，发生过一些失误。在新系统的应用过程中《中央日报》不断尝试改进，同时也对记者进行了多方面的专业性培训，截至 2017 年上半年，记者们基本能够适应新的新闻生产方式，目前大多数的记者首先会在网上出稿。

韩国报业普遍对网络平台新闻的把关较为宽松，一般由网络新闻部长负责把关，但是如有紧急新闻或是要闻，可以放宽把关权限，由记者个人负责把关。《中央日报》的情况则多是由记者个人把关，只要没有错别字就可以发稿。

二 调整新闻发稿时间，变更新闻编辑组织

韩国报社根据用户查看新闻资讯的时间，对新闻的发稿时间进行了调整。其中，《中央日报》首先通过调查研究，掌握用户主要获取新闻资讯的时间段，针对用户阅读习惯调整新闻发稿时间，将原来只在下午四点发稿改为早中晚三个时间段。其次进行部门任务调整。之前的新闻编辑部门由采编组与新闻制作组两部分组成，由编辑局局长统一管理，改为将采编组与新闻制作组分为两个独立的部门。以前的编辑局长负责新闻生产到出版的所有工作，现在只负责管理记者和新闻内容的制作，新闻的版面布局及发行平台由制作部门来决定，记者只需专心负责新闻的内容生产。

《国民日报》的新闻生产方式较为传统。首先是在早会上确定新闻选题，网络新闻部与编辑部（纸媒）分开生产新闻。网络新闻部负责写在网络平台上发布的新闻，在电脑编辑系统里完成新闻的撰写后直接上传到网络平台。负责撰写报纸版面的记者，则会把写好的新闻先发到编辑部，由编辑部确定新闻题目、布局、版面，制作好后再传至印刷厂，影印成报纸，最后在报纸发行后再把报纸的内容上传至网络。

三 设置用户数据反馈机制

随着传播技术的不断发展，新媒体的广泛应用，只销售报纸的商业模式已经不适应新的媒介市场环境。随着数字化转型的不断深入，用户行为分析的重要性不断凸显。从商业角度考虑，只有增加用户阅读网页新闻时的停留时间，提供适合不同平台的内容才能更好地吸引用户，增加收益。

《中央日报》是韩国首家设置用户反馈机制的报社。为了让记者能够写出更吸引用户、更优质的新闻内容，报社会提供给记者相应的用户反馈数据。社内建有统计用户反馈的数据库，统计各平台的用户流量及相关信息。

美国新闻业也采用了大量的数据分析系统，如《华盛顿邮报》自主研发的 Arc Publishing 和 Loxodo Analytics 系统；还有因数据范围较广、简便直观、性价比较高而被大部分美国报纸采用的 Chartbeat 系统，以及 HootSuite 和 Parse.ly Dansh 等数据分析系统。

四 组织及制度改编

《中央日报》构建了中央新闻室（统合新闻室），除了 JTBC① 以外，其他中央媒体网络下属的报纸和杂志记者们都是先上传数字新闻到中央新闻室，然后再根据各媒体特性重新加工新闻。《中央日报》的中央新闻室主要由负责指挥的部门“Command”、采访部门“Intake”、制作部门“Output”等三部分构成。

另外，还开设了负责数字相关技术开发、企划、内容制作、出版的综合指挥“数字统筹”以及 24 小时快报应对组的“EYE 24”。

《中央日报》综合新闻室

2017 年 3 月，为了进行数字转型，《中央日报》进行了第二次改革，发展数字优先战略，将制作报纸的力量转移到数字媒体上。将负责报纸版面制作的部分编辑记者投入到数字编辑领域，将版面字号从 9.7 点扩大到 10.2 点，并尝试增加“观点（Opinion）版面”，突出报纸和数字媒体在报道形式上的差异。

《韩民族日报》则通过“编辑 1·2 局”体制改编，建立了“数字综合新闻室”。“编辑 1·2 局”由生产数字新闻的编辑 1 局和生产报纸新闻内容的编辑 2 局组成，编辑委员长负责指挥“编辑 1·2 局”。在运营以数字内容为中心的新闻室过程中，改变了原有的新闻生产流程。过去的上午编辑会议按照“报告→讨论→纸质新闻”顺序进行。现在上午的编辑会议不再讨论报纸版面布局。经过简化后，主要讨论凸显差异性的议题和如何将这些内容加工

① 注：JTBC 是韩国的综合电视频道，2011 年 3 月 21 日设立，2011 年 12 月 1 日正式开播，是由《中央日报》出资成立的公司，中央集团是大股东。

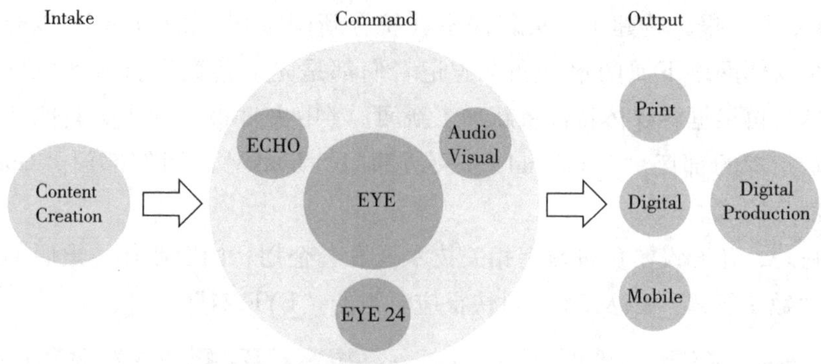

图 5-18 《中央日报》中央新闻室的组织结构

资料来源：《2017 年韩国言论年鉴》p. 19。

为新闻产品并发布出去。

《国民日报》构筑了统合新闻室；《东亚日报》运营数字统合新闻中心；《每日经济》在编辑局内设立摄影棚，生产社会媒体用视频；《首尔新闻》则统合了 SNS 组，新设了"Curation 组"（将他人制作的内容根据目的进行分类和发放）①。

五 引入新技术

在报道制作和流通方面，引进机器人、VR、AR 等最新技术的韩国报纸逐步增加。其中，Herald 在 2016 年 9 月引进了韩国国内最早的英文报道制作人工智能系统"Herald Robot（HeRo）"。HeRo 掌握国内企业的股价信息、企业业绩、股东现状，并实时发布新闻。Herald 计划以证券领域新闻为开始，在天气、体育、演艺等多个领域扩大应用机器人制作的报道。②

《每日经济》是韩国国内报纸中首个采用增强现实版（Augmented Reality，AR）作为第一版"news face plus"的报纸。用户利用安装 AR 软件的智能手机或平板电脑，在《每日经济》新闻 A1 面右上端扫描二维码便能够欣赏 3D 影像。这种尝试扩大了报纸信息提供的范围，提升了报纸的时效性，得到了好评。像韩国经济的引导报道《Cityscape Korea 2017》一样，在个别新闻中也有使用 AR 的事例。《东亚日报》还构建了有关无人机的互动网站，企划并采访了

① 韩国言论振兴财团（Korea Press Foundation）：《2017 年韩国言论年鉴》，2017 年 12 月。

② 韩国言论振兴财团（Korea Press Foundation）：《2017 年韩国言论年鉴》，2017 年 12 月。

美国、中国、以色列、日本等世界各国的无人机产业现状，《朝鲜日报》在朝鲜VR上市后，制作了现场VR报道、企划VR报道等140个以上的360 VR内容。①

六　数字品牌新设版面

为了突出数字优先（Digital First）的特色化内容，各报社也在不断改编版面。《Etoday》（韩国经济新闻媒体）推出了强调文化艺术内容的新版面，扩大了观点版面，新增了文化领域的执笔者阵容。《世界日刊》扩增了“人类”“最尖端·未来科学”“国际新闻”等版面，加强了“休闲·饮食”“理财报道”等方面的版面改编。《韩民族日报》的版面改编将重点放在了“焦点·人物”上。在报纸名旁边将会出现“历史人物”版面，而“人物采访”和“文学报道”被安排在第二版。《首尔日刊》和Money Today以强调“长新闻和讲故事（Storytelling）”的方式对版面进行了改编。②

发展数字报道和数字品牌的报社取得了一定的成绩。《DDR东亚数字报道》编辑局的记者们正试图用照片、图表等丰富表达内容。对2017年5月9日的大选，摄影部将各候选人的宣传照片进行比较，并对大选中的“横幅操作事件”进行了特别报道，受到了人们的关注。《首尔经济》对数字品牌“首尔经济那些事”进行了改编。“首尔经济那些事”的数字内容由在现场实时传达（报道）的“someClip”构成。主要包括以多角度审视国内外热点的“some in issue”，旅行和汽车等实际生活内容。《韩国经济》开发了高级收费网络经济报纸《韩经+》，以机关（构?）投资者为对象的“market insight”，以一般投资者为对象的“韩经超级个人投资者”等，致力于内容的高级化和专业化。Herald也筹划新推出数字新媒体专用媒体“the investor”等。③

七　与第三方平台（NAVER）合作

与我国的情况有所不同，韩国用户接收新闻主要是通过门户网站NAVER。因此，韩国传统媒体纷纷和NAVER合作，推出不同主题的栏目，作为扩大自身传播力、影响力的主要平台。

2016年2月，《朝鲜日报》首先与门户网站NAVER合作，推出了关于就业

---

① 韩国言论振兴财团（Korea Press Foundation）：《2017年韩国言论年鉴》，2017年12月。

② 韩国言论振兴财团（Korea Press Foundation）：《2017年韩国言论年鉴》，2017年12月。

③ 韩国言论振兴财团（Korea Press Foundation）：《2017年韩国言论年鉴》，2017年12月。

的《JOB &》信息服务。同年6月《每日经济》推出“旅行 plus”，7月，《韩民族日报》和《中央日报》分别推出了以电影（CinePlay）和中国（China Lab）为主题的服务。2017年4月，《韩国经济》以“农业”为主题开始提供咨询服务。《京乡新闻》则计划以演出、文化、展示等为主题，准备与 NAVER 合作。①

NAVER 在“媒体周”活动（2017年7月5日）中发表了计划引入以门户网站和媒体间收益分配为主要内容的“PLUS（Pres - Linked User Support）项目”。“PLUS”项目由“订阅基金”和“广告收益分配”两部分组成。其中，“订阅基金”是一种新闻收费模式，向新闻用户每年收取100亿韩元的基金，用于支付用户个人对喜欢的媒体支付订阅费。另外，在新闻中产生的 NAVER 广告收益估算额100亿韩元中的70%分配给媒体，剩余的30%用于“首尔大学—媒体事实调查基金”等媒体相关预算。②

对于媒体与 NAVER 的合作，业界众说纷纭。在与 NAVER 合作初期，大部分媒体持担忧的态度。虽然与 NAVER 的合作是一种新型的收益模式，可以在短时间内在移动互联网空间获得影响力，而且就目前与 NAVER 合作的媒体收益来看，NAVER 与媒体公司达到了双赢的效果。③ 但是，大部分媒体人认为，对于生产内容的媒体来说，与 NAVER 平台的合作只是短期赢利，不利于媒体的长期发展，使媒体变成了其所属的一部分，失去了品牌和平台竞争力。

第四节　韩国主流报业未来发展的对策分析

一　发展新闻服务品牌来扩大自身影响力

韩国主流报业以不同的新闻形式吸引新的用户群体，扩大传统新闻媒体在互联网空间的影响力。《国民日报》以不同类别的主题报道新闻，在韩国门户网站 NAVER 上开设了“还是很美好的世界（아직은 살만한 세상）”频道，专门播报一些暖心感人的新闻。虽然很多用户不知道这是《国民日报》的新闻，但是对“还是很美好的世界”这个新闻频道的认知度很高。以

---

① 기자협회보. 네이버 품에 안긴 7개 언론사. 우려 딛고 “윈윈했다”［N/OL］. 2017 - 5 - 10. http：//www. journalist. or. kr/news/article.

② 미디어 오늘. 네이버, 언론사에 연 200억 지원한다［N/OL］. 2017 - 7 - 7. https：//m. news. naver. com/read. nhn? mode = LSD&mid = sec&sid1 = 102&oid = 006&aid = 0000087589.

③ 기자협회보. 네이버 품에 안긴 7개 언론사. 우려 딛고 “윈윈했다”［N/OL］. 2017 - 5 - 10. http：//www. journalist. or. kr/news/article.

此为例，《国民日报》还计划继续推出视频频道，以这种发展服务品牌的方式来克服用户在第三方平台上对报社品牌的认知度降低问题。

《韩民族日报》在韩国拥有较为突出的品牌形象，用户群体以 40～50 岁男性为主，青年用户较少，为改变这种现状，《韩民族日报》也在尝试打造有别于报纸报道风格的、针对青年用户的全新的服务品牌。例如，年轻人对宠物的话题感兴趣，就针对用户需求，集中采集、报道关于宠物的新闻。在该品牌下只报道青年用户感兴趣的话题，以全新的主题、全新的报道方式打造新的媒体品牌。

二　新闻付费服务

《中央日报》计划做众筹知识性服务产品。与 PUBLY 网站①合作，通过接受用户众筹资金为用户提供专业的内容生产服务。如线下的演讲活动，如果有用户关心此演讲，但由于时间等条件的限制无法到现场参加，那么 PUBLY 网站就会应用户需求进行资金众筹，当资金达到指定金额后，就会派专门人员到达现场进行拍摄，录制视频，并对演讲内容进行整理总结，提供给用户。

《韩民族新闻》在未来将进行付费新闻的尝试。首先计划以自发的赞助式（为自己喜欢的新闻点赞，支付一定赞助金额）进行，尝试向用户发送需要赞助的新闻，收到用户反馈数据后，对该数据进行分析，主要分析哪些用户对哪类新闻进行了赞助，后期会进一步有针对性地向已经付过费的用户推送相关新闻。虽然这样不会有很多的消费支出，但是通过这种方式，媒体可以掌握用户对哪类新闻资讯的支付度较高，进而可以进行有针对性的生产，提高新闻的生产质量。

三　提高新闻的服务质量

通过优质的新闻内容，吸引忠诚用户。与门户网站等第三方平台合作，虽然在短时间内可以降低投资成本，增加流量，但是无法掌握用户信息及忠诚用户。因此，只重视在门户网站上的流量，而不加强内部信息内容的建设与生产，将无法在新闻市场上占据稳定的位置。

---

① 注：PUBLY 是一个提供内容服务的网站，用户以众筹的方式对作者进行经济支持，当众筹达到指定的金额后，作者与 PUBLY 团队共同完成预约的任务，为用户提供专业性的内容生产服务。

一般情况下，用户通过各种渠道（如Google、NAVER）与新闻媒体进行服务交易。一般在阅读新闻的第一阶段，用户会发现新闻的多样性、呈现形式及内容丰富性的差异等。而第二阶段，比如阅读连载新闻，用户会通过一段时间对新闻内容的持续关注，对新闻的品牌产生认知。因此，传统新闻媒体应该加大优质的内容生产，通过优质的内容吸引用户持续关注，让用户对新闻品牌产生认知，进而转化为忠诚用户。

另外，通过培养名记者提高品牌认知度与影响力。通过培养语言能力强、写作水平较高的记者生产优质的新闻内容，让用户对某一名记者持续关注，形成良性互动，吸引忠诚用户，增加用户阅读量。

四　差异性内容生产

《中央日报》在未来的发展中，将针对报纸与互联网的媒介特点进行差异性的内容生产。新闻报道上突出新媒体的时效性特点，以速报新闻为主，强调速度与流畅性。而报纸则强调对新闻内容的深度解读与分析。

《韩民族日报》的报纸读者群大多关注的是时政新闻或政治局势分析，因此该报将坚持原有的报纸报道风格，以“真诚、进步、客观”的报道风格撰写新闻。但是，网络平台的年轻用户则对时尚、性别及动物问题较为关心，因此在网络平台上将以这些新闻话题为主。《韩民族日报》还打算利用Kakao Talk[①]这样的信息服务媒体扩展网络新闻服务。例如，把新闻登载在Kakao Talk聊天室里，像对话一样讨论新闻热点。使新闻的传播形式更加多样化。

《国民日报》则是选择全面向互联网转型，今后将限制报纸的发行数量，以视频新闻为主要生产内容。由于韩国目前的年轻人甚至是小学生不是用NAVER、Google等搜索引擎来检索信息，而更多利用像Youtube这样的视频平台，因此《国民日报》根据用户媒介使用方式及习惯的转变，将视频新闻的生产作为未来发展的主要方向。

韩国报业也呈现断崖式下滑趋势，面临着互联网传播方式的极大冲击与挑战。从韩国报业整体的改革发展现状来看，韩国境内的各大报社基本已经实现了融合发展。从发展战略来看，数字优先发展战略已成共识，且各报社针对用户需求有各自不同的发展重点与方向。

---

① 智能手机上的一种应用软件，可以免费打电话和发送信息，2010年3月问世，截至2015年1月在韩国拥有90%的占有率。

第六章　我国报业的融合转型

媒体融合是当前我国新闻宣传和舆论工作发展的重点方向，在当前中国语境下已经成为一种明确的传媒发展政策。本章以我国报业融合发展案例研究为主，首先梳理了我国报业媒体融合发展现状及问题，其次对我国媒介融合发展较有代表性的浙江日报报业集团、河南日报报业集团和澎湃新闻、南方都市报社进行了实地调研访谈，对其发展现状、具体问题和未来发展前景进行了深入研究。最后，以疫情期间我国部分媒体代表和深圳报业集团主力报网关于疫情报道的观察为例，综合分析各媒体的报道内容和传播特色。

第一节　发展现状及问题

为提升传统媒体在互联网空间的传播力和影响力，全国各大党报纷纷向移动终端转型发展。截至2017年底，全国367家党报中有270家开通了新浪官方微博账号，255家开设了微信公众号，247家建立了新闻客户端，各占73.6%、69.5%和67%。[①] 虽然全国各大党报改革的力度和决心较大，但是总体效果不佳，综合来看，可以发现如下问题。

首先，从总体发展现状来看，媒体中的马太效应已经形成，头部媒体占据大部分用户市场，已经形成了“东澎湃，南‘南方+’，西封面，北《新京报》，中浙江新闻”的传播格局。[②] 截至2017年上半年，人民日报客户端总下载量为2.08亿次，新华社的总下载量为1.75亿次，澎湃位居第三，总下载量为4791万次。这些头部媒体均拥有较好的政府资源、人才资源、技术资源和庞大的用户规模。但是，大多省市级报业集团由于转型发展力度不够，互联网思维转换缓慢，对用户的重视不足等，发展速度较为缓慢，存在

① 《2017全国党报融合传播指数报告》，2017年7月1日，http://media.people.com.cn/n1/2017/0701/c14677-29376415.html。

② 郭全中、胡洁等：《新媒体环境下传统媒体的转型战略研究》，中山大学出版社，2019，第79~81页。

用户规模小、活跃度较低、传播力和影响力较弱等问题。

其次，虽然全国各报纷纷发展移动终端，但是媒体融合观念不够深入，成效不大。从新闻客户端的下载量和用户数来看，目前只有人民日报、新华社、澎湃新闻、光明日报、南方 Plus、界面、东方头条、浙江新闻、读特等几个客户端的下载量达到千万级，绝大多数传统媒体的下载量都相对较小。[①] 与今日头条、腾讯新闻和网易这样动辄数以亿计的下载量和用户量相比，传统媒体新闻客户端的下载量和用户量均较小。很多媒体单位存在对媒体融合发展方向和定位掌握不准的问题。传统媒体向新媒体转型过程中，需要大量的资源投入，特别是技术上的投入，例如客户端的建设、运营和维护，都需要大量的技术和人力成本。但是，相较于传统媒体，新媒体的赢利模式尚不明晰，而且短期内难以达到利润产出。因此，大部分媒体单位对于融合发展存在动力不足、缺乏积极主动性的问题。另外有些单位虽然意识到了媒体融合发展的重要性，但是由于技术支持不够、新媒体技能掌握不足等原因，虽然进行了艰辛的探索，但整体效果不佳，成效较小。

再次，传统媒体的管理机制与新媒体发展需求不符。传统媒体对新闻的专业性和严谨性要求较高，对新闻的审核把关较为严格，因此需要较多的时间对新闻内容进行把关。但是新媒体对新闻的实效性要求更高，即时性和首发性对新媒体产品的传播效果有着至关重要的影响。传播特点的差异导致传统媒体和新媒体需要有不同的管理机制，因此，新媒体管理机制上的问题是影响媒体融合成效的主要因素之一。

最后，缺乏符合新媒体发展需要的复合型人才。目前，我国传统媒体一般均存在人员结构老化、人才流失严重、新媒体复合型人才不足等问题。传统新闻特别是纸媒一般多以文字和图片方式呈现新闻内容，而新媒体时代需要以多元化的手段呈现和制作新媒体产品，不仅要有文字和图片，还要有视频、直播和 H5 等多元化的传播方式。因此，原有的人才结构难以满足媒体融合的发展需要，导致媒体融合发展进程缓慢，效果不佳。

---

① 《2017 年上半年中国媒体 APP 总下载量排行榜》，2017 年 7 月 24 日，https：//www. iimedia. cn/c400/53368. html。

第二节　发展典型

一　浙江日报报业集团：以技术为支撑，驱动媒体融合发展

近年来，受到互联网的巨大冲击，受众阅读习惯发生了根本性的变化，传统媒体纷纷开始了转型发展，《浙江日报》作为老牌的传统媒体，在2000年6月25日完成浙江日报报业集团（以下简称“浙报集团”）的组建，2009年，成立了浙报传媒控股集团，2011年9月集团实现挂牌上市。浙报集团的以技术为支撑驱动媒体融合发展的模式一直备受业界和学界的关注，在中国媒体融合领域中具有独特性与代表性。

（一）融合平台——媒立方

近年来，浙报集团将先进技术的支撑和驱动作为媒体融合的主要推动力，以建设互联网枢纽型传媒集团为战略目标，积极推进报、网、端的深度融合。浙报集团投资1.6亿建设“媒立方”平台，从2014年开始规划设计，2015年开始项目建设，到2016年底基本全面完成，实现全媒体、全流程、全天候新闻采编发布及动态跟进，成为“数据驱动新闻，智能重构媒体”的理念实践样本。①

“媒立方”具备测、采、编、反馈四种功能于一身。其中在“测”方面，“媒立方”利用大数据、人工智能技术，结合人工搜索、选取及分析，可检测到全国1000多家数字报媒体、5万多网站、6000多的公众号及主要客户端的数据，以此来把握新闻舆情，并提供给所有的采编人员。

此外，浙报集团基于“媒立方”系统制定了“三会制度”。“媒立方”与严格“采编三会”制度的融合，对于舆情线索的掌握、原创选题的讨论、集团采编资源的统筹调度有着极高的价值，提高了浙报集团一次采、多种生成、多渠道发布的能力。

“媒立方”的创立更为重要的一点是给浙报带来了“三圈环流”的常态，即核心圈、紧密圈和协同圈紧密结合。从这三个圈层来看，“媒立方”主要还

① 徐园、李伟忠：《数据驱动新闻　智能重构媒体——浙报集团“媒立方”技术平台建设的实践与思考》，《新闻与写作》2018年第1期，第97～101页。

是给核心圈的党媒使用，对口浙江新闻客户端、浙江在线、浙江手机报、浙江视界等网上党报。目前媒立方只是按媒体的分类使用，每个媒体都有自己的媒立方系统，可以按不同媒体等级进行权限设置，获取相匹配的信息资料。

“媒立方”的成立使浙报集团提出区域平台建设课题，要求下属9家县市报都需要建设地方生活服务类网站。截至目前，对于区域传媒板块的本土化建设，浙报集团完成了对两家区域门户网站的收购，同时浙报集团旗下9家县市报也已经自建门户网站加速发展，并且不少本土化服务还设立了自己的客户端。这一系列举措拓展了浙报的用户阵地，吸引了更多的互联网用户，建设了新的舆论场域。

（二）智能平台——“天目云”

为了更好地构建分级管理的生产体系，浙报集团再创“天目云”平台。该平台借助统一的底层架构和平台，支持报纸、网络、终端、微博等所有媒体形式的内容生产，重构采编过程，并且涵盖基础数据服务、舆情服务、变现服务、交易服务等八大类服务功能，满足不同媒体的业务需求。它们可以通过对信息源的分类、信息内容的简化进行差异化报送与生产，最终以“天目云”的形式进行输出。

“天目云”平台从2014年开始调研，在2015年投入建设，最初的版本在2016年3月上线，并于2016年底全面上线。而在2018年，随着云技术的发展，浙报集团推出了“天目云”2.0版本，并向县市报推广。2019年，浙报集团的“天目云”平台和嘉兴秀洲区传媒中心进行合作，为其提供技术支持，助其构建“新闻+服务+政务”的重要平台。

（三）两库两平台的建设

为了更好地维护、开发用户数据，生产优质内容，浙报集团开始正式打造“两库两平台”［主要指全媒体内容资源库（含智能分析系统与大数据平台）、用户数据库（含用户中心管理系统）、媒立方传播服务平台、新媒体云服务开放平台］的建设。

截至2016年，浙报集团用户数据库已经储存了500多万的传统媒体的活跃用户，2000多万杭州边锋、上海浩方游戏平台和孵化基地等新拓展媒体的活跃用户数据，基本可以实现浙报资讯的精准推送和反馈收集。

关于内容数据库的建设，该集团首先是将1949年以前的资料内容进行整理，把老照片扫描入库，实现纸媒数据化，这个过程在正式宣布“两库两平台”建设之前的2006 年就已基本完成。同时浙报集团也通过互联网爬虫技术在全网抓取感兴趣的数据，把碎片化的信息进行有机整合，整个过程由初期300 多家内容的收集扩大到近期1000 多家，不仅覆盖到了浙报集团内部，还和众多合作单位的内容数据资源进行链接，极大地丰富了浙报集团的内容数据库。

不过浙报集团即使拥有强大的用户数据库和内容数据库，仍然面临一个问题，就是如何将用户数据和内容数据进行打通，使编辑能够掌握用户行为，与用户建立良好关系。因此，浙报集团的解决方案是进一步建立用户行为数据库，进而进行个性化新闻推送。

浙报集团采取接管用户数据然后打通用户数据库的方式。考虑到大量的用户来源于边锋浩方游戏平台，浙报集团充分利用游戏平台上的“通行证”机制，重点将媒体用户数据与游戏用户数据进行打通。首先通过游戏平台的新闻弹窗给用户推送资讯，原游戏用户在边锋通行证上，例如钱报网、浙江24 小时等媒体利用游戏通行证进入端口，这样就可以获取游戏用户阅读新闻的行为信息，然后再对用户行为信息进行数据导入、分析、开发。目前该集团旗下比较成功的案例有钱报网。在2014 年和2015 年，钱报网的地产板块通过对读者数据库的分析与房地产公司合作销售房产，取得了较好的效果。此外，政务服务网对于用户数据掌握得较好，可以达到数百项的标签，但是内容的新闻性较弱。在未来的发展中，浙报集团计划进一步加强对新闻平台用户数据的刻画，在海量的用户信息中通过建立用户数据库为其发展带来更多效益。

（四）扩充技术研发团队，重视人才引进

浙报集团除了拥有“媒立方”和“天目云”这两项平台“硬件”，还拥有强大的“软件”——技术部，这个部门作为两大平台的支柱力量发挥了重要作用。目前，技术部由三个部门组成，分别是产研中心、新媒体运营中心、信息安全与运维中心，共有153 人。其中产研中心初期是信息中心，人员四五十人，后期与北京拓尔思公司合作成立了产研中心，主要负责产品设计、项目管理、客户端开发、大数据挖掘、数据仓库管理等工作，人员维持在五六十人。浙报集团的采编1.0 和2.0 版本是靠自己的技术部门研发的，而3.0 版本则由后期产研中心采取合作的方式进行开发。双方合作的原则是

“业务自己做，代码合作”。

除了积累了一批技术人才，浙报集团也十分重视技术人才的引进和培养，曾通过校园招聘、定向引进以及猎头推荐等方式，引进了150多名高端人才。目前浙报集团的技术团队均以年轻人为主，其中采编技术岗超过3/4是年轻人，年龄大多在35岁以下，以90后为主，这样一批年轻态的团队也能给浙报集团带来更大的活力。

二 澎湃新闻：UGC与PGC并重，平台化发展策略

2016年12月，上海报业集团决定从2017年1月1日起停止发行《东方早报》，并采用“买断”和培训转型的方式对人员进行整改。首先，对发行队伍采用“买断”方式裁减。其次，将《东方早报》原有的新闻报道、舆论引导功能向澎湃新闻网全部转移，并对原有采编人员采用培训后转岗的方式，吸纳到移动端工作。因此，在人员结构上依然存在相对的老龄化问题，不过，澎湃新闻也在积极解决。一方面，澎湃新闻通过不断引进新人带来新的思维活力，另一方面，澎湃新闻也加强对传统媒体人员的培训和考核，以此促进传统媒体人员向新媒体转型。

（一）转型方式：聚合式

虽然《东方早报》不在了，但是其新闻报道理念仍得到保留，同时澎湃新闻也在积极探寻转型发展之路。《赫芬顿邮报》作为一个成功转型的案例，同样侧重于政治领域和思想评论，因此澎湃新闻吸取了其转型路上的不少经验。

《赫芬顿邮报》即便在名字里带有“邮报”两个字，但它其实和报纸没有什么关系，至今也没有出版过报纸，而是一家“聚合式”的网络媒体。所谓“聚合式”，就是将分散的内容在技术的整合下汇聚到一起，然后再采取个性化、多样化的方式发送到客户端，用户通过一站式访问便可获取所有信息。澎湃新闻也在力争发展成为这样一家信息生产聚合式媒体。目前澎湃新闻共有视频、时事、财经、思想、生活五个新闻频道以及三个“问吧”“问政”“湃客”互动中心，共计8个原始频道，85个栏目①，用户可以分别在

① 腾讯媒体研究院：《媒体融合中的全员转型与生产流程再造》，2019年7月8日，http://www.sohu.com/a/325465263_720993。

网站和客户端上使用。并且澎湃新闻在生产上也采取“聚合式”的方式，每个小组运营一个栏目，小组成员相对固定，每天召开选题会讨论报道主题，面对重大选题，小组之间也会有合作，通过合作将一个选题做成大的专题报道。

（二）内容生产方式：专业生产内容（PGC）与用户生产内容（UGC）并重

用户生产内容（UGC）在新媒体的发展中至关重要。澎湃新闻在注重原创的同时，将 UGC 作为重要板块。为此，澎湃新闻引入了内容合伙人，2018 年 7 月 19 日上线的澎湃新闻“湃客”就是引入内容合伙人的主要平台。“湃客”是一个开放的内容生产平台，采用“邀请 + 严选”的入驻模式，以打造“原创 +”内容为目标吸引更多用户。“湃客”自上线以来，已入驻了两百余家机构、自媒体和个人，所创作的内容单篇最高点击量近千万。[①] 2019 年春节，“湃客”发起了“90 后写作计划”，在这个计划中，“湃客”与原创栏目“澎湃人物”合作，以联合出品的形式，邀请 30 位 90 后书写同代人的故事。

“问吧”和“问政”两个功能是澎湃新闻别具特色的创新。“问吧”在 2015 年上线，是一个允许用户对自己感兴趣的话题、人物进行提问互动的平台，这个平台聚集了时政、股市的专业人员，娱乐领域的明星，青年作者等。除了名人，“问吧”平台里也有普通人，用户可以向他们咨询新闻热点、生活干货、读书经验等，这一方面扩展了用户获取资讯的渠道，另一方面用户也在分享、评论、讨论中满足了求知、表达的欲望。随着“问政”频道的诞生，公众也可以和政府机构负责人就政策意见进行碰撞沟通，大大增加了互动性。2015 年《大圣归来》的导演田晓鹏做客“问吧”，对用户的问题进行回答，因为幽默风趣，大量微博自媒体都截图进行转载，转载微博的阅读量超过 30 万。[②] 同时，“问吧”允许用户自己创建想要讨论的话题，若能通过后台编辑的审核，编辑也会与 UGC 生产者进行联系，采用其提供的话题。此外，澎湃新闻在后续的改进中也在客户端提供了“报料”功能，允许用户

---

① 姜丽钧：《从 2014 到 2019：澎湃新闻的媒体融合转型小结》，《南方传媒研究》2019 年第 2 期，第 60 ~ 67 页。

② 《怎样吸引三千万用户》，2016 年 4 月 22 日，http://www.sohu.com/a/70968627_375507。

上传文字和图片，报料新闻线索。

将UGC和原创内容并行是澎湃新闻初期转型的一大举措，原创内容本就是澎湃新闻的强项，“打虎记”“中南海”发布的内容都可圈可点，加上用户的生产，澎湃新闻的转型之路始终采用“用户优先”的原则。

在向新媒体转型的道路上，“新闻专业主义精神”是澎湃新闻对外强调的发展内核，而“坚守社会的观察者、事实的报道者、信息流通的把关人”也是其传播宗旨。[①] 因此，澎湃新闻拒绝娱乐八卦，拒绝低俗口味，不为用户流量而牺牲内容，以高质量的作品在新闻传媒界立足。目前，澎湃新闻策划了一系列优质选题，并生产了一系列被高度称赞的作品。如深度报道《令政策的平陆往事》《致敬！好人耀仔：一位宁德村支书的45岁人生》等新闻作品，较好地体现出澎湃新闻的深度与专业。

（三）现象级媒体到平台级媒体的过渡

澎湃新闻网总编辑刘永刚曾说，“澎湃新闻上线两年半，能够迅速成长为一家具有全国影响力的现象级新媒体，跻身国内新闻客户端的第一阵营，我们认为这里离不开一个基础和一个决心。这个基础就是《东方早报》，《东方早报》创办于2003年，到2014年，经过11年的发展，《东方早报》为澎湃新闻已经准备了一支300人的成熟新闻采编团队，也积累了一定的媒体口碑和市场影响力。这是澎湃新闻能够一上线就风华正茂的一个基础。另外一个就是决心。在各级领导的鼓励和支持下，《东方早报》其实从2013年就开始谋划向新媒体的转型，而且是全员的转型、彻底的转型。澎湃新闻的下一个目标，就是实现客户端的下载过亿，日活上千万，迅速从现象级的新媒体升级为平台级的新媒体。”[②]

为了这个目标，2018年澎湃新闻在平台建设上加大马力，努力接近外部资源，除推出“湃客”之外，还接连推出“澎π系统”“澎湃质量报告”等平台级的创新作品，基本构建起了自己的产品矩阵，为向平台级媒体过渡做好了准备。

---

① 王月、王莹：《澎湃新闻媒体融合发展实践探索》，《中国报业》2018年第23期，第68～70页。

② 《澎湃与东早在采编上已完全融合，将升级为平台级新媒体》，2016年12月18日，https://www.lanjinger.com/news/detail?id=26484。

三　《南方都市报》：深耕精品内容，凸显智库成果

《南方都市报》（以下简称“南都”）是南方报业集团的子报，南都的融合发展显示了清晰的定位和发展方向，其对外宣称做具备慢新闻、精阅读、思想性的深度调查和独家观点的报纸，放弃低价值浅表资讯，要打造拥有快速、丰富、服务性、有趣性特点的移动端，实现新闻南都、移动南都、智库南都、产业南都和数据南都“五个南都”的方位布局。

（一）定位与转型发展

总体来看，目前南都报纸与移动端的内容生产方式已经完全融合，形成了数字优先，以新媒体为主，不会为报纸单独留内容。传统的报纸新闻生产流程有保留传统的早晚例会，早会以白班编辑（融媒体编辑部的编辑）为主，主要开展对新闻线索的统筹工作，若有涉及其他部门也会特别通知参会。同时在下午上班时间也会召开报纸的例会，根据报纸编辑的选择，结合报纸的特点，对内容进行再加工与改编。对于新闻资讯的把关，则采用“三审制”的方式，严格把控新闻资讯内容质量。在此基础上，南都为了适应融合转型，自2015年开始，就已经在探索采编工作机制的融合转型。2017年，南都自主研发上线了南都采编指挥平台，这个平台汇集内容生产中的策划、采访、编辑、播发、审核、数据追踪等各个环节功能于一身，[①] 对于记者没有设定截稿时间，优质稿件随时来稿随时进行发送，便捷快速的流程提高了南都的内容生产量，实现了对采编发流程的再造，为内容生产传播提供了平台支持。

同时，南都也对工作部门进行了调整。以前曾经按地域和新闻类别分类的广州新闻部、时政新闻部等全部打散，根据南都转型策略组建了并行的采编指挥中心、大数据研究院，下设技术部、产品部、商业数据部、民调呼叫中心、课题中心、项目运营部等。[②] 其中采编指挥中心分配有记者，设有编辑部，还有技术人员、创意人员、美术设计人员、产品运营人员、分发人员等。在运行机制上，采编指挥中心还设有指挥员，从早上7点到晚上12点分

---

① 腾讯媒体研究院：《南方都市报的媒体转型探索：搭建交互式指挥系统，共享组织模式》，2019年6月21日，https://new.qq.com/omn/20190621/20190621A0MA98.html。

② 《南都转型：从“办中国最好的报纸”到“打造中国最具影响力的智库型媒体”》，2018年2月9日，http://www.sohu.com/a/221867872_196120。

派2个指挥员进行轮班，指挥员不仅掌握着全报社所有记者的采访和报题信息，还负责审核把关和组织调动，这个系统一年365天、每天24小时地运作。而采编指挥中心生产方式有个特点：既收权又放权。收权，体现在重大报道时注重协同，一切听指挥；但对日常报道则放权，各采编小团队自主性强，可灵活发挥。①

在完成工作部门的调整后，据介绍，南都下一步将实行去中心化策略，建立对应工作室，例如短视频工作室、两微工作室、白班工作室、融媒体中心等。目前，南都的短视频团队已经基本构建完成，核心人员数量超过50名，一部分来自外部招聘，一部分来自内部转换，该团队目前实现了南都短视频产量爆发式增长。②

（二）内容改版

自2014年以来，南都已对内容生产进行了5次改版升级，使南都从最初的一张图文报纸，到电子报、融合视频直播，再到如今新闻资讯可听化的融合转型，南都已经成为集图文、直播、视频、数字报、音频于一身的全媒体。

到2019年，南都还进行了内容改版，可以从报纸与移动端两个维度来为用户满足不同需求。从报纸维度主要有以下三个方面特点。

第一，对报纸进行内容强化、精品栏目的细化与时事聚焦。原创优质内容永远是报纸存在的价值和追求的目标。南都在新一轮内容生产迭代升级中，布局做大做强A叠报纸内容，凸显报纸的政治站位、决策参考、精品阅读、融合传播、智库服务等独特功能。而对于精品栏目“南都调查”“人物”等版面也有所改动，“南都调查”将细分成“焦点”“网眼”“重磅”三个领域，跟紧社会热点，展开深度调查。“人物”版结合中华人民共和国成立70周年、粤港澳大湾区发展等重要节点，打造出“大国院士”“湾区先锋”等重磅的人物系列报道③。

---

① 腾讯媒体研究院：《南方都市报的媒体转型探索：搭建交互式指挥系统，共享组织模式》，2019年6月21日，https：//new. qq. com/omn/20190621/20190621A0MA98. html。

② 腾讯媒体研究院：《南方都市报的媒体转型探索：搭建交互式指挥系统，共享组织模式》，2019年6月21日，https：//new. qq. com/omn/20190621/20190621A0MA98. html。

③ 《南都内容生产迭代升级！融合传播！智库研究！强势爆发！》，2019年4月10日，http：//news. southcn. com/nfdsb/content/2019 – 04/10/content_ 186611689. htm？COLLCC = 3509468297&。

第二，内容凸显南都智库研究成果。南都致力于“做中国一流智库媒体”，因此在内容生产上会凸显智库的专业性，并且持续关注社会问题。例如，南都鉴定板块，针对一系列生活中所谓的“干货”“大道理”“专家建议”等，以专业性的图表、数据、文字进行剖析，加强内容生产，促进栏目应用。

第三，新增内容版面。在新的内容改革中，《南方都市报》新增版面“公司”，以南都大数据研究院为支撑，以大数据为依据，关注热点行业、新兴产业和成长型企业的治理问题，例如公司战略、人员架构、资本动向等，做企业发展的“智囊团”，凸显南都洞察力和调查实力，实现媒体智慧服务的价值。

而在移动端的内容生产上，主要有以下五个方面。

第一，音频内容更加精准化。南都在新一轮内容生产改革中，推出了全新的音频频道，频道中的每一个栏目都有自己精准的内容定位。“音频早餐”，主打每天的重要新闻；“音频快讯”，实时独家新闻随便听；“三点表达式”，关注热点话题，从三个角度立体分析一个话题；“娱乐响当当”，提供娱乐大事件相关新闻①。

第二，微信平台新增内容。在内容生产改革中，南都在微信平台加大内容生产，其中“南都早餐”栏目的内容更为丰富，包含头条、中国、粤港澳、世界、天气等板块。其呈现的形式有传统的文图，也有音频和视频产品的综合类拼盘产品，时长一般维持在5~8分钟，而视频的时长多为1~3分钟，方便上下班的路上观看，既考虑到了时间也考虑到了应用场景；同时该栏目设有每日打卡小程序，强化用户对于新闻阅读的坚持度，以增加文章阅读量，目前该栏目一般会有7万~8万的点击量，有时超过10万。同时南都公众号也将推出全新栏目“粤爱”，内容从衣食住行到城乡镇区风情，一网打尽广东省本土资讯。此外，南都金融研究所（NDFRI）还在“南都客户端”、“南方+客户端”、“万得股票”、“喜马拉雅FM”和“君子i财”微信公众号等平台上线时长为5分钟的精选财经新闻音频，时间为每周一至周五早上7点~10点，为关注财经的用户提供资讯。目前南都财经早评的收听纪录正不断刷新，在喜马拉雅单平台单条单日收听纪录已突破4.4万次。② 同

① 《南都内容生产迭代升级！融合传播！智库研究！强势爆发！》，2019年4月10日，http://news.southcn.com/nfdsb/content/2019-04/10/content_186611689.htm?COLLCC=3509468297&。

② 《南都财经早评获喜马拉雅FM重磅推荐》，2019年8月30日，http://epaper.oeeee.com/epaper/A/html/2019-08/30/content_35377.html。

时为了让用户获得更好的听觉享受，NDFRI 还给团队的资深评论员量身定制了主播训练，并且通过资源合作，逐渐培育起一个专业主播储备库。①

第三，引入用户生产内容。南都客户端的新栏目“拍客”面向全网用户征集短视频线索、素材、成片，并将举办各种主题活动征集和沙龙。用户可以签署用户须知成为拍客上传视频，优质内容一经采用，创作者将获得稿酬和推广机会。

第四，鼓励支持用户爆料。为了增强与用户的亲切感，突出地域性，南都还特意推出了以方言命名的专栏“咩事”。“咩事”是 2014 年 4 月上线的栏目，之所以取名“咩事”，意思是无论广州发生什么值得探究的事情，南都都会“话你知”。② 该栏目的公众号依托强大的团队和内容输出能力、从 0 到“30 万 +”粉丝，2018 年全球影响力超越了 99% 的公众号，传播力超过 98.94% 的运营者，累计阅读数 823 万，累计点赞数 3 万。③

“咩事”栏目利用新的媒体技术，适应用户使用习惯与需求，改变用户报料形式。用户可以直接和想报料的记者联系，如双方愿意还可以进一步建立好友关系，直接对话。“没有中间人转信息”的模式，给用户提供了更立体、全方位的沟通方式，帮助记者走近用户，更接地气，这既增加了记者的新闻来源，也增强了南都与用户的互动性。此外，在“咩事”公众号平台，用户也可以直接在菜单栏选择“我要报料”，通过文字、图片、视频的等方式给记者留言。2018 年 4 月，“咩事”更是上线了“大事小事@ 咩事”的小程序栏目置顶于每条咩事资讯，用户只需一键识别便可进行报料，大大降低报料的复杂度，提高了事件的解决效率。

除了报料的新方式，“咩事”拥有“热度 + 专栏记者”模式，这种模式将赋予用户更多的选择权，能让他们了解到身边人正在关注什么，从而在纷杂的信息海洋中选择自己也感兴趣的内容，同时也督促着南都为用户送上最新最独家的资讯内容。此外，“咩事”栏目还有“周一见”，这是广州的本土节目，力争做最专业、最有力的舆论监督节目；而“in 广州”模块也是“咩

① 《顶尖财经音频早餐越烹越“入味”》，2019 年 3 月 26 日，http：//epaper. oeeee. com/epaper/D/html/2019 - 03/26/content_ 9550. html。

② 《微信公号“咩事”那些事》，2014 年 7 月 9 日，http：//media. sohu. com/20140709/n401984331. shtml。

③ 《咩事首次自拍广告片，现场不忍直视……》，2019 年 1 月 4 日，http：//www. oeeee. com/mp/a/BAAFRD000020190103128745. html。

事”的一大亮点，此模块将一网打尽羊城事；另外社会&政经、医卫、政法板块也同样为用户推送最丰盛的本土资讯。

“咩事”栏目是定位在广东地区用户的平台，针对更多用户需求，南都也展开了新的产品生产和内容研发，主要体现在垂直领域有较为精准的定位。例如秉持“传播、评价、融合、共享”理念的南都教育联盟，在南都客户端内设有专门的南都号，其推出的每篇文章末尾都带有标签，有利于数据库中用户的标签化，从而匹配相关用户，有针对性地推送内容。

第五，丰富的用户互动活动。除了对内容生产进行改革，南都同样结合线下活动满足用户需求。首先是南都给用户送出的线下活动福利。2019 年的五一劳动节，南都联同广州市汽车服务业协会和砖头汽车主办南方国际汽车展，用户可以在南方都市报客户端免费领票并到现场领取礼物。其次是举办专业性讲座，2018 年 11 月 17 日，首期南都理财大讲堂在广州市江南新苑小区开讲，这是一场专门为老年群体设计的金融消费防骗讲座。2019 年 1 月 16 日，南都又在广州美博城举行了南都理财大讲堂“扫雷行动——金融消费安全益讲座”，① 有针对性地为用户提供帮助。

南都针对用户需求的改革，不仅仅体现在内容生产和线下活动上，还体现在新媒体产品，例如视频、直播、H5、轻应用等的研发上。“N 视频”是南都开发的视频平台，视频内容涵盖了即时视频、新闻调查、创意视频、路人甲采访、大讲堂等。如发现广州“广角”系列、关注本地民生话题的“小 N 监控室”等，这些视频内容在兼顾社会效益的同时，也产生了较好的经济效益。南都的短视频获得的关注度也很高，其中在 2018 年台风“山竹”来袭时南都记者顶风拍摄的延时视频，收获“千万 +”流量。② 除了视频，南都还有专门的直播栏目，包含事件、鉴定、乐活、健康、校园、体验、民俗、执法等板块，其中备受关注的“牛娃面对面”是教育联盟下的直播节目，专注分享高考高分经验。而 H5 作为近年来火热的传播形式，也成为南都运营的一大利器。2017 年两会期间，南方都市报的“邀你加入两会记者”私密群聊互动设计吸引了很多用户的关注，让用户通过交互页面近距

① 《南都这个讲座，我们放下生意也想听》，2019 年 1 月 18 日，http://www.oeeee.com/nis/201901/18/579569.html。

② 《南都内容生产迭代升级！融合传播！智库研究！强势爆发！》，2019 年 4 月 10 日，http://news.southcn.com/nfdsb/content/2019-04/10/content_186611689.htm?COLLCC=3509468297&。

离体会到南都记者如何工作，以及观看到记者编辑的朋友圈，这一方式拉近了用户与记者之间的距离，揭开记者工作的神秘面纱。此外增加用户代入感的“广东最强连连看”和“搭建心目中的母婴室”H5应用，收获了用户喜爱，同时这些H5应用所收集到的反馈数据也将作为后期民意基础。在轻应用方面，南都以数据为驱动开发的“延迟退休计算器”产品，仅仅4天便点击量过亿。①

目前《南方都市报》客户端日均生产量为300条左右。该客户端用户群体庞大，2018年7月24日，《南方都市报》客户端“东莞频道”在上线两年后总阅读量达到1.81亿，并创下了单篇最高阅读量1000W+、3篇500W+、20篇100W+、稿均阅读量6W+的成绩②。而“南都深圳”自2014年创办的“深圳大件事”号，在南都客户端上开设的账号阅读量近14亿，微信公号粉丝已突破72万，如今传播影响力已经稳居深圳机构媒体第一大头部“IP”。③

第三节 主要策略

一 以用户为中心，提高用户体验，提升服务升级

在传统媒体转型过程中，用户被认为是互联网最核心的价值，想要做好媒体，就必须拥有自己的用户，在这方面上，浙报集团也是开创了独特的获取用户数据的方式。

（一）“跨界并购”吸纳用户

总体来说，浙报集团获取用户数据有三步：利用产品平台、打通用户数据、建立考核机制，这样的三步使浙报集团既能吸引一大批用户，又能拥有更高的用户质量，提高用户的黏性、互动性，提供优质、创新的服务。

具体来看，2012年4月，仅仅在上市6个月后，浙报集团就耗资34.9

---

① 《打造中国最具影响力智库型媒体》，2018年4月16日，https：//www.sohu.com/a/228468189_161795。

② 《已经快2亿了！南都APP“开号”代运营，新媒体还能这么玩！》，2018年7月25日，http：//www.oeeee.com/mp/a/BAAFRD00002018072592490.html。

③ 《微信粉72万APP阅读量14亿，深圳头部媒体IP怎样炼出来的》，2018年10月29日，http：//www.oeeee.com/mp/a/BAAFRD0000201810291126 73.html。

亿收购杭州边锋和上海浩方两家游戏公司，开启“新闻＋娱乐＋社区化”的运营模式。收购边锋和浩方为浙报集团带来了极高的收益，使其赢得了3亿注册用户、2000万活跃用户、1000万移动用户，拥有了强大的互联网用户数据库。[①] 经过几年的努力，浙报集团已经拥有33家传统主流媒体，如《浙江日报》《钱江晚报》等；300多个新兴媒体，网络注册用户达6.6亿，活跃用户5000多万，移动用户3000多万。庞大的用户基数，为浙报集团进一步推动媒体融合发展提供了良好的基础。

另外，将用户作为考核指标应该是浙报集团获取用户的一大保障机制。用户对于传统媒体转型的重要性不言而喻，因此浙报集团也将之前用户增长的奖励制度变成了年终考核制度，例如浙报集团每年给出的用户增长指标是10%，如果不能完成就扣除年终奖，这种有压力的考核制度，能够保证无论是技术部门还是内容生产部门都在努力吸引用户。目前，浙报集团员工获取用户主要着力于边锋、浩方平台以及媒立方平台，这些平台拥有巨大的用户潜力。

（二）移动优先，打造用户数据库

“移动优先，数据优先，用户优先”是南都的融合转型战略。如果说2017年南都实现了移动优先，那么2018年2月“南都大数据研究院”的成立则标志着南都的数据优先迈出了一大步，同时南都也正在朝着用户优先的目标努力。

要实现用户优先，对于用户信息的掌握尤其重要，因此南都极为重视并不断推进相关用户信息项目建设。2018年南都大数据研究院的一大课题是建设南都用户数据库、搭建用户画像框架。南都已基本完成渠道用户结构化和用户画像框架计划，包括用户画像管理系统、内容标签系统、用户关系图系统等。[②] 目前南都已经掌握基本用户信息，可以做出用户画像，并且对内建成了用户数据库，但由于用户定位不够精准，因此还需不断地优化和完善用户数据库。

对此，南都将“打通用户数据库”作为主要方向。想要打通用户数据

---

① 蒋国兴：《六年了，浙报集团收购的边锋浩方还值不值?》，2018年5月20日，“传媒转型”微信公众号。

② 《南都大数据研究院首推20课题洞察5大领域》，2018年4月17日，http：//epaper.oeeee.com/epaper/A/html/2018－04/17/content_ 22355.htm。

库，首先需要通过技术手段打通用户数据，对所有的用户进行汇总。因此，南都主要采取了以下三种方式打通用户数据。

第一，与其他平台进行合作共享数据、技术。早在2016年，南都便与UC进行了数据层面的战略合作，主要有版权合作、数据共享、技术开发等，这次合作将使南都从数据角度获悉流量变化、用户画像、自身热点、全网热点等重要信息。这是一次传统媒体与互联网平台的共赢合作，有助于南都数据技术的突破与用户画像的清晰化。2017年，南都又与一点资讯达成战略合作，这次合作使南都借助客户端、网页、浏览器共计六大分发渠道，接触到近9000万日活用户，打通用户画像、兴趣标签等相关数据①。2018年，南都与拥有超过2亿全球注册用户的荔枝（音频客户端）达成合作，帮助南都积累在音频传播领域的用户数据，建立自己的用户数据库。

第二，与微信合作获取微信数据。在南都客户端和微信公众号链接的N视频小程序上，用户可以通过微信这一社交账号进行登录，此举可以帮助南都获取用户的头像、昵称等基本信息，以此搭建起微信用户与南都用户的桥梁。

第三，打通南都品牌下多平台的用户数据。例如，在南都公众号中，用户可以直达“粤省事”便民服务和“嘟嘟君”、“NDX实验室”等互动类小程序；在深圳大件事公众号中，用户还可以通过小程序观看视频、直播或者报料，便捷的方式有利于吸引用户，也能获得大量的用户数据。此外，南都的账号可以在多平台进行登录。例如，想要在“咩事”微信公众号中听记者问答则需要用南都的账号登录，这样用一个南都客户端的账号就可以连通其品牌下的多平台，有利于用户数据分析。

在获取大量用户数据、建好用户数据库后，技术部门会将用户数据进行归类整理，最终反馈到内容生产、精准推送和进一步商业开发等环节。依托于用户数据，南都形成了新的活动产品、新的联盟类产品，如金融联盟、教育联盟、数据联盟，在利用南都资源的同时又引进新的资源。而在商业开发上，南方都市报和南都周刊两大公众号皆开设购物渠道，分别名为“南都好物馆”和“小南优选”。“南都好物馆”售卖图书，“小南优选”则覆盖了生活用品、数码家电、厨房用具、食品等，两个购物平台的差异也反映出南方

① 《南方都市报内容全面接入一点资讯 共建新型媒体融合生态圈》，2017年4月18日，http://tech.ifeng.com/a/20170418/44575401_0.shtml。

都市报和南都周刊公众号用户的差异。此外，南都客户端还有福利商城，用户阅读文章可获得相应积分用作物品兑换或者折扣抵销，这是目前用户商业开发的常用方式。

总体来看，用户数据库打通后，将会连通内容部门、运营部门与技术部门。未来各渠道用户参与阅读、活动报名、投票、点赞、分享等行为都会被技术部门抓取记录，其中用户报名信息可直接导入用户画像库，并通过相关技术对其进行分析、标签化以及绘制行为关系链图，实现对用户的精准定位。同时，用户画像库也与内容部门、运营部门对接，使这些部门进一步优化内容生产和运营模式，通过提高用户数量使用户画像进一步精细化。在此基础上，消息分发系统将结合用户画像、关系链图精准推送消息，实现病毒式传播。

（三）掌握用户信息，进行精准品牌定位

在用户数据信息的活用方面，澎湃做得较有代表性。澎湃新闻用户主要以男性为主，且大多具有高学历、高收入和高职务等特征。另外，澎湃新闻的用户来源地非常广泛，但主要集中在北京、上海、广东、江苏、浙江等地，可见澎湃新闻的用户具备高素质、高购买力等特征，且对政治、经济、文化和社会发展拥有极高的关注度①。

基于用户自然属性分析，为满足用户需求，提升用户稳定性，澎湃新闻在内容推送方式上做出了实践，客户端上线两年就开始了区域化推送，将用户定位为“关注上海、关注长三角、关注中国的读者”。同时澎湃新闻客户端中的区域新闻栏目，能够让用户方便快捷地切换所在区域，及时了解该区域资讯。

澎湃新闻在上线之前首先开通了30多个微信账号，以不同风格运营，来测试用户市场的反馈，同时检验自己团队的新闻生产能力，最终政治新闻与思想新闻的反馈最为强烈，这两个领域急需有深度有内涵的媒体进行开拓，于是澎湃新闻团队将此作为发展定位，在上线后，成功将公众号原有的用户转移到了澎湃新闻平台上。如今“时政”和“思想”也是平台上极具影响力的独立栏目。在“时政”专栏，主要报道社会热点、突发事件等能够引

---

① 王月、王莹：《澎湃新闻媒体融合发展实践探索》，《中国报业》2018年第23期，第68～70页。

起大家共鸣的事件，如“中国政库”“打虎记”“港台来信”等模块，涵盖了国家政令热点、反腐行动、港台发展等各种时政消息，直达各领域舆论场，带用户了解国家大事，满足用户对重大事件的好奇心、求知欲。

得益于澎湃新闻“专注时政与思想”的准确定位，截至 2019 年 7 月，澎湃新闻客户端已有 1.53 亿用户，官方微博粉丝数 1731 万，秒拍号的粉丝数 1938 万，头条号有 1212 万关注者，社交媒体平均每天有 1 亿次的点击；此外，澎湃新闻还同时拥有其他几十个子账号，通过全网 50 多个渠道进行分发，建构起了网络传播的矩阵。

（四）满足用户需求，提高内容质量，提升系统研发

为了满足日益增长的用户需求，澎湃新闻建立了一个庞大的采编团队，记者、编辑数量很多，每天生产的原创稿件达到 400 ~ 500 篇。目前，这个生产团队由报纸出版时期的一半员工和创办澎湃后新引进的人员组成，并且在内容生产上，严格地执行传统媒体的三审责任制。为了适应新媒体的即时性传播特点，稿件的审核时间并不是固定的，而是根据稿件与栏目性质进行调整。

在内容呈现方式上，澎湃新闻提出用户愿意接受的方式才是最好的方式，为此积极发挥自身新媒体优势，一方面采用图片、音频、视频、Flash 动画、H5 等多种表现手法，另一方面重视社交互动功能，增强用户黏性，让用户愿意并乐于关注、参与澎湃新闻。

用户数据反馈除了让澎湃新闻的内容生产加质加量，同时也是产品研发和改进的重要参考因素。澎湃新闻客户端的研发和调整就结合了客户端的意见反馈和外部团队的测评。目前，澎湃新闻已经多次对网站和客户端进行了大的版本升级，而小版本更新大约每两周进行一次，主要是字体、按钮、登录等细节的改进，以提供给用户最佳的使用体验。此外，澎湃新闻在新版本发布之前还会建立群组邀请用户对客户端提出意见，而在上线之后，还会对优化版本发起内测邀请；同时，澎湃新闻鼓励用户积极提出意见，尊重用户反馈，主动收集来自客户端和两微的留言，在这些基础上团队再进行产品研发和制定发展方向。

二　精细化的考核方式

考核是企业对员工的工作及各方面的表现进行综合评定的依据，科学的

考核体系可以客观地评定员工的工作成效和不足，激发员工工作的积极性、主动性和创造性，促进企业良性发展，不断壮大。①

目前，我国报业集团为适应新媒体环境发展，促进媒体融合进一步深入，均有一套适合自身发展阶段的考核体系，本研究以河南日报报业集团的九级考核体系、浙报的P序列考核机制和南都的五大岗位七个能力级别考核机制为代表进行分析。

（一）河南日报报业集团：九级考核指标

员工考核是媒体内部建设的关键内容之一，河南日报报业集团旗下的大河报社曾提出“报成气候，人成才”的考核要求。该报多次考察相关组织机构，通过长期的观察测算，不断修改调整，形成了一套完备的员工考核机制。

大河报社的考核机制设立较早，在2004年左右，和其他都市类报纸相比，相对完备且独具特色。在以报纸发展为主的改革前时代，大多数都市报主要通过考评制和包干制进行考核。其中考评制由于没有完善的考评标准，多直接由值班领导打分，较为主观；而包干制意味着部门设有预算，员工工资需经过部门二次分配。考虑到这两种机制均存在一定的缺陷，大河报社摒弃了包干制的考核方式，部门内不再进行二次分配，并且理论上不设置绩效奖励金额的上下限，记者可以通过提高稿件的质量来获取更高的酬劳。为了更好地考核稿件质量，大河报社创设九级打分机制，将稿件分为A、B、C三个大的等级，大等级中又设三个小等级，如A等级中设置A+、A、A-三个小等级，由此构成九级考核指标，并且给予每个等级相应的分数。除了给稿件评定等级，大河报社还考核稿件字数，将其分为自然篇与标准篇。随着媒体融合转型发展的不断深入，大河报社在2018年3月对考核机制做出重大改革，改革后的考核机制以新媒体为主，取消了自然篇、标准篇，同时将图片统算为一篇，再从内容价值判断和流量两个方面入手，将原先九级价值判断改为五级，分别为A、B、C、D、E，新设7级流量等级。具体的考核操作是先对稿件进行价值判断，确定其价值等级，再根据新媒体的流量确定其流量等级，最后形成诸如B1（价值判断为B等级，流量考核为1等级）、C2（价值判断为C等级，流量考核为2等级）、D3（价值判断为D等级，流量考核

① 梁媛：《R公司员工激励机制改进研究》，硕士学位论文，吉林大学，2016。

为3等级）等考核级别，每个级别又有对应的分值，当月的分值进行累加换算为业绩。

目前，大河报社对于新媒体流量的具体考核指标为浏览量、点击量，为了更公平、公正，大河报社还充分地考虑到第三方平台的流量，因此每次考核时会分别给自家平台和第三方平台进行等级评定，选取两者中的最高等级作为稿件最终流量等级。值得一提的是，为了评定第三方平台的流量等级，大河报社单独设计了比例换算方式，使第三方平台的流量匹配自家的流量评定标准。此外，针对豫直播，除了考核流量，大河报社还会考核视频时长，并采取见者有份的业绩计算方式。

另外，大河报社的考核机制还充分考虑到员工激励，同时有效避免编辑和记者对流量的一味追求。首先，充分发挥价值判断的作用，针对选题自身性质造成的流量差异问题，大河报社考核成员会在价值判断上给予平衡。例如，面对高关注的娱乐新闻和低关注的时政新闻，考核成员会给予时政新闻价值判断高等级，而娱乐新闻则为低等级，以此平衡。其次，大河报要求记者每月稿件至少达到A1、B3、C6等级中的一个，当月不能完成会扣除一定奖金，若连续3个月或累计4个月不达标则要下岗。再次，大河报推出“每周一星”“每月总编奖”等奖励机制。其中“每周一星”会从新媒体部门和报纸部门评选出两名，考评标准有稿件价值、社会效果、传播效果等方面，奖励为1000元；而“每月总编奖”则由各个部门审核推荐，最后开会投票产生。此外，大河报还设立酬劳复议制度，允许记者和编辑提出意见，并根据实际情况召开会议进行商议解决。

可以看到，大河报社考核机制全面、细致、到位，采取了横纵坐标轴式的交叉考核方式，并且充分考虑到各种特殊情况。在这一考核机制下，记者和编辑的收入变得更加合理，内部管理也更加规范。据了解，目前约有10%的记者能获得超过1万元的业绩奖励，这大大激励了员工的干劲，有助于促进大河报优质内容的生产和集团人才的可持续发展。

（二）浙报集团的P序列考核机制

浙报集团共拥有数字采编中心、新媒体中心、信息技术中心等20多个部门约1000多人，为了更好地吸纳和激励人才，浙报集团也创新了人员考核机制，实行P序列（专业序列）岗位管理办法和关键绩效（KPI）考核法。此办法是借鉴阿里巴巴集团，按照个人能力业绩确定岗位和薪酬，借由技术部门开始执行逐步到采编部门再到行政岗位，考核的结果将直接影响 P 序列的晋级、退位以及薪资的上下调整。

目前，浙报集团将员工薪资设置了 ABCD 四个档位，允许员工每年晋级，但是部门需要评选出 10% 的 D，如果员工连续两个季度出现 D 则将被约谈，如果两年连续为 D 档位则员工将被调岗或者淘汰。此外，浙报集团对于各档薪资的标准也对标了市场薪酬标准，其中技术类的薪酬约为行业平均水平的 85%，采编类的工资在行业内名列前茅[①]。

对于员工更为具体的考核方式，浙报集团也是一直在改进。首先是对媒体老总的考核，从最初的内容、经营考核，到适应新媒体发展的用户考核，均列入总体考核中。用户考核则从基本的要求发展到一定目标的用户数量要求，进一步到行业影响力、区域影响力等行业指标，最终到计算投入与产出比等效益指标，考核方式越来越丰富，越来越具有挑战性。其中效益指标“投入与产出比”是极为重要的，产出主要考核的是订报纸的数量、广告的收看量、购物平台用户的积分等，这能促进流量平台与整合营销的结合，因为新媒体平台的收益等于“进入的收入/用户数”，将这些指标放入考核机制，有利于激发员工的动力。

其次是对于采编人员的考核。在 2016 年浙报集团实现《浙江日报》、浙江新闻客户端、浙江在线三端融合之后，采编人员被打通，并通过双向选择的方式重新进行分配。目前浙报集团采编中心分成 8 个主要的采访部门，拥有两个中心和两个办公室，因此记者不仅要完成报纸版面上的工作，还要完成客户端、网页和第三方平台的任务，这也成为他们的考核标准之一。采编人员考核制也是以 KPI 和 P 序列为主，二次考核每个部门都会有差异，指标会下放到各部门，但权重由部门主任自定。

一般来说，对于采编人员的 KPI 考核，浙报集团有两个考核维度，分别是业务指标考核和价值观考核。三端考核是业务指标考核的一种形式，主要考核版面的发稿数、网站更新量和客户端更新量，同时传播力指数也是考核的主要部分，依据是稿件的转载量、下载量和阅读量，此外还会综合考虑是否有好作品，如好标题、好版面、好图片等。由于记者的稿件要输出在三端上，一般先发在新媒体再发报纸，所以在对于三端内容非同质化的要求方

---

① 蒋国兴：《浙报集团媒立方数字编辑部》，2017 年 5 月 3 日，http://www.cuobiezi.net/t/show/58023。

面，浙报集团规定同一稿件70%以上内容一致算1篇，低于70%算2篇的工作量。

这种考核机制大大提高了采编人员的内容生产能力、工作积极性和全媒体服务能力。目前，浙报集团11个地方分社的新闻产出大大提升，在客户端上的发稿量占41%，阅读量占46%，并且“10万+”文章频出，两年多来，有20%的职工岗位等级得到提升，30%的职工薪酬得到提升①。

（三）南都的五大岗位七个能力级别考核机制

考核机制是留住与引进人才的一项重要因素，在媒体转型探索中，南都也同步推进以任职能力评估为基础的薪酬制度改革，根据转型需要，建立符合智库型媒体转型需要的人力资源考评体系。

对于编辑来说，用户数据是重要的考核标准之一。每月报社会给出南都客户端和两微增粉数量的指标，当超过增粉数量指标时则会给分，若达不到就会有扣分。

记者的工资是基础年薪制，不是计件式，报社会根据记者的能力及层级确定一个大致的薪酬标准，并由部门主任对其进行考核。目前，南都设有五大岗位七个能力级别，分别为采编序列、研究序列、产品序列、研发序列、设计序列，每个序列根据工作内容的不同，考评的侧重点也不同。比如采编序列的主要工作内容是服务于新闻生产，因此能力要求侧重于采编的业务能力、融合生产能力、全媒体的策划统筹能力和研究的参与程度②。新闻记者作为采编序列中的一员，还是主要以新媒体终端作为其考核基础。鉴于发展战略的区分，记者也会被分为以内容生产为主的记者和以研究为主的记者两种类型。以月绩效的方式进行考核，考核标准有产品数量、流量、点击量、爆品数量等，总的来说，在这种考核方式下，记者的总体收益状况较为乐观。

只有维持移动端的影响力，才能达到赢利的目标。2019年，南都提出客户端实现收入4000万元计划③，对记者和编辑的考核机制成为鞭策记者和编

① 左志新：《坚持党报使命 加快深度融合——浙江日报报业集团谱写融合发展新篇章》，《传媒》2017年第10期，第15～17页。

② 腾讯媒体研究院：《南方都市报的媒体转型探索：搭建交互式指挥系统，共享组织模式》，2019年6月21日，https：//new. qq. com/omn/20190621/20190621A0MA98. html。

③ 媒通社：《南方都市报又在大规模自我折腾!》，2019年4月12日，http：//www. sohu. com/a/307530017_ 99953831。

辑生产更多优质内容，打造更多爆款的动力。自转型以来，南都在致力于“办中国最好的报纸”的基础上，重新提出“打造中国最具影响力的智库型媒体”的口号，从而大大促进了记者在平常工作中的内容生产。

第四节　发展方向

一　平台化、品质化、品牌化、智能化

在媒体融合实践中，浙报集团通过“3 +1”的模式开辟了传统媒体进行资源整合的有效途径，面对未来发展，浙报集团主要秉持“移动优先”战略，着重建设以下方面。

（一）平台建设

1. 媒体融合平台

浙报集团媒体融合平台的建设，主要是对于旗下“媒立方”的持续优化和对“天目云”技术的推广。首先在“媒立方”的优化上，转型很重要一部分在于人机磨合，但是只有人去配合机器是不够的。因此，在未来的发展中，技术部门需要使“媒立方”的相关技术模块更加贴合采编人员的使用习惯，更好地实现优化流程、提升效率的目标。目前，“媒立方”的技术后台和“中央厨房”大屏已经完成大小几十次迭代，未来还会做进一步的迭代和升级。

在技术的推广上，目前浙报集团已经能做到技术输出。2017 年底，浙报集团与当代贵州期刊传媒集团签订协议，输出“媒立方”技术，助其搭建“中央厨房”，实现采编发一体化。2019 年，“天目云”平台与浙江省海港集团、宁波舟山集团进行合作，未来“天目云”平台将会服务于更多的媒体，尤其是市县级媒体。

2. 客户端建设

从浙报集团的收益情况来看，浙江新闻客户端仍然处于亏损状态。随着智能手机的发展，在“移动优先”的战略下，客户端的建设变得更为重要。首先，客户端的建设依旧依托于“天目云”技术平台，并赋予客户端精准的定位，例如浙江新闻客户端将定位为党政服务，“浙江 24 小时”则定位为都市类客户端，清晰的定位明确了客户端的发展方向。此外，市县客户端也是

浙报集团建设的重点，目前浙报集团旗下客户端种类繁多，包括新闻类、研究类、医疗类、教育类和财经类。市县客户端还会从运营方向入手，将自身打造成具有特色的本土客户端。

3. 数据中枢平台

浙报集团数据中枢平台建设的重点是数据中枢与数据场景的产品线，也就是利用数据对内容进行生产。对此，浙报集团组建了专门的团队，并且引进了数据仓储团队的核心队员。核心队员原为金融机构提供数据分析，建立数据仓库项目。此外，浙报集团未来也将进一步打通内容数据库和用户数据库，通过内容数据库及用户数据库建立大数据引擎及模型，使数据应用于生产。目前团队已有机器学习与数据挖掘功能师，在此基础上浙报集团加大了配备支持，希望该团队能制作出各部门各团体需要的数据产品。据介绍，浙报集团未来的重点项目是绘制千人千面的用户画像体系，包括传播力分析系统、个性化推荐系统、媒体画像系统、产品画像系统等。这一部分的内容将借鉴 BAT 等商业方面的技术分析。浙报集团自从上市以来，转型目标就是成为互联网新媒体公司，因此在发展的过程中会将顶层推进作为其主驱动力，并且以互联网公司的标准要求自己，只有这样才能在转型路上拥有持续发展的力量。

（二）内容品质化、媒体品牌化

在“第16届浙商（投融资）大会暨2019 5G + 峰会”上，浙报集团党委书记、社长唐中祥在谈及未来发展时说，浙报集团将大力推进“内容品质化、媒体品牌化、传播智能化、服务智慧化”[①]。2019 年初，浙报集团进行了新年改版，此次改版主要围绕两个方面：一是调整版面，二是调整编排方式。在版面调整上，浙报重新调整了版面组合，以新闻形态来确定要闻、深度、观点、专副刊的版面定位，打破了传统的政治、经济、文化的条线设置，并将一线调查栏目“舆论监督”作为重点推进项目，逐步加入鲜活短小的消息、基层稿件、舆论监督稿件。在编排方式上，浙报集团首先改变了语言风格，用读者能听得懂的话语不断改进标题制作，如《爽兮爽！动车组当公交车》《企业遇难关，局长请来“诸葛亮”》等，有运用了温州方言的，

---

① 唐中祥：《唯有坚定技术的力量，我们才会淡定从容》，2019 年 6 月 13 日，http：//www.wzs.org.cn/zt/2019/2019trz/dhsd/201906/t20190613_ 301772.shtml。

也有运用了传统典故的，都能让人眼前一亮。编排方式的改变还体现在设计上，浙报集团还改变了报纸的字体、栏花、栏间距等，并且加入大图片，使读者阅读起来一目了然，能够拥有更舒适的阅读体验。

（三）智能化传播技术的探索与应用

大数据和人工智能技术在新闻传播领域的运用渐渐深入，浙报集团也意识到未来发展中智能化的重要性，因此不断地进行大数据和人工智能布局。大数据是智能化运营的基础，它能赋予新闻生产更广泛的消息来源，提供更高效的信息收集效率，同时辅助创作、延展主题。

此外，智能语音技术也慢慢开始在创作中被使用，未来通过使用这样的语音技术，可以把文字报道转换成语音报道；在视频生产过程中，也可以将语音转化为注释、内容提炼等文字形式，提升新闻的传播效力。

对个性化推荐、机器人写稿等智能技术，浙报集团目前也在不断地探索中，其中写作机器人是释放记者劳动力的一项助力，能够让采编人员有更多的时间进行深层次的思考，从而挖掘到更深的情感，抓住人文价值核心，提高媒体竞争力。

对于浙报来说，目前急需解决的问题是基础数据如何更加清晰化、结构化，对此浙报集团尝试使用智能技术解决这一问题。例如采用 AI 结构化的处理，这既能帮助浙报集团提取用户数据，也能帮助采编人员审核内容。在提取用户数据方面，主要在视频中进行信息抽取，如对视频中出现的人物、地点、时间进行结构化处理。目前浙报集团已经将“时间场景”概念引入浙江新闻客户端，从时间节点入手，介入用户一天中获取资讯的各大节点，了解不同用户的时间安排、阅读偏好等。而在内容审核上，AI 在信息的处理过程中会考虑是否有涉黄、涉敏信息，同时 AI 对于内容的处理及储存也方便记者后期的检索与使用。

二 主流化、平台化、全球化、生态化

在 2019 年 7 月，由澎湃新闻举办的“2018 外滩新媒体峰会”上，总编辑刘永刚提出澎湃新闻的新“四化”发展方向，即要坚持主流化、加速平台化、敢于全球化、实现生态化。主流化是澎湃新闻目前一直在保持的，作为一家主流新媒体，其使命和职责就是倡导主流价值观，传播主流声音，引导主流舆论。2019 年澎湃新闻对于两会的报道，开辟了两会专题，既解读了两

会新政策，也分享了普通人物的光辉故事，让用户体会到党中央对于民众生活和切身利益的重视，同时号召人们积极为中国梦奋斗。而在未来，澎湃新闻将坚定不移围绕重大时政新闻事件进行报道，发挥党和人民的喉舌作用。

平台化是澎湃新闻未来的发展目标之一。对于特别强调优质内容生产的澎湃新闻来说，平台化将有助于内容更好地传播，扩大澎湃新闻的传播力、公信力、引导力。因此，在平台的建设上，澎湃新闻也是加速发展，目前已经建立了平台化的产品矩阵。例如新型政务互动平台——问政频道，全球专业创作者开放平台——湃客频道，以及智库平台和“澎湃号 + 澎友圈”等产品。

在国际传播上，澎湃新闻开设了对外平台第六声（Sixth Tone），它是国内首个全数字化英文新媒体，通过讲述中国人“小而美”的故事，拓宽中国在海外的影响力。经过近几年的发展，目前澎湃“第六声”在国际传媒界已经取得不错的专业地位，连续获得国际专业新闻奖项，拥有一批国外用户并获得国际主流媒体的关注，还被外媒赋予中国资讯“优秀线上来源”的称号。

在媒介生态化建设方面，澎湃新闻转型多年，在品牌和内容上获得不俗的成绩，但更为重要的就是建立了一套生态系统。这套系统中采编、运营、管理、技术能够流畅地运作，而且具有规模性和系统性，人才和技术上的积累也能够支撑这个系统的可持续发展。在未来发展上，澎湃新闻将进一步改革，实现内容 +、数据 +、传播 +、技术 +、品牌 +，巩固澎湃新闻整体优良的媒体生态体系。

总的来说，向新媒体转移发展，将《东方早报》的内在力量延续到新媒体客户端，是澎湃新闻在未来发展中持续坚持的方向，这需要不断进行尝试和开发合适的产品。因此，澎湃新闻在未来既要不断培养新生力量，又要重视产品开发，这样才能让其转型之路越来越成功。

三 智库型媒体发展战略

针对融合改革的现状与困境，南都也推出相应的改革发展措施。首先是联合智库和新闻供给两大业务提高南都的影响力。“打造中国最具影响力智库型媒体”是南都的新口号，但向智库型媒体转型并不是放弃新闻，而是在新闻生产创造出的影响力基础上，慢慢转向到数据生产，然后再通过数据生产的影响力反作用于新闻生产，打造新闻生产与数据生产相辅相成的新局面。

其次，南都增强了对用户数据系统的研发，从而提升对用户的服务能力。在用户数据库的搭建上，南方报业集团已经成功建立了“用户需求数据库”，并通过系统拜访用户，听取用户修改意见、建议，快速响应用户需求，不断迭代、优化。该数据库采用“闭环式、螺旋式”的数据服务方式，与业务部门共同挖掘数据服务应用场景。同时，根据集团整体发展需要，将这些个性化数据服务闭环进行螺旋式提升，封装服务，进而形成整体服务能力。例如，与南方经济智库合作，为互联网数据采集以及专家库、案例库的建设提供个性化服务①。

同时，南都也在人才队伍的搭建方面下足功夫。在2018年，南都就加大了技术人员补充力度及引进和扩充研发人员，这与南都智库型媒体的发展目标密切相关。2019年，在南都给自己定下的小目标中，要求技术团队从20人扩充到100人，为此南都也改革了人力资源管理办法，将岗位重新分类，按照能力划分层级，并且加强员工培训，以此来维稳和扩大人才队伍。

面对转型期的人才困境，南都有两个人才引进的方向。第一，在视频团队上大力引进人才。为了实现向智库型媒体转型，南都着力在数据和短视频产品上取得重大突破。2019年，南都加大了视频生产，因此对于视频团队人才的引进极为重视。第二，推动实习生计划，引进国内一流高校的优秀学生。对此，南都推出了“实习生定向培养计划”，尊重实习生的兴趣，提供专业指导，并且给予比一般实习生稍高的待遇。

在未来的发展方向上，南都表示将着力于技术领域的开发。其一是南方客户端的开发。其二是内容方面的生产，尤其是金融、教育等垂直领域的细化。目前，南都金融研究所全力打造出包括“3·15”系列白皮书、南都金融指数、南都金融数字联盟等在内的六大品牌转型产品。并且南都金融研究所在南都客户端上有专门的“南都经济”号以及小圈，为用户推送金融知识和相关资讯。

新媒体环境下，传统新闻媒体的传播力和影响力受到了严重的冲击，为突破这一困境，实现可持续发展，传统媒体在媒体融合发展上不断尝试与创新，取得了一定的成果，但是同时也存在着诸多问题。为推进媒体融合向纵深发展，部分传统媒体推出了系列举措，完善人员考核机制，鼓励优质内容

---

① 向崑、陈良晓：《智慧媒体，数据先行——南方报业“中央数据库”建设的实践与探索》，《新闻战线》2019年第13期，第73～75页。

产出，同时注重用户增长，以提升用户体验为目标，不断升级产品功能。在明确了移动优先战略目标的前提下，努力向平台化、生态化方向发展。

第五节 主流媒体的融合报道现象观察——以2020年抗击新冠肺炎疫情报道为例（一）

在2020年新冠肺炎疫情防控的阻击战中，全国和各地省市主流媒体以其专业性、权威性，以及在深度与广度方面的综合优势，在舆情应对与信息引导上发挥了关键性、主导性的重大作用，除了在重大疫情面前体现出“逆行”而上的责任担当，各大媒体还主动拥抱“全网”时代，纷纷在机制创新、内容深耕与传播艺术等多方面展开深度融合，显现出其在流量市场的巨大内生动力，发出了传统媒体主流价值回归的明显信号。

在抗击新冠肺炎疫情中由于移动互联网已覆盖了城乡绝大多数人群，且重点疫区等多地实行封城封路措施，在智能手机普及背景下，相关舆情的信息量与传播速度、关注度远远超过之前。不断滚动的疫情信息和海量的用户关注与互动，也为各大媒体大显身手、借势打造更具传播力和影响力的网络融媒体平台带来了巨大的机会。在围绕疫情动向、防控宣传、专家解疑、谬误澄清、政策解读等一系列报道中，中央、省市各级主流媒体以其巨大优势，充分体现出在重大突发性公共事件报道与传播中的主导作用，为打赢疫情防控阻击战提供了有力的舆论支持。

一 中央和其他省市主流媒体的疫情报道观察

（一）与医护人员一起成为“最美逆行者”，深入疫区一线，提供一手资讯，主流影响力、公信力全面回归

疫情就是战情，担当是这次主流媒体社会公信力回归的直接推动力。

2019年12月31日，武汉市卫健委首次通报武汉新型冠状病毒感染的肺炎疫情情况。2020年1月18日，距离除夕不到一周，84岁的钟南山院士连夜赶往武汉。21日，央视新闻客户端通过采访钟南山首次确认新型冠状病毒感染肺炎存在“人传人”的危险；21日晚，人民网《面对疫情，任何侥幸都可能夺人性命》的评论及时推出，产生巨大反响。媒体的报道迅速推动防疫升级，两天之后，武汉实施“封城”措施。各地专家、医护工作者和警务

人员奔赴疫区一线，与他们同行的，还有主流媒体的记者，这些人被称作“最美逆行者”。

《人民日报》、新华社、中央人民广播电视总台（央广总台）、人民网等中央媒体在湖北省武汉市设有分社、地方频道等常驻采编队伍。《中国报业》杂志证实，疫情发生后，这些采编人员深入病房采访，一直坚守在武汉抗疫防疫的最前线。发回现场报道的新华社摄影记者熊琦说，“一座千万级的城市因为疫情而封闭，作为一个记者，如果不在现场，我无论如何都会遗憾终生。”

从 1 月 20 日起，媒体疫情报道进入了白热化阶段，主流媒体纷纷加大一线报道力量，从总部增派力量，加入到“逆行”队伍中。据自媒体公众号“青年门派”介绍，继新华社、《人民日报》、央广总台等国家级媒体之后，全国各地的媒体记者也正在逆行前往武汉。

该公众号选择全国 17 家主流媒体，对其疫情报道的内容进行了核查，并对其在疫情报道中的表现进行了分析。分析发现，1 月 20 日后的危险紧急时期，派记者进入武汉的媒体共 13 家，分别是：财新、《中国经营报》、《中国新闻周刊》、《第一财经》、《南方周末》、《新京报》、《21 世纪经济报道》、界面、澎湃、《每日经济新闻》、《中国青年报》、《三联生活周刊》、《北京青年报》。

在全国各地陆续启动一级应急响应、纷纷采取各种措施全面防控的过程中，这些主流媒体积极跟进，和湖北当地的主流媒体同行战斗在一线，不顾自身危险为全国人民提供第一手资讯，同时也发挥了舆论监督力量，成为这场空前战“疫”中不可或缺的重要力量。据 2020 年 2 月 4 日晚间《新闻联播》消息，中宣部已组织另一波超 300 名记者的报道队伍奔赴武汉等地一线采访，主流媒体在大灾大疫面前发挥正向引导、安定民心、保障防控秩序的作用将越来越明显，其社会影响力、公信力正全面回归。

（二）全面拥抱移动互联融媒体技术，防疫动态适时更新、权威声音适时解读成最大亮点

主动、全面拥抱移动互联融媒体报道技术，特别是 24 小时不间断更新防疫动态，及时采访、传播权威人士的声音，提供权威解读，是主流媒体在这次传递最新疫情的报道大聚合中最大的亮点。

据《中国报业》报道，腊月二十九，人民网记者崔东和同事王欲然到达

武汉的当晚，就与《人民日报》、人民网常驻武汉的同事一起展开采访。他们每日发回的“武汉日记”等现场报道，在人民网官方微信上篇篇都得到10万+的点击。

武汉火神山和雷神山两所医院的建设是全网关注的焦点。央视新媒体、《人民日报》人民直播联合《长江日报》和中国电信，人民网人民视频联合中国移动，几家主流媒体联合对雷神山和火神山医院的建设现场进行24小时直播，围观网友数量急速攀升，被专家称为“围播”新传播现象。参与“围播”的广大网友还在家频频参与互动。“给雷神山和火神山做监工”一时刷爆各大社交平台，成为网络流行话语。据统计，2020年1月31日零时到凌晨1时，仅参与人民视频围播的网友留言就达2481条。

人民网人民视频从24日除夕下午开始推出视频直播栏目《武汉时间》，与全国近百家媒体、平台、政务机构以及遍布全国的人民拍客联动。这档节目每日一期，平均每期吸引超过3000万人观看。随着疫情防控的升级，为加强疫情报道力度和全社会防控意识，2020年1月29日，人民网《武汉时间》更名为《人民战“疫”》，当天推出的第六期节目有95家平台同步直播，观看人数超过4500万。

从1月27日起，央视新闻还通过客户端、微博、快手等平台推出15小时不间断直播《共同战“疫”》，直击抗击疫情一线，关注各地驰援武汉最新动态。这些重量级的媒体通过自身优势打通各类传播资源平台，实时直播报道疫情，为防控一线和全国民众平稳有序地抗击疫情创造了良好的舆论空间。

主流媒体利用新媒体客户端及时采访和解读专家权威的声音，有效地满足了稳定人心和指导个人防控的直接需求，在整个防疫战报道过程中爆款产品不断产生。

1月28日，新华社专访中国工程院院士、高级别专家组组长钟南山，访谈全文在新华社客户端的浏览量超过150万。1月29日晚，《环球时报》与中国疾控中心流行病学首席科学家曾光就如何打赢这场病毒“歼灭战”进行对话。对话内容通过《人民日报》人民直播平台吸引1100万人在线观看。此外，白岩松在对话钟南山后又采访冯子健、李兰娟等国家卫健委专家，解读疫情进展，传递防疫信息，都充分体现了主流媒体的引流效应。这些对权威专家的采访，为当前的疫情防控形势、拐点时间提供了科学研判，是难得的优秀产品，同时由于主动拥抱媒体融合，以技术和产品创新助力全媒体生态和内容产业链，使生产、传播、连接更具移动互联网化的时代特征，赢得一片好评，当然也毫不意外地收获了巨大的流量。

（三）既有深度又接地气，多形式创新生产内容、方式和传播路径，充分彰显主流媒体核心价值

在本次抗击疫情的立体式报道的全国大比拼中，一些包括专业性媒体在内的主流媒体，在对报道总体内容进行系统管理的基础上，发挥出在深度报道上的传统优势，凸显出专业媒体的核心价值。包括央级媒体在内的另一些综合性媒体在政策性、权威性等严肃性报道之外，通过创新生产内容、方式和传播路径，推出一批既有深度又接地气、形式多样又及时准确的优秀作品，从而使主流媒体的专业性表现得更加突出，体现出公众媒体的高度灵活性。

一般说来，在深入疫区之后，记者共同面对和必将涉及的报道内容包括医院实地、一线医护和新冠肺炎患者（或其亲属）等三类。“青年门派”公众号分析发现，除新华社、《人民日报》等中央媒体外，13 家进入武汉的媒体中，财新、《新京报》、界面、澎湃、《北京青年报》、《中国经营报》、《第一财经日报》、《中国新闻周刊》、《中国青年报》、《三联生活周刊》等 10 家媒体均深入疫情一线，并从各自角度发布了较专业的前线报道。例如，财新摄影报道《除夕的武汉隔离病房：有人工作七小时不吃不喝 有人母亲手术无法陪同》，以图片的方法，展示了一线医护人员在除夕当日的工作景象。界面《武汉隔离病房里的除夕夜》记录了武汉大学中南医院隔离病房里医护人员除夕吃盒饭、给隔离病人送饭的情景。《中国经营报》报道《120 一线护士：拉着病人却送不进医院丨武汉肺炎亲历》，以护士的亲身经历，反映了医院床位缺乏、防护用品缺乏等情况。分析还显示，10 家深入一线的媒体中，《三联生活周刊》发布原创报道（包括征稿）共 16 篇，都是“10 万 +”。

在“综合表现最佳媒体”的项目分析中，《三联生活周刊》的多篇深度报道以还原度高、细节丰富、内容鲜活等显著优势，使该媒体引起业内普遍关注和高度认可。财新的报道从前线动态、救援、交通、医学、民生、地方疫情、评论等多个角度关注疫情，在本次一线大比拼中表现亮眼。

在这些追求深度又颇接地气的媒体竞争面前，以央级和省市级媒体为代表的一些主流媒体则另辟蹊径，以创新的内容、生产方式和传播策略获得用户的喜爱。如央视网和《人民日报》先后推出以地方美食为主题的海报产

品，其中《人民日报》的“加油，热干面”以各地美食和武汉代表小吃热干面搭配，推出“淮南牛肉汤给武汉热干面加油”“北京炸酱面给武汉热干面加油”“沙县拌面给武汉热干面加油”等系列海报为武汉加油，被称作“最有烟火味的应援”。

据央视市场研究股份有限公司新媒体客户端德外5号介绍，央视网、湖北广播电视台、中国军网还联合策划推出H5产品“武汉加油！中国加油！”。这个由央媒、军媒、省媒共同策划开发的新媒体产品，推出了“武汉加油”“中国加油”“医护加油”“我爱口罩”“拒绝恐慌”“拒绝扎堆”“见屏如面”“勤快洗手”“科学就医”等微信头像模版给网友选择更换，并在六天内完成了四次产品迭代。2020年1月30日，产品还推出地方定制版，建立全国新媒体联动矩阵，当天就吸引了云南网、中国江苏网、红网、大河网、鲁网、安徽网等超过二十家省市级新媒体加入。截至1月31日中午，共有150多万网友参与更换了自己的微信头像，表达支持武汉、支持家乡的决心。

二　深圳报业集团主流媒体四报一网的疫情报道观察

深圳是一座沟通全国乃至世界的超级大城市，有统计显示其实际管理人口超武汉近千万。深圳这一与内地具有千丝万缕关系的特殊城市，其疫情防控及信息报道一开始就有别于其他地方，报道必然要求既要有地方动向，更要有全国观照。这场仍在进行的全国疫情报道大比拼，既是一次全新挑战，也是一次让本地主流媒体“走出去”，牵动、影响全国读者/用户的良好时机。

深圳报业集团旗下《深圳特区报》《深圳商报》《深圳晚报》《晶报》四主报及一体化运作的新媒体客户端、深圳新闻网等四报一网是该集团主力报网，在集团领导统一协调指挥下，随着疫情的迅猛变化，由开初的“规定动作”，迅速开始“主动作为”和“积极作为”，策划、创作出越来越多叫好叫座的优秀作品。

（一）在整体站位上，各报网全面出击，信息全面、丰富，成为本市权威信源

在抗疫现场报道方面，各报医疗线记者大胆逆行，勇敢深入抗疫一线，与医护人员、患者近距离接触，及时制作出大量文图音视作品，还原防控与救治现场，使读者如身临其境。在物资供应、社区管控等抗疫二线、三线，

均有报业集团记者的身影；在疫情动态分析方面，各报均注重抽丝剥茧、图文并茂分析疫情特点与趋势，如《晶报》的《晶数据丨全国疫情曲线会说话，可读出4点发现》，点击量一天突破168万；在抗疫评论方面，各报积极发声，如《深圳特区报》的《隐瞒症状，故意传播病毒是在犯罪》也成为百万级爆款产品；在抗疫人物宣传方面，各报分别挖掘大量感人的典型与故事；在抗疫知识宣传方面，制作出大量解释性、实用性、提醒性的作品，极大地增强了媒体的服务性和指导性，通过全网传播到全国各地。

（二）在报道手法上，短视频大放异彩，音频作品小试牛刀，游戏小程序崭露头角，手绘漫画H5等别出心裁

四报一网分别在这次融媒体作品中采用了多种表达手法，各品种均有令人眼前一亮的新作，如《深圳特区报》的全网6000万点击的爆款小游戏“全民战疫”推出2.0版《打破谣言，关于新型冠状病毒，你知道多少?》，前期第一版H5小游戏《全民战疫，有你必胜!》一上线就获得央广网、中国青年网、澎湃新闻、新浪新闻等多个重点网络平台，各省市重点新闻网站、新媒体平台推送转发，成为战疫时期实用有趣的宅家游戏爆款。《晶报》记者同疾控中心消毒人员一起进入确诊病例家中，一则《全记录：新冠肺炎病例确诊后，医生是怎样给家里消毒的》的短视频被无数人刷屏；2020年2月4日，深圳特区报读特客户端上线医护版MV《为了谁》，播放那些感人瞬间的作品，受到宅家市民的点赞。

（三）在创新机制上，确立“群网全推”报道战略，集团“一盘棋”作用迅速提升

2020年2月1日，集团编委会提出坚持一体化发展方向，坚持“一盘棋”考量，当天即成立疫情防控融媒体作品推广小组。经过小组流程梳理，各报网统一行动，通过两条路径进行全网群推：一是各报网“两微一端”集体推送，二是各报网分别在重点互联网媒体平台进行推送。经整合，成功打通《人民日报》、腾讯、快手、抖音、今日头条、ZAKER、网易、喜马拉雅、新浪、搜狐、全国城市网站等11个平台的推广渠道，覆盖全国人群。

2020年2月3日，集团各报网推荐图文、视频、手绘、H5、小游戏、长制图等各类融媒体作品29件，经推广评审小组筛选，全网推广《延时拍摄丨深圳市三院扩建工程彻夜施工》等7件作品。经推广后，这些作品的“全

网效应”迅速出现，截至2月4日上午9：30，阅读量“100万+”作品出现2件：晶报《晶数据丨全国疫情曲线会说话，可读出4点发现》（168.49万）、晶报《“一睡”成网红？这张图片获万千深圳人点赞》（100.43万）。阅读量“10万+”作品出现3件。2月4日当天，又有10多件优秀融媒体作品脱颖而出，其中，《深圳晚报》的一则《已有8人因刻意隐瞒从武汉返乡事实，确诊新型肺炎，被刑事立案!》首日阅读量即突破127万，《深圳特区报》即时推出的评论《隐瞒症状，故意传播病毒是在犯罪》也突破70万，10余件新推送的消息、评论、小程序、视频等，5件迅速突破“10万+”。

（四）挖掘城市特色内容，注重体现移民城市人文关怀

2020年1月23日，广东省正式启动重大突发公共卫生事件一级响应，深圳报业集团四报一网立即分别推出加强个人防护、停止人群聚集性活动、湖北返深人员社区登记、全市交通卫生检疫和新出现疑似病例配合医学观察等“规定动作”的宣传报道。1月24日，各报选调精干力量，加强联系全市联防联控各个职能部门，加大防控措施及典型事迹、人物的报道，专人对接市防控指挥部、卫健委、疾控中心、定点医院等重点部门的采访。1月27日起，各媒体统一开设了“防控疫情 深圳行动”专门版面，及时发布中央和省、市有关指示精神，各部门防控措施，一线工作人员和定点医治医院信息等内容，加强舆情引导，提高市民安全防范意识，与一级应急响应机制相呼应。

在这些具有“规定动作”性质的内容管理基础上，四报一网还根据各自的定位特征，采访制作和发布了一批极具移民城市特色、彰显人文关怀的优秀作品。

2020年1月30日，《深圳晚报》客户端深晚九点档发布了一篇《我在湖北，思念着深圳》的特约原创采写稿件，引起全国各地离深回乡者的强烈共鸣，“我在湖南，思念着深圳”“我在安徽，思念着深圳”“我在揭阳，思念着深圳”“我在贵港，思念着深圳”“我在汕头，思念着深圳”等各种文末留言点赞量达3000余次。

2月1日，农历大年初七，这一天是中国传统的“人日”。深晚九点档再次发布了一篇《听说你很想念深圳，我把她拍给你看》，这是一篇留在深圳的晚报记者分头奔赴福田区CBD、华强北、东门步行街、深圳图书馆、南山海岸城、深圳湾等全市14处标志性地点，拍回28张当天当地的场景照片，

每张照片配上文字说明发在公众号上的图文报道。“城市‘空了’，但人心并不空。”“‘今年人日空相忆，明年人日知何处’。大年初七是传统的‘人日’，我们仍然牵挂着湖北，牵挂着那些还没回来的深圳人。”这些朴实而温暖的文字，给那些早已把深圳当作第二故乡的人带来深深的慰藉。人民网等中央级媒体专门进行了全文转载。

在此期间，《深圳特区报》“读特、见圳”客户端，以及深圳新闻网分别推出的《〈加油，武汉〉！深圳人捧出暖心旋律》，《深圳商报》读创客户端推出的《援武汉 战疫情 特别直播报道》《何人不起故园情》以及《晶报》推出的《非常深圳·图片日记》《晶海报》《晶数据》系列产品，报道细节生动丰富，充满人文色彩，在全网引起良好反响。其中，《晶报》2020 年 2 月 5 日发布的《晶长图 | 依然深圳》MV 视频，一句“拿出你的勇气，我和你在一起；不舍不弃，用微笑分享明天的胜利”，感动无数网友，大大激励了人们抗疫的信心。

（五）在实用性资讯的报道与传播上，四报一网凭借点对点服务实现实力圈粉

在这次大型专门报道活动中，深圳报业集团四报一网在实用性资讯的报道与传播方面下足功夫。由于本次新冠肺炎流行存在大量科普与预防知识需求，人们在了解疫情、科学防疫、消除恐慌、远离谣言、安排生活与日常起居等方面都需要有具体、简明的资讯指导，四报一网分别在此类内容的制作与发布上发挥各自的内外部资源优势，服务触角对外成功地延伸到全国各地，对内细化到全市各大社区，成功实现新一轮实力圈粉。

2020 年 2 月 1 日，《深圳商报》读创客户端开发推出“新型冠状病毒感染的肺炎科普与服务平台”，共分为“新型冠状病毒感染肺炎知识”“居家防护知识”“工作区域防护知识”“个人防护知识”“确诊病例小区”“就医流程”“口罩鉴别”“发热门诊查询”“同程查询”“疫情地图”等十大版块，基本涵盖了用户的全方位需求。部分版块如“确诊病例小区”“同程查询”“疫情地图”等一直处于实时更新状态，用户黏度极高，用户数量不断攀升。其中，由读创和今日头条合作推广的全国应用版块“疫情地图”，触角遍及全国，读者可以及时了解全国疫情状况和最新进展。截至 2 月 5 日下午 3 时，分享实时疫情的用户超过 4385 万人。

与此同时，《深圳特区报》读特融媒体实验室出品《抗击疫情》频道，

置顶推出由读创客户端提供的“扫码速查”栏目，方便本市小区居民了解有没有确诊患者逗留过的信息，截至2月4日下午5时，利用该栏目的查询即超过500万次。

在提供便民服务资讯传播方面，针对用户需求，四报一网还有不少创新产品。2020年2月3日，深圳商报读创发布了一则《宅家里太久，这里有一份“心理处方”请你查收》的“全民战疫”视频产品，短、平、快地介绍了有关专家对普通人应对心理压力的六点建议；《晶报》记者同疾控中心消毒人员一起进入确诊病例家中，推出一则《全记录：新冠肺炎病例确诊后，医生是怎样给家里消毒的》的短视频；2月4日，读特记者上线医护版MV《为了谁》，回忆那些感人瞬间，均引发宅家市民的大量刷屏。

三　启示：主流媒体全面拥抱“全网时代”

新型冠状肺炎疫情影响将波及此后中国经济社会发展的方方面面。梳理全国和本地主流媒体在这场抗疫报道中的表现，我们能发现它给行业带来很多启示，在接下来的报道中还将会有更多值得总结的经验，也将逐渐暴露出媒体转型的当下仍然存在的一些短板。媒体需要因应变化，适时补齐短板，变被动为主动。

第一，抗击疫情报道带来的一个最主要的变化就是主流媒体在一夜之间全面迈入了“全网时代”。报道的内容呈现全面平台化，报道的形式出现全面融合化，报道在时间方面则最大限度地实现了即时性（如直播），以适应人们在整体高危疫情隔离环境下的“在场”需求。由于疫情的严重，作为权威信息发布的传统媒体的社会舆论主体性地位也得以全面加强，特别是传统主流媒体的专业性、责任要求和团体作战，近年来随着媒体融合技术力量的大大加强，一个属于主流媒体整体转型升级的黄金时代或已提前到来。

第二，对主流媒体来说，内容与表达的创新性将成为未来的主要方向，尤其是深度触及用户需求、第一时间揭示真相、重启社会问责监督、对公众具有较强引导力的内容产品，无疑将赢得用户的支持，这是传统媒体主流价值回归的一个明显的信号。

第三，在全网之中，如何最大限度吸引受众，这是对媒体提出的更高的要求。除了内容与制作更加优秀，还要有更强的营销手段。在这一轮已经开启的竞争之中，“集团军”“跨区域主流媒体”凭借更系统全面的资源对接能力，或将具有先行优势，这将给目前仍处于单兵作战状态的中小媒体机构带来进一步的空间挤压。

第四，在“集团化”作战和“群网全推”的生产过程中，这些机构还需要做好“整体推进”和“多点突破”的联动，避免在力量整合过程中弱化原有机构的品牌基础和社会影响力、公信力；还需要在同一集群中体现出不同媒体的“角色”意识，做好加减法，形成协调互补，唱好一台戏，在此基础上不断生产真正的拳头产品，形成传播矩阵。

第五，在重大突发性事件的传播影响下，新闻媒介的生存法则、生存环境发生深度变化的趋势将进一步加快；随着主流媒体的功能从传播本位到受众本位的转移，更多“有用的新闻”新品种会不断出现，其巨大的市场潜力有待进一步开掘。

第五，媒体跨区域报道传播将成为常态。由于全网传播对传统的地域性传播的进一步影响，站在全国高度做出的报道将越来越普遍。以深圳为例，作为担当先行示范区使命的特区城市和粤港澳大湾区中心城市，在疫情对城市的应急管理和深远影响的相关报道上，特别是站在大湾区角度进行的产业预警方面，如对客运、零售餐饮、旅行、公共服务等领域进行的采访解读，并对可能产生的对实体经济、对外贸易、投资预期的影响进行的一些研判、前瞻性报道，都具有跨区域乃至全国性意义，从而大大提高地方媒体的影响力。另外，在全网技术的支持下，一些地方媒体通过合作、特约、线上采访、网络梳理、大数据分析等措施进行跨区域传播已显端倪。如这次疫情报道中，“南方+”就同武汉《长江日报》合作，推出探访武汉红十字会仓库医用紧急物资出入库所需时间等相关视频报道，体现了存在感。地方媒体封面新闻也在疫情发生后推出了《湖北武汉实地探访》《武汉战疫 VLOG》《战疫日记》等以短视频为主打的大型系列现场报道，在一线重头报道方面基本实现与当地媒体的同步。

第六节 主流媒体的融合传播策略刍议——以2020年抗击新冠肺炎疫情报道为例（二）

在2020年的新冠肺炎防控的媒体大战中，主流媒体积极拥抱移动互联平台技术，强势回归公众视野。其融合转变的程度之深，在疫情阻击中的主导作用之强，前所未有，显示出传统主流媒体的旺盛生命力和巨大发展潜力。随着社会转型期各种结构性矛盾的日益突出，包括疫情防控等公共突发事件也将日益增多，主流媒体还需要与时俱进，转变传统思维，升级表达方式和传播艺术，立足公共本位需求，抓住社会治理体系与治理能力现代化建设的重要机遇期，在突发公共事件的信息传播过程中加强引导力建构，为经济社会发展和人类文明进步做出更大贡献。

2020 年初爆发的新冠肺炎，为传媒界带来极为丰富的、一轮接一轮的突发性新闻信源。全国各大主流媒体调集大量人力物力，全力参与到这场空前的疫情阻击战中。由于疫情的严峻性，以及人们对抗疫一线“在场”的情景渴求，同时伴随着大量恐慌性谣言的自始至终流传，主流媒体特有的权威性一跃上升为刚性需求，以巨大的网络流量规模，重新回归公众视野。目前整体看来，从国家到地方，各级主流媒体在深入疫区一线、借力媒体融合、创新体制机制、借势转型升级等方面均有不俗表现，体现出在突发性公共事件中的责任担当与社会价值。

如今，基于 5G 移动互联平台应用的脚步声已越来越近，大数据、人工智能等技术也越来越为人们广泛接受，传统主流媒体的转型仍面临较大的提升空间，特别是在疫情防控等重大突发性公共事件的信息管理、舆情应对及传播策略上，主流媒体须进一步扬长避短，从调整思维策略、推动方法创新、注重前瞻引导三个方面主动突破。

一 改变思维：注重“全网”“全维”战略，适应新时代传播规则新特征

2002 年至 2003 年期间，“非典”疫情暴发，成千上万的人被感染。疫情最严重的日子，城封、路断、店铺大门紧闭，与 2020 年新冠肺炎疫情下的城乡情景如出一辙。但是这场突如其来的疫情也改变了一些商界精英人士的思维，催生出电商、快递等产业的新业态。

博达克咨询有限公司（BDA）创始人邓肯·克拉克（Duncan Clark）在他的《阿里巴巴：马云的商业帝国》（*Alibaba：The House Jack Ma Built*）中写道：“虽然非典使得数千人致病并导致近 800 人死亡，但它以一种奇特的方式让中国互联网行业受益，包括阿里巴巴。非典确立了数字移动电话和互联网的地位，因此成为互联网在中国真正成为大众传播媒体的转折点。”①

① 《互联网新兴产业将在新冠疫情后迎来进一步融合发展》，2020 年 3 月 15 日，https：//www.163.com/dy/article/F5BKLQG905158BFB.html。

如果说2002年的“非典”疫情是大众传播媒体的第一次转折点，现在则是第二次转折点的开始。多年错失互联网技术赋能机会的传统主流媒体，在2020年的这场或许影响更为深远的新冠肺炎疫情结束之后，首先需要的是改变思维，并做出相应的战略调整。

（一）强化“全网”“全维”思维，发力关键节点

中国互联网络信息中心（CNNIC）发布的第46次《中国互联网络发展状况统计报告》显示，至2020年6月，中国手机网民达9.32亿，网民使用手机上网的比例达99.2%。[①] 移动互联信息的无处不在，以及突发事件的突发性、破坏性、互动性和持续性，都对传统媒体提出彻底摈弃单向传播思维，树立并强化“全网”“全维”思维意识的要求。由于“全网”“全维”下突发新闻信息量的高度集中和瞬息万变，传统媒体的版面思维、频道思维已被全面打破，此时的传播机制必须适应“全网”特点，媒体主战场也必须全面转向“两微一端”等新媒体客户端。信息必须24小时置于受众的流动情景之下，在突发状态下，新闻价值稍纵即逝，“全网”“全维”是唯一保障。

“全网”“全维”离不开对大数据的科学性和艺术性的综合运用，需要主流媒体凭借专业优势找到大数据一个个信息时轴中的关键或最大传播价值的节点。“大数据具有‘4V’特点，即Volume（数据量大）、Variety（数据类型多）、Velocity（处理速度快）、Value（价值密度低），更是增强了突发事件所处媒介生态环境的复杂性。数据量大，则主流媒体声音易被湮没；数据类型多，则信息真伪难以甄别；处理速度快，则增加了媒体信息处理的压力；价值密度低，则表明努力极有可能化为泡影。”[②] 完成大数据资料的处理和最后发布信息的生成，判断数据信息中的关键节点，是组织系统严密、专业团队作战的主流传统媒体的价值所在。

今年新冠肺炎疫情发生的时间正好在中国传统节日春节之前，正值人员跨区域、大规模流动的时期。武汉疫情前期，许多人还在返乡的路上，相关信息主要通过卫健委网络官方“辟谣”平台、各路自媒体和个人微信微博等

---

① 中国互联网络信息中心（CNNIC）：《第46次中国互联网络发展状况统计报告》，2020，第9页。

② 周均、赵志刚：《大数据时代突发事件报道研究》，《传媒评论》2015年第1期，第17～19页。

渠道进行有限性传播。这样的局限性不言而喻，乃至大多数人认为这场疫情与自己无关，主流媒体传统思维下的单向传播模式，使其在疫情防控的舆情应对上比互联网媒体显然慢了半拍。

2020年1月21日，央视新闻客户端通过采访钟南山首次确认新冠肺炎存在“人传人”的危险，此时离武汉卫健委2019年12月31日首次通报新冠肺炎疫情“未发现明显人传人现象，未发现医务人员感染”已整整过去18天时间。21日当晚，人民网的一篇《面对疫情，任何侥幸都可能夺人性命》的评论，在全国引起强烈反响。一些省市领导表示，央视和人民网的评论帮助干部更充分理解总书记指示和中央精神，进一步统一了认识，强化了行动力。①

对整个新冠肺炎疫情防控的全面升级和舆情的有效引导进行复盘不难发现，主流媒体在21日的报道和相关评论，正是一个最重要的时间节点，以此时的央视和人民网为代表，传统媒体全面开启重大突发事件主导性传播，这是“全网”“全维”传播维度下，媒体及时回应民众关切的结果。

（二）放弃“独家”思维，加强平台互融

在“全网”“全维”传播格局下，曾经作为传统媒体主要新闻价值趋求的“独家”策略，早已不符合读者（用户）需求，亟须进行调整改变。在此之前，传统媒体已经多年开展不同程度的媒体融合转型，但是本次疫情的信息传播，进一步体现出“独家”的式微，信息资源的平台互融成为必要的手段，并显现出巨大威力。

传统主流媒体长期以来的“独家”新闻追求，作为新闻的核心生产力仍有其重要价值，但如果仅仅作为一种单向度的新闻生产思维，则已完全无法适应新时代新闻信息传播规则的变化，这在突发性事件新闻报道中特别明显。随着我国社会转型期结构性矛盾的日益突出，突发性新闻事件越来越多，并随着智能手机网络的全覆盖，迅速形成千万级乃至亿万的“现象级”传播。新闻的时、度、效在发生裂变，“独家至上”已经让位于用户至上、简约极致、数据驱动、开放迭代、共赢共享等具有互联网色彩的传播特色。

互联网具有明显的平台化特征，这与传统媒体作为成熟的信息辐射平台

---

① 唐维红、燕帅、赵光霞：《人民战“疫”，央媒和你一起上》，2020年1月30日，http://media.people.com.cn/BIG5/n1/2020/0131/c120837-31565842.html。

的固有属性不谋而合。传统主流媒体与互联网实现平台互融之后，其辐射效应迅速呈现指数级放大状态，同时也对信息的处理提出全维度抓取、数据化驱动、多元化呈现等系统性的“整合”要求，从而进一步推动平台的开放性和互动性，真正实现新闻传播的立体化、全方位和全覆盖。

在国内主流媒体中，《人民日报》是较早开启通过平台融合进行内容生产的单位，在其整体的媒体融合战略框架下，“旗舰《人民日报》的用户数其实只占总用户的1%，将人民日报社99%的传播阵地转移到了互联网。”[①]数据化、移动化、智能化的内容在一个大开放、大协作的生态系统中，使主流媒体在“全网”“全维”时代迅速步入良性传播循环，也使它们有底气进一步提出：“党媒队伍的使命依旧是要依靠所生产的优质内容去引导人心、鼓舞人心、凝聚人心，形成治国理政的稳定支撑。因此，无论是党和国家的要求，还是市场的刚性需求，做好内容始终是最核心的、最本质的任务。也正因此，在每个技术发展的波段，《人民日报》都能凭借内容优势拥有自己一席之地。如今，在媒体以外大量行业抢滩‘内容+’的背景下，‘中央厨房’要做的‘内容+’亦恰逢其时。”[②]

《人民日报》的这种“恰逢其时”，在新冠肺炎疫情防控的报道中表现得更为充分。除了《人民日报》、新华社、财新、《中国新闻周刊》等媒体在疫情防控报道中以强大阵容投入武汉疫区一线，采写制作新闻内容、收割惊人流量，一些未能第一时间深入疫区、在“独家”信息方面并未得到先机的地方媒体，也通过“整合”各方力量和平台化运作而不失主流地位，如凤凰网、《深圳商报》等。其中，《深圳商报》在其新闻客户端读创平台上第一时间开发出“深圳商报读创新冠肺炎科普与服务平台”，以十多个版块“整合”呈现了整个疫情期间人们所需的实用资讯，同时与今日头条捆绑推送，轻松收获亿万次点击的“现象级”传播。

二 创新方法：以互联网的空间接近性满足用户深层需求

移动互联网拓展了媒体的内涵与外延，也打开了媒体生产、传播、连接的创新升级空间，这对进一步强化媒体属性、提升传播效能具有重要意义。

---

① 叶蓁蓁：《人民日报“中央厨房”有什么不一样》，《新闻战线》2017年第3期，第14~16页。

② 叶蓁蓁：《人民日报“中央厨房”有什么不一样》，《新闻战线》2017年第3期，第14~16页。

（一）“全网群推”，分区传播

“全网群推”是一些集团化媒体机构在疫情防控等突发性公共事件报道中采取的一种有效的创新传播手段。在集团化媒体单位中，主流报网数目众多，一般由一份党委机关报，多份都市报、晚报、经济类报、专业报刊或广电不同频道台网的融媒体群组组成。这些报、网、台平时主要“各自为战”，各有自己的主要覆盖领域和侧重的用户群体。突发疫情之后，由于全社会关注点高度集中，疫情信息密集且不可避免出现交叉问题，媒体集团为了追求最大传播效能和整体品牌效应，在生产和管理机制上迅速采取“化零为整”策略，将下属不同媒体生产或联合生产的优秀或准爆款产品，在全集团所有互联网客户端以及对外合作的客户端采取“全网群推”的方式进行传播。

“全网群推”方式不仅有效地扩大了信息的覆盖面，也达到了分区传播的目的。其中有的产品还在集团和同级单位提供的统一信源内容的基础上，采取了不同的表现形式，如H5、短视频、抖音、长图、游戏等，从而更好地为不同年龄层次、不同受众人群所接受，使分区传播更为精准。

“全网群推”模式由深圳报业集团在疫情防控的中期阶段尝试率先推出。1月底，深圳报业根据疫情发展和大量深圳市民已经离深回家的状况，及时提出解放思想、打破壁垒、整合资源、重塑流程、建立集团层面重大选题策划轮值机制的要求。2020年2月1日，深圳报业集团以《深圳特区报》和读特客户端为龙头，成立了疫情防控融媒体作品推广小组，协调、集中整合集团各报网端资源，各报网统一行动，正式推出“全网群推”模式。“全网群推”通过两条路径进行：一是各报网“两微一端”集体推送，二是各报网分别在重点互联网媒体平台进行推送。当天即整合打通《人民日报》、腾讯、快手、抖音、今日头条、ZAKER、网易、喜马拉雅、新浪、搜狐、全国城市网站等11个平台的推广渠道，覆盖全国人群。实行“全网群推”之后，据深圳报业集团不完全统计，截至5月27日，各报网端共发稿16.9万篇（条），其中纸媒报道（含图片）1.3万篇，新媒体报道（产品）15.6万篇（条），公益广告近千条，全网总阅读量（含推荐量）达49亿人次。其中，全网阅读量或传播量超1亿人次的现象级作品共有8件（组）。截至5月底，深圳报业集团疫情防控报道10多次得到省市领导的表扬肯定或批示肯定，38期（次）得到中宣部及省市新闻阅评的肯定。其中，中宣部新闻阅评1期，广东新闻阅评16期（次），深圳新闻阅评21期（次）。

（二）速度不缺位，深度不失位

传统主流媒体曾经遭遇互联网冲击的主要问题是传播速度滞后。在新媒体凭借互联网短平快的优势争抢流量市场的时候，传统主流媒体以日或更长时间单位的采、编、发新闻传播流程，迅速成为其运作全链条中的绝对短板，使其在一些重大突发性事件的报道上在相当长的时间不能适应社会的需求，特别是在及时性要求极高的卫生防疫等公共安全领域，传统模式对社会的舆情回应因为不及时而导致传播缺位。但这并非不能解决。主流媒体融合转型近年来也取得长足进步，各类信源重新归于主流渠道向公众发布。主流媒体这种网络化与平台化的变身，正在解决过去因为速度而导致的“缺位”问题。

一个显见的事实是，由于传统主流媒体固有的品牌权威和把关机制，各地大量与公共服务关系密切的舆情管理依旧掌握在主流媒体手中。社会性自媒体很难在事件传播尤其是可信度要求较高的事件传播上形成长效模式。在本次新冠肺炎流行期间，主流媒体几乎成为疫情防控信息传播的主力部队，记者同医护人员、警察等一同被称为“最美逆行者”。国家卫健委和地方各级政府网端虽然也发布了大量的权威信息，而客观上具有第三方属性和不受部门壁垒限制的主流媒体依然是人们获取信息的主体。

但对于仍处于转型期的主流媒体来说，仅仅做到速度上的不缺位，还体现不出其在内容方面的核心竞争力。主流媒体曾经引以为傲的深度报道，依然是各路媒体在互联网平台上不失其位的硬核体现。

据了解，在2020年1月22日武汉发出封城令的前夕，500万人匆匆撤离，却有近20家主流媒体记者逆行进入风暴的中心，其中包括曾提出“用深度打败速度”的《三联生活周刊》和以“专心专注，真相真知”为理念的《财新周刊》等市场化程度较高的媒体记者。在整个疫情报道期间，两家以深度报道见长的杂志，无论在选题设计上，还是在报道范围上，都采取了与《人民日报》、新华社等国家级媒体不同的策略。记者除了进入一线抗疫的医院、方舱等风口位置，还下沉到基层普通市民的生活当中，讲述命运共同体下的个体人生，追寻灾难背后的隐微的真相。代表作如《三联生活周刊》的《武汉现场》、《财新周刊》的《艰难的“清零”》等。前者的报道“像一个显微镜，透过相关当事人的复盘与总结，最后传递给受众，由受众来决定看到了什么”①。后者则聚焦于更真实的基层问题，特别是体制中存在的种种缺陷，包括政府官员的不作为、“形式主义”作风等，引起人们对权力责任的追问与反思，在深度报道上体现出各自的特色追求。速度与深度的并重，使这类媒体在全国绝大多数区域色彩浓厚的媒体阵营里脱颖而出，其中，《财新周刊》纸质版一期封面文章《抢救新冠病人》，真实有力地反映了武汉一线医患的生存状况，还在网上被预售“卖爆”，② 由此可见，深度内容仍然深受人们的欢迎。

（三）拥抱大数据生态，提高可视化呈现

全面拥抱大数据并成为大数据生态中的一部分，是主流媒体无法回避的另一个方向。这不光事关报道的艺术，甚至有可能是报道语言的一次全面的更新与升级。

跟以往的灾情报道相比，这次疫情防控报道的一个新的特点，就是一些受到读者（用户）热烈欢迎的媒体摈弃了常见的煽情套路，即使是非常悲情的报道，也是立足理性、客观的事实呈现，文字、图片、视频等相结合，以内容的完整性代替了主观性的渲染和宣泄，媒体由此发出了用好大数据并借助技术赋能提高主流影响力的一个信号。

互联网提供了空间的接近性，大数据则首先扩大了信息受众的知情权，也扩大了记者在信息采写时的知情权，从而避免报道偏颇。在大数据时代，记者在社交媒体和网络上可以获得与采访事件关联的数据信息，发现受众的潜在关注点，有助于在报道时发现新线索和新问题。如在本次疫情中期，包括《财新周刊》和《人物》杂志对最早“吹哨人”的深度调查性报道等，虽然时效性不如适时发布的疫情信息，但对公众注意力的及时回应同样使其在一些热文榜上获得置顶的传播效果。大数据所提供的新闻背景材料、现状调查、预测趋势和相关信息，可以帮助记者从过去单向对点、主观性较强的采写，逐步过渡到基于数据分析的新闻生产，在数据的基础上理顺稿件的逻辑关系，增强报道的深度和可信度。

在大数据的生态系统中，新闻信息的呈现形态也有了相应的变化和创新。

---

① 西维丫小课堂：《新冠肺炎疫情期间，我们印象最深的报道》，2020 年 3 月 8 日，https：//mp. weixin. qq. com/s/DnkzKbWRdxVLbXvxfSAYSw。

② 《被“卖爆”的〈财新周刊〉，本期开启预售模式》，2020 年 3 月 10 日，http：//www. ichmw. com/show - 10 - 10359 - 1. html。

这种变化，在人们对获取信息的完整性和手机阅读的碎片化之间的矛盾之中不断平衡，主要体现于报道的可视化越来越强，并表现在两个方面：一是文字的可视化转换，过去大量的静态的文字内容以动态以及交互式形式的信息图表呈现，增强了阅读的直观效果；二是内容由过去的以文字、图片为主转化为短视频、抖音、漫画、H5、MV说唱等多种类型，不仅丰富了新闻的表现形式，可以满足不同受众的阅读偏好，增强阅读体验，而且加强了媒体的用户黏性，扩大了受众范围。

（四）“首发”还需“首应”，主动建立连接

突发事件具有突然爆发、信息量大、新闻价值极高等特点，同时容易伴随公众普遍的焦虑情绪，如果处理不及时，极容易进一步引发集体恐慌，甚至造成社会动荡。国务院办公厅在2016年11月《〈关于全面推进政务公开工作的意见〉实施细则》中明确指出，要“发挥主流媒体‘定向定调’作用，正确引导舆论……对涉及群众切身利益、影响市场预期和突发公共事件等重点事项，要及时发布信息。对涉及特别重大、重大突发事件的政务舆情，要快速反应，最迟要在5小时内发布权威信息，在24小时内举行新闻发布会”。[①] 从中可以看出，主流媒体对涉事机构的信息往往存在面向公众“首发”的重要作用和价值。显然，担当起“首发”这一重大职责，高效发布信息是主流媒体必须做好的功课。

针对突发性重大疫情公共事件，疫情的蔓延和信息的传播速度都十分迅速。从本次新冠肺炎的舆情来看，媒体除了要做好“首发”，还要做好“首应”，即还要根据互联网的即时性和交互性特征，对受众在接收信息后的反馈予以即时的回应，回应群众的新关切，发现舆情的新走向，进一步放大“首发”新闻信息的价值和传播效果。

“首发”与“首应”被应用得最多的是直播类作品。武汉火神山和雷神山两家医院加紧建设的时候，央视频App开通了现场24小时直播，不仅及时发布了医院的施工进度，而且通过评论区获得观众反馈，迅速引发2000多万网友在线观看。在评论区里，众多网友自称是“云监工”，极大地激励建

---

① 《国务院办公厅印发〈关于全面推进政务公开工作的意见〉实施细则的通知》（国办发〔2016〕80号），2016年11月15日，http://www.gov.cn/zhengce/content/2016-11/15/content_5132852.html。

设者们和时间赛跑。2020 年 1 月 29 日晚，《环球时报》总编辑胡锡进采访中国疾控中心流行病学首席科学家曾光，就如何打赢这场病毒“歼灭战”进行对话，通过人民日报“人民直播”平台播出，也一举吸引 1100 万人在线观看互动，回应了人们普遍关心的问题。

从本次疫情防控中一些主流媒体“首发”与“首应”的内容来看，大多还顺应互联网媒体的传播规律进行了创新，大量具有强烈感染力的人物故事和典型案例被挖掘出来，为打赢这场“全民战疫”发挥了正面引导的作用。特别值得一提的是，在医患关系已经成为突出社会问题的今天，通过聚焦广大医护人员奋力抗击的感人事迹，打破了过去长期存在的官方与民间的两个舆论场的话语体系，与读者主动建立连接，对缓解这一突出矛盾具有积极的作用。

“首发”和“首应”在这次疫情报道中功不可没，更体现在通过大量辟谣信息的及时发布，成功地扼制了各类谣言。一般说来，疫情过程也是一个始终伴随谣言的过程，谣言的危害性甚至比病毒还要大，针对这一现象，各大媒体平台几乎都开辟了专门的“谣言别跑”“求真”“曝光台”等栏目进行阻击。据统计，截至 2020 年 3 月 13 日阅读点击量已高达 26.6 亿的腾讯的“肺炎疫情实时动态”平台上，自 1 月 18 日至 3 月 12 日，其实时辟谣的“较真查证”平台上发布的相关报道就达到 454 篇，腾讯通过相关部门、主流媒体、技术专家根据“谣言”“确实如此”“伪科学”“尚无定论”“有失实”“分情况”“存在争议”等进行分类回应，其中绝大多数为谣言。谣言产生之后，各大媒体平台纷纷“首应”回击，大大提高了主流舆论阵地的社会公信力，为抗击疫情发挥了不小的正面导向作用。

三　前瞻建设：突出问题导向，为公共服务创造决策价值

新冠肺炎疫情暴发以来，主流媒体围绕政府应急风控、民生问题、社会治理等公共事务方面广泛发声，汇聚成举国上下打赢这场“战疫”的有力支撑。进一步突出问题导向，提供决策价值，提供引导镜鉴，是媒体自身长续发展的需要，更是经济社会进步的重要的动力源泉。

（一）立足公共本位，积极参与社会治理体系与治理能力现代化建设

立足公共服务，是主流媒体的本位要求。通过本次疫情的倒逼，主流媒

体将进一步迎来积极参与社会治理体系与治理能力现代化建设的机遇期。

我国《传染病防治法》《突发公共卫生事件应急条例》和各地方发布的应急预案，都不同程度地规定了突发公共卫生事件的处理办法和相关程序，但据一些政府的应急管理部门反映，这些法规政策对新闻舆情的相关规定却多为空白，特别是突发公共卫生事件的信息发布制度尚未建立，远不能满足舆情应急。如在这次疫情发生之初，接连发生的舆情事件不仅影响了公众对疫情的理性判断，客观上也导致了不少人疫情防控上的麻痹思想，因而在一定程度上削弱了政府公信力。时下，一些地方政府已开始在积极谋求构建重大突发公共卫生事件舆情应急机制，提出“以信息化推进治理体系和治理能力现代化，更好地服务、支撑和保障全省疫情防控和经济社会发展”①，这为主流媒体主动参与相关环节进行信息管理、优化发布流程、建立合作联动机制、强化喉舌作用、提高权威性和针对性等，都留下了可以作为的空间。

（二）立足舆论引导核心，加强前瞻性内容建设

把握正确的舆论导向，是主流媒体疫情报道中必须发挥的关键性作用。在互联网新时代传播条件下，媒体立足于舆论引导的核心，还需要有前瞻性预见的能力，加强舆情搜集和问题研判，注重前瞻性内容的建设，在新的竞争格局中掌握主动。

在突发性事件报道中，前瞻性内容建设可以使媒体有效把握话语权。作为我国社会转型期结构性矛盾的典型表征，以本次疫情为代表的突发性事件的发生与发展，与媒体的发声和能否迅速有效解决问题紧密相关。移动互联设备如今已基本普及，信息传播早已突破时空障碍，使得突发事件所面临的情势空前复杂，网络舆情从“沉默期”转入“雪崩期”的时间空前短暂。只有掌握网络信息传播规律，前瞻性地分析民意与舆情的区别，切实做到从事实中来，到舆情中去，掌握网民之所需，解决舆情之所求。“新闻报道在宏观、中观、微观层面……与时俱进，以变应变，实现新的‘转身’和‘变脸’，才能使突发事件的二次灾难最小化。”②

---

① 贺佳、周帙恒：《以信息化推进治理体系和治理能力现代化 服务支撑和保障疫情防控和经济社会发展》，2020 年 3 月 6 日，https：//baijiahao. baidu. com/s？ id = 1660393642307363288&wfr = spider&for = pc。

② 周均、赵志刚：《大数据时代突发事件报道研究》，《传媒评论》2015 年第 1 期，第 17 ~ 19 页。

前瞻性的内容建设，还包括对疫情之后经济社会面临的挑战进行前瞻性分析。全国性主流媒体对经济社会晴雨冷暖变化的分析性报道，对有关部门正确制定相关政策、及早引导恢复生产均意义重大。对于区域性主流媒体来说，通过深度采访疫情给民生各行业带来的连锁冲击，及时发布必要的产业预警，对可能产生的对实体经济、对外贸易、投资预期的影响进行提示性、研判性报道，都具有重大意义。

主流新闻媒体是一个社会重要的精神载体。这个载体，从长期以来的文字、图片，或者电视画面，正全面融合转变到互联网络平台下。在2020年的新冠肺炎防控的报道中，主流媒体积极拥抱移动互联平台技术，强势回归公众视野。其融合转变的程度之深，在疫情阻击中的主导作用之强，前所未有，显示出传统主流旺盛的生命力和巨大潜力。未来，随着大数据、人工智能、万物互联等技术的快速发展，传统主流媒体还需要与时俱进，转变传统思维，树立"全网""全维"意识，以关键节点"抓取"资源并通过平台融合进行战略创新，尝试以多种表达方式和高超的传播艺术，同时以主流媒体的社会责任和担当，立足公共本位需求，抓住社会治理体系与治理能力现代化建设的机遇期，注重前瞻性内容生产，在突发公共事件的信息传播过程中加强引导力构建，担当好自己的社会责任和社会角色，不改初心，为经济社会发展和人类文明进步做出更大贡献。

第七章　短视频突围——媒体融合的路径观察

移动互联网时代阅读时间的碎片化、情景和空间的快速切换等媒介特点，导致用户难以长时间保持阅读状态，文字已经不能满足用户日益多元化的媒介消费需求，短视频如火山喷发式快速兴起。目前，我国网民用户规模高达9.40亿，其中，短视频用户规模达8.88亿，较2018年增长了2.4亿人，占网民总数的87.0%。[①] 在英国，已有越来越多的用户在使用新媒体时偏向于收看视频，这一现象在年轻人群体中尤为突出，特别是2000年以后出生的年轻用户，他们大部分不喜欢文字阅读，而是偏向于接受视频产品。[②]

以影像传播为主的短视频和以文字传播为主的报纸相比，在传播形式和传播符号上均具有一定的优势。首先从传播形式上看，影像具有形象、直观和生动的特点。其次从人类创造的信息传播符号上看，形象符号直接作用于人类获取和接收外部信息的主要感官——视觉，而且图像不仅诞生的时间早于文字符号，其所产生的接收障碍也最小，一般不受用户年龄、学历程度限制。[③] 短视频等影像传播满足了用户与生俱来的对形象符号的惯性青睐，更容易受到用户的喜欢和接受。

另外，由于报纸等纸媒存在版面有限、新闻报道数量固定、覆盖区域受限、内容呈现方式单一等不足，近年来，报纸发行量急剧下降，用户大量流失，广告商转向互联网平台。为满足用户需求，适应新媒体环境，部分传统新闻媒体将短视频生产作为向新媒体平台发展的重点方向。

---

① 中国互联网络信息中心（CNNIC）：《第46次〈中国互联网络发展状况统计报告〉》，2020，第9页。

② 周俊：《从英国媒体转型谈地市党报的融合发展》，《新闻战线》2016年第20期，第47～49页。

③ 吕艺：《论当代报纸视觉传播特点及其价值——基于“静态”图像与“动态”图像的分析》，《国际新闻界》2016年第3期，第81～90页。

第一节 爆款短视频传播的六大特点

一 短视频概念阐述

短视频的概念来源于全球新媒体实践，顾名思义，短视频的“短”是相对于传统的长视频的“长”而言的，其播放时间较短，通常以分、秒为单位。[①] 但是，何谓“短”，学界和业界均未给出具体标准，暂无定论。综合前期相关研究，笔者认为，短视频时长一般以10秒以上20分钟以下为宜。

短视频作为互联网时代的一种新的媒介形态，是集文字、图片、语音和音乐等传播符号为一体的多元化复合媒介形态。在注意力经济中，用户的注意力是最重要的市场资源，是各媒体竞争的对象。短视频这一新的媒介形态，更符合新媒体时代用户碎片化的信息获取需求，内容呈现方式更为立体化、多元化，更具有时效性、生动性和互动性等传播特点，现场感和真实感也更为强烈。随着传播技术的发展，短视频类应用如雨后春笋，广泛普及，占据了大量的市场份额，形成了一种新的文化现象。本章将从传统媒体短视频发展的困境、“现象级”短视频产品的传播特点和短视频未来发展前景进行综合分析，以期为传统媒体在短视频生产和未来发展上提供借鉴。

二 爆款短视频传播的六大特点

（一）适当的选题策划，贴近百姓生活

在针对《人民日报》、新华社、央视新闻+、腾讯视频、今日头条、秒拍、梨视频、土豆和快手等平台，一年间每月前十的120条“现象级”短视频的调查研究中发现，时政、娱乐、社会民生和情感类的短视频是播放量最大的。其中，时政类的短视频位居首位，占28%。[②] 可见，时政类的短视频并非像预测的那样不受用户欢迎，以人性化的视角讲述故事，立足于百姓日常生活来叙述的时政类短视频，是能够获得用户认可和青睐的。

互联网强调的是一种“去中心化”的传播方式，为一般大众提供了自我

① 殷乐、高慧敏：《传统媒体新闻短视频发展现状与传播态势》，《当代传播》2018年第6期，第45~50页。

② 黄鹏：《什么样的短视频是好的短视频?》，《新闻战线》2018年第17期，第65~68页。

表达的机会。在互联网环境下诞生的短视频更是代表了“草根”的需求。因此，有趣、亲民、贴近百姓生活，以用户视角为中心的短视频产品，更容易受到用户欢迎。短视频价值研究报告显示，用户期待的新闻短视频应具有贴近性、重大性、全面性、深度性。① 因此，传统媒体应该发挥其优势，在一些重大事件、重大选题的短视频策划上不仅要做到全面解析、深度挖掘，还要贴近百姓生活。

深圳报业集团旗下的《深圳特区报》《晶报》等系列报纸近年在短视频产品上的尝试表现亮眼。其中，《深圳特区报》超过1.5亿点击量的短视频产品《“你们可以下岗，我们上岗”——20年前中英防务交接仪式亲历者揭秘》(以下简称《“你们可以下岗，我们上岗”》)，以香港回归祖国20周年这一宏大历史背景为选题，以事件的主要亲历者重返军营为线索展开，回忆20年前香港回归的历史时刻。作品在回忆与再现历史的同时结合亲历者的日常工作和生活，以贴近百姓生活的视角对亲历香港回归交接仪式的主要人物进行了深度的采访，激起了用户强烈的情感共鸣。

(二) 恰当的叙事角度引发用户的情感共鸣

从叙事角度来看，热奈特叙事理论将叙事方式分为“同源故事叙事”和“异源故事叙事”。其中，同源指叙述的主体处于故事之中，通常是故事的参与者或是见证人，又是故事本身的叙述者；异源故事叙事，是指讲述者不在故事之内，而是以第三人称的局外人身份讲述别人的故事。② 由于“同源故事叙事”和“异源故事叙事”的叙述角度不同，在叙事效果上二者也呈现出较大差异。一般情况下，以故事中的人物或是事件的参与人对事件进行讲述，比起旁观者讲述更具有真实性，更容易引起代入感。

《深圳特区报》的系列短视频产品《“你们可以下岗，我们上岗”》、全网播放量达2600万的《站台上的胎教》、达300万点击量的专题片《梦中的桥》，以及全网点击量超过5000万的《晶报》短视频产品《戏精女护士爆笑吐槽，看完眼泪都笑出来了》(以下简称《戏精女护士》) 等现象级爆款产品，均采用同源故事叙事法，以事件的亲历者为主要采访和拍摄对象，以他

---

① 张天莉、罗佳：《短视频用户价值研究报告2018～2019》，《传媒》2019年第5期，第9～14页。

② 张育华：《电视剧叙述方位的常规设置与聚焦谋略》，《当代电影》2006年第2期，第82～85页。

们的亲身经历讲述故事，使用户产生强烈的代入感，引发情感共鸣，产生了较好的传播效果。

（三）娱乐化的表现手法满足用户媒介使用的基本需求

娱乐是用户选择和使用任何一种媒介最基本的需求之一。赖特指出“提供娱乐功能”是大众传媒的“四功能”中重要的功能之一。依据使用与满足理论，用户使用媒介的娱乐动机主要是指通过使用媒介转换心情、休息或是逃避现实压力。艾媒咨询数据显示，有超七成的受访者会选择使用短视频打发时间和休闲放松。[①] 由此可见，娱乐是用户使用短视频的主要动因之一，这就要求短视频产品不仅要真实、客观，而且还要生动、有趣。

《晶报》在护士节期间推出的短视频产品《戏精女护士》一经播出全网点击量超过5000万，影响较大。该视频以诙谐幽默的表现手法，“吐槽”的表达方式，道出护士群体的真实诉求，一改常规赞美式的表现形式，使用户从不同角度了解护士这一职业。该作品以轻松明快的配乐，紧凑的节奏，五个吐槽点贯穿作品主线。方言和普通话切换，呈现主演在视频中的两种身份的转换，吐槽护士职业的种种际遇，以全新的视角展现了护士职业的艰辛与不易，体现了护士群体乐观向上、坚韧不拔的工作态度。不仅使用户对护士这一职业更为了解，满足了用户的好奇心理，而且展现形式轻松幽默，满足了用户的娱乐消遣需求。

短视频不同于长视频的宏大叙事手法，其呈现形态更趋于碎片化，更具有草根文化的代表性。因此，立足于用户视角，以简单的视听语言，轻松诙谐的展现手法，去深度解读，更容易引发用户群体的情感共鸣。

（四）以优质的画面呈现效果吸引用户注意力

数字媒体环境下，媒体提供的内容和服务的数量基本是没有上限的，但是，人们用来消费媒介产品和服务的注意力却是有限的。[②] 无限的信息内容、有限的注意力，大脑只能有选择地处理少部分信息，即选择性注意。根据美国传播学者克拉伯的受众选择性心理观点，受众接触信息主要包括三个阶段，即选择性接受、选择性理解和选择性记忆。在信息超载的数字媒体环境

---

① 《2017～2018年中国短视频产业趋势与用户行为研究报告》，2018年3月23日，https：//www. iimedia. cn/c400/60925. html。

② 〔美〕詹姆斯·韦伯斯特：《注意力市场——如何吸引数字时代的受众》，刘石磊译，中国人民大学出版社，2017，第4～5页。

下，用户首先是通过选择性注意对信息进行筛选，这是用户接触信息的第一个层面。选择性注意是指对复杂的外部环境中少量信息进行优先加工的认知过程，[①] 它直接制约和影响着选择性理解和选择性记忆。用户的选择性注意是用户选择和接触任何一种媒介信息的基础和前提。

作品的画面呈现效果是用户接触短视频产品的第一印象，画面效果的好坏直接影响用户的感官体验，画面质量是任何一个视频产品成功的核心。《深圳特区报》的系列短视频作品《"你们可以下岗，我们上岗"》，为呈现高质量的画面效果，前期拍摄历经 34 天，素材长达 10 小时，后期制作耗时 23 天，前后大小修改 16 次。《晶报》的短视频作品《梦中的桥》和《戏精女护士》也是由专业的新媒体运营团队反复打磨、深耕细作的产品。相对于用户生成内容（UGC）为主的新媒体而言，传统媒体在专业化的内容生产上具有一定的优势。专业的视角和拍摄技术能力在一定程度上保证了短视频生产的质量。

（五）严格控制视频时长，选取适当发布时段

短视频产品的时长最好控制在 8 分钟以内。根据用户短视频消费习惯的调查，有 82.43% 的用户平时观看的视频时长在 10 分钟以内，[②] 而最受用户欢迎的短视频时长为 3 ~ 8 分钟。[③] 中国首个新媒体短视频奖项金秒奖，第一季度获得百万以上播放量的视频平均时长为 238.4 秒，即 4 分钟左右。[④]

与其他媒介传播形式相比，短视频产品是以丰富的内容呈现形式，满足用户碎片化的媒介使用习惯。根据用户视频消费习惯调查，除在家里的使用场景外，用户大多是在路上或是乘坐交通工具时收看短视频。[⑤] 因此，短视频新闻产品的时间控制至关重要，时长过短无法展现故事的完整性、全面性和深度性，而过长则不符合短视频的碎片化传播模式和用户的视频使用场景和消费需求。其次，推送时间也是保证爆款产品的重要一环。短视频用户的相关研究报告显示，有 54.5% 的用户是在家里的休息时间或是睡觉前使用短

---

① James W. *The Principles of Psychology*, Dover Publications, 1950: 403 - 404.

② 刘冰、徐鑫馨：《受众短视频消费行为及习惯调查》，《青年记者》2016 年第 31 期，第 27 ~ 28 页。

③ 黄鹂：《什么样的短视频是好的短视频?》，《新闻战线》2018 年第 17 期，第 65 ~ 68 页。

④ 郑雅芳：《热播吐槽短视频的叙事视角分析——以 papi 酱为例》，《新闻研究导刊》2019 年第 5 期，第 3 ~ 5 页。

⑤ 刘冰、徐鑫馨：《受众短视频消费行为及习惯调查》，《青年记者》2016 年第 31 期，第 27 ~ 28 页。

视频应用平台，位居用户短视频使用场景首位。也有大数据分析发现，晚上9点到11点是视频用户最为活跃的时段。国外很多传统媒体已经通过大数据算法对用户新闻的使用行为和时段进行了分析，并根据用户新闻消费习惯进行新闻的推送，确保传播效果。因此，满足用户的视频使用行为习惯，选择在适当的时间发布，更容易达到裂变式的传播效果。

（六）强化互联网品牌形象、实现多平台裂变式传播

互联网技术的不断发展、社交媒体应用的普及，打破了传统媒体赖以确立其影响力的两大基点，即“内容为王”和“渠道为王”，取而代之的是互联网时代的“关系为王”。互联网作为一种新兴的传播形式，其影响不仅是促进传播手段和方式的创新，更多的是对社会的影响。互联网激活了“个人”单位，社会构建的单位从“机构”降维到了“个人”，产生了关系赋权这一新范式，形成了以网红为主的全新网络经济形态。[①] 因此，传统媒体短视频产品在注重优质内容的生产和多平台传播的同时，还要重视传播个体在互联网空间的传播影响力。

艾媒咨询报告显示，短视频活跃用户前十的平台，均为新媒体社交短视频平台，其中快手（21252.01 万）、抖音（12608.03 万）、西瓜视频（5610.02）位居前三。[②] 抖音的日活用户有2.5亿，月活用户达5亿；快手的日活用户有1.6亿，月活用户有3亿。[③] 基于用户活跃度较高的传播平台，打造传统媒体自己的网红品牌，可以在很大程度上确保视频产品的传播效果。

第二节 传统媒体发展短视频的困境及增长亮点

一 主要困境

（一）叙事方式的转变

传统媒体特别是纸媒的新闻记者主要是通过文字将新闻事件描述出来，

① 喻国明：《关系赋权范式下的传媒影响力再造》，《新闻与写作》2016年第7期，第47～51期。

② 《2018年中国社交类短视频平台专题报告》，2018年5月17日，https://www.iimedia.cn/c400/61347.html。

③ 彭兰：《2019新媒体发展趋势报告》，清华大学新闻与传播学院新媒体研究中心，2019年5月。

但新媒体时代的用户更喜欢视觉上的冲击，喜欢通过动态的影像获取信息。文字表述和通过镜头对事件进行动态呈现是相差较大的两种叙事方式，需要有较强的视听语言基础。从专业背景来看，记者大多不具备视频拍摄的专业技能，因此，难以保证短视频新闻的内容生产。

（二）缺乏新媒体型人才

人才是生产优质内容的核心与基础。但是对目前新闻短视频人才需要与现有短视频人才结构比较分析后发现，大部分传统媒体均存在人才结构不匹配的现实问题。现有短视频新闻记者的知识结构和专业特长难以达到生产新闻短视频的要求，从而影响了短视频的内容生产和制作，无法形成一定的传播效果。因此，传统新闻媒体应该积极培养熟悉新媒体传播规律和传播技能，善于运用各种新兴传播手段进行内容生产和传播的全媒体型新闻工作者。另外，也可通过组建新媒体新闻制作团队的形式，实现新闻的多样化手段呈现。在发挥新闻记者专业的采编能力的基础上，组建新闻制作团队，丰富新闻的呈现形式，以文、图、视频等多种形式，达到内容传播的最佳效果。

（三）赢利模式模糊

赢利模式一直是困扰传统媒体向新媒体转型发展的主要因素之一，短视频行业也不例外，其赢利模式目前尚不明晰。互联网经济的变现模式一般为：用户 = 流量 = 金钱，互联网经济下短视频行业要实现经济产出，首要任务就是吸引用户，通过优质的内容生产，吸引巨大流量，将流量转化为广告或其他收入。① 但是目前，传统媒体的短视频新闻尚未建立健全的商业变现模式，部分在抖音、快手等短视频平台建立账号且拥有上百万粉丝量的传统媒体，目前的收入也是微乎其微，尚未达到相对成熟的商业化运作。②

二　增长亮点

短视频未来的增长点大致集中在以下三个方面：垂直化短视频、微综艺和微剧。垂直化短视频领域主要包括教育、体育、生活等垂直领域，该领域

① 陈鹏、代舒涵：《传统媒体借助短视频提升传播力的策略分析》，《现代视听》2019 年第 12 期，第 5 ~9 页。

② 陈鹏、代舒涵：《传统媒体借助短视频提升传播力的策略分析》，《现代视听》2019 年第 12 期，第 5 ~9 页。

的短视频会带来“内容+社区+电商”的产业链；微综艺可以融入日常生活场景，更多互动元素，吸纳用户的深度参与；微剧是在日常生活中创造戏剧。①

短视频代表的是草根文化，短视频的内容创作始终要以用户为中心，以用户的日常生活为创作场景，这样可以使用户有更多的情感代入，产生更好的情感共鸣，达到更佳的传播效果。另外，信息内容生产应该以垂直化为主，以用户关心度较高的教育类和与日常生活相关的各种知识类短视频为主。

在媒介资源竞争日益激烈的新媒体环境下，满足用户多元化的媒介消费需求，争夺有限的注意力资源，成为各媒体的首要任务。短视频符合用户碎片化的消费习惯，满足用户多元化的媒介消费需求，占据了大份额的用户市场。短视频生产和制作已经成为传统媒体转型发展的重要方向。短视频产品的传播效果受到多方面因素的影响。通常具有一定传播影响力的短视频产品应该是由专业的团队制作完成，偏向于选择能引发群体情绪共鸣的题材，采用同源故事叙事法，贴近百姓生活，不失娱乐性和趣味性，时长与发布时段控制恰当，经由多平台推广等。为保证优质内容的生产，传统媒体也要注重全媒体人才的培养、人才队伍的建设和短视频赢利模式的探索。

① 彭兰：《2019 新媒体发展趋势报告》，清华大学新闻与传播学院新媒体研究中心，2019 年5月。

第八章　智库化转型——凝聚用户的融合传播路径

媒体的智库化转型是这几年来媒体发展的重大战略选择之一。随着媒体智库建设的推进，智库成果的发布与传播也开始成为新的课题。今天，移动互联网已渗透进社会生活的方方面面。媒体智库的融合传播不仅是全媒体传播格局下媒体集团内结构调整优化发展的必然要求，也是健全舆论引导机制、进一步提升媒体社会影响力的重要手段。

第一节　媒体智库融合传播的政策环境与市场基础

"现代智库天然有媒体的基因，而现代媒体天然有智库的基因，彼此共生共荣"①，这在目前已成为中外媒体业界的基本共识。在媒体智库化转型的行业趋势下，对媒体智库成果与一般新闻作品传播相互关系的研究刚刚开始。智库有一套特有的产品要求和运行机制，无疑对加速当前媒体内部的融合转型发展具有催化剂的作用。在移动互联网已渗透进社会生活的方方面面的今天，要深入舆论场的内核部分，适应我国舆论场出现的从"二元"结构到"一元"结构的变化，做好媒体智库成果的融合传播这篇大文章。

一　媒体型智库持续迎来政策的窗口期

十八大以来，智库建设一直为党中央高度重视。2015 年 1 月，中共中央办公厅、国务院办公厅《关于加强中国特色新型智库建设的意见》中指出："健全舆论引导机制。着眼于壮大主流舆论，凝聚社会共识，发挥智库阐释党的理论、解读公共政策、研判社会舆情、引导社会热点、疏导公众情绪的积极作用。鼓励智库运用大众媒体等多种手段，传播主流思想价值，集聚社会正能量。"② 该意见作为最早的政策依据，成为我国媒体开展智库化转型的

① 李刚：《主流媒体的智库化及其实现路径》，《新闻战线》2018 年第 3 期，第 42 ~ 44 页。

② 《中共中央办公厅、国务院办公厅印发〈关于加强中国特色新型智库建设的意见〉》，2015 年 1 月 20 日，http：//www. gov. cn/xinwen/2015 -01/20/content_ 2807126. html。

重要的思想基础。

2018 年 3 月，为肯定并鼓励主流新闻出版单位建设媒体型智库，原国家新闻出版广电总局专门印发了《关于加快新闻出版行业智库建设的指导意见》，为主流媒体的智库建设再度提供了政策指引。①

2020 年 9 月，中共中央办公厅、国务院办公厅印发《关于加快推进媒体深度融合发展的意见》，此意见要求深刻认识全媒体时代推进建立全媒体传播体系的重要性和紧迫性，并特别提出要推进内容生产供给侧结构性改革，要求主流媒体“始终保持内容定力，专注内容质量，扩大优质内容产能，创新内容表现形式，提升内容传播效果”，并明确提出“探索建立‘新闻 + 政务服务商务’运营模式，创新媒体投融资政策，增强自我造血机能”②。

国家支持新型智库建设的政策和推进内容生产等相关意见指引，为媒体扩大内容产能，推进智库成果融合传播创造了良好的市场环境。媒体智库持续迎来有关政策的窗口期，为智库成果形成多元供给体系提供了极佳的时机。

二　智库成果成为壮大主流舆论的最佳增量

在有利的技术和市场条件下，一些媒体智库连年来不断加大行业试水力度，且成效已显。2016 年以来，新华社、《光明日报》、《人民日报》等央媒通过智库化改造，形成各有侧重的研究与传播模式，以创新成果生产与发布服务于国家战略和社会进步。一些市场化和地方性媒体，则通过强化公共服务，搭建“知识”与“行业”的桥梁，并借此加快媒体融合转型。2017 年，《南方都市报》高调宣布，报社将从原来的“办中国最好的报纸”转型为“打造中国最具影响力的智库型媒体”，以数据新闻、榜单评价、民意调查、智库参考、鉴定测试、评估认证、数据库以及轻应用等产品形态为代表，形成八大系列近百项榜单。③ 封面传媒智库、贵报集团凡闻公司、财新莫尼塔智库、21 世纪经济研究院等智库化媒体单位，均开始形成媒体智库的主要业

① 国家新闻出版广电总局：《关于印发〈关于加快新闻出版行业智库建设的指导意见〉的通知》,2018 年 3 月 21 日，http：//www. nppa. gov. cn/nppa/contents/312/74538. shtml。

② 《中共中央办公厅、国务院办公厅印发〈关于加快推进媒体深度融合发展的意见〉》，2015 年 1 月 20 日，http：//www. gov. cn/xinwen/2015 – 01/20/content_ 2807126. html。

③ 支庭荣、汪金刚：《中国媒体融合发展的成就、动能、挑战与趋势》，《南方传媒研究》2019 年第 2 期。

务类型和内容运营变现模式。

在国外，转型较好的媒体，智库功能突出是一大特征。[①] 例如，美国著名的财经媒体彭博社，除了以专业新闻资讯报道见长，同时还向全球各地的商业公司、媒体机构、金融和法律等专业人士提供金融市场实时行情、历史数据、价格与交易信息等专业信息和资讯服务；《纽约时报》虽然一直保持了其在传统媒体行业中的绝对竞争优势，但早在2014年已是媒体融合转型的先驱；英国《金融时报》编写的《FT投资参考》（*FT Confidential Research*），深入挖掘经济数据和市场动态，每年推出行业年度排名与相关报告；被称为互联网时代“转型先锋”的英国《卫报》则专门建立了创新实验室，“不但有力支撑了自身创新发展，更是不断向其他媒体输出智力成果。”[②]

与一般智库相比，媒体智库具有特殊优势，即媒体自身拥有传播平台，对壮大主流舆论可以直接发挥作用。智库对媒体的内容重构，可以此进一步提高媒体平台的社会公信力，强化“守门人”功能，这对主流媒体在智媒时代的价值延伸尤其意义重大。从近年国内外一些媒体智库的运行情况来看，随着一系列智库成果的发布，媒体整体性的智库化转型趋势明显，智库给媒体带来的内容创新与融合发展，由最初互联网技术带来的最大变量的挑战，正在成为其壮大舆论的最佳增量的机会。

三 融合传播成为媒体重拾市场的重要手段

业内普遍认为，媒体的智库建设对媒体的内部运作来说是在更深层次上释放新闻生产能力、形成舆论引导新格局的制度化建构的重大机会。从媒体通过外部对市场发生作用力的层面上看，智库成果的融合传播则正在成为媒体重拾市场份额的重要手段。

主流媒体近年来改革转型发展的状况为此提供了印证。为了应对智能移动端的猛烈冲击，努力解决在以网络阅读为主体的用户不断流失、媒体舆论引导力和影响力不断退失的市场考验，连年来，主流媒体无不艰难地开始融合转型。其中，通过智库化转型促进与强化融合传播，几乎成为主流媒体的必选项。2018年4月18日，在光明日报社“光明智库”成立仪式上，光明智库学术委员会主任魏礼群对过去数年来主流媒体的转型发展做了分析后指

① 耿磊：《国外媒体智库现状》，《新闻战线》2018年第3期，第45～47页。

② 耿磊：《国外媒体智库现状》，《新闻战线》2018年第3期，第45～47页。

出，“所谓媒体融合发展，不仅是指不同传播介质之间的融合，还包括各新闻生产要素的整合、新闻生产流程的优化，也包括在此基础上的智库资源的盘整和智力资源对媒体的深度反哺。”①

融合发展的反哺作用，实际上已成功地使主流媒体的阵地得到了巩固和提升。2018 年 1 月 13 日，南京大学新闻传播学院中国传媒数据中心、江苏省社会舆情分析与决策支持研究中心首次联合发布了“MCI 中国媒体融合传播效果指数”，参与评估的 829 家媒体中，《人民日报》、中央电视台新闻频道、《环球时报》、新华通讯社、澎湃新闻等主流媒体位列前十。

2020 年初，由人民网研究院构建了媒体融合指数指标体系，对我国 295 份报纸、300 个广播频率、34 家电视台的融合传播力评估显示，2019 年媒体融合传播矩阵触达了更加广泛的人群。其最近发布的《2019 媒体融合传播指数总报告》显示，2019 年度平均每份报纸融合传播覆盖用户总数是传统报纸发行量均值的 39.7 倍，达 1518 万；除网站、微信外，平均每个广播频率融合传播覆盖用户总数是传统收听人数均值的 1.9 倍，达 232.5 万；平均每家电视台融合传播覆盖用户数是传统收视人口均值的 74 倍，达 1.55 亿。②

第二节　媒体智库融合传播的路径探讨

媒体智库并非一个全球概念，而是在中国国家智库建设政策的推动以及媒体转型大背景下所产生，并扎根于中国国情与政治土壤的新型智库类型。因此，中国媒体智库的发展，几乎没有现成的经验或者模式可以遵循。③ 笔者认为，在此条件下探讨媒体智库融合传播，以下一些路径值得重视和尝试。

一　从核心价值出发，以融合传播更好地体现媒体与智库的“兼具”功能

智库产品往往具有研究性质和学术范式，媒体的智库成果也不例外，这

① 魏礼群：《努力建设高质量媒体型智库》，2017 年 4 月 18 日，http：//theory.gmw.cn/2017-04/18/content_24234476.html。

② 唐胜宏、王媛媛、王京：《2019 媒体融合传播指数总报告》，《传媒》2020 年第 15 期，第 14～17 页。

③ 王莉丽：《中国媒体智库的定位与发展路径》，2018 年 6 月 22 日，http：//www.cssn.cn/xwcbx/xwcbx_zhyj/201806/t20180622_4377797.shtml。

是其与一般深度新闻报道作品不同的根本特征。当然，媒体智库成果与一般的智库成果也有所不同，一般智库成果往往是接受特定机构的委托进行相关分析研究的结果，专门为特定的行业或机构提供决策服务，有些研究成果还涉及机密内容，不能向社会公众完全公开。而媒体智库成果的核心价值则主要体现在智库的公益价值部分，以社会公共利益的维护和守望为主。因此，媒体的智库成果需要体现一种“兼具”的功能。一方面，媒体借其为社会治理、城市治理乃至国家治理提供强有力的智力内容支撑；另一方面，媒体的智库成果还需要有力的传播支持，在舆论的引导机制上发挥作用，从而构成媒体智库的两极功能，实现其与一般深度报道等同、甚至更佳的社会影响力。

通过融合传播提升媒体智库的社会影响力是媒体单位在当下日益以网络空间为主体的“一元”舆论场中的应然之为。主流媒体的权威性过去主要来自党和政府的赋权，但在新时代政策的多元供给体系已逐渐形成的今天，媒体需要主动作为才能保持和提升自身的专业生产能力和传播影响力，需要在传统的优势基础上加强对国内外重大事件的深度报道、独家报道和精辟评论，进一步提高对主流社会观点和思维的塑造能力。[①] 实际上，这种对主流观点和思维的塑造，正是媒体智库在成果中“兼具”功能的必然体现，也是媒体智库思想创新力与舆论传播力有效结合的具体体现。

二 发力关键突破口，以融合传播健全舆论引导机制

融合传播是传统媒体转型的主要方向，但在实践中效果并不理想。大量新闻作品的传播，实际上变成了一种新媒体的传播，无非是把报纸上的文字信息“搬运”到网络平台上，顶多做一些所谓“网感”的流行性表达，过于强调单一体裁传播方式的短视频、H5、长图、音频、游戏、海报、漫画等的新媒体形态，或强调纯粹的网络新媒体平台的传播。严格来说这并不属于媒体的融合传播，反而已多次证明会弱化新闻的专业生产能力，拆除新闻与传播行业的门槛，降低主流媒体的权威性和社会引导力，与真正的媒体深度融合转型距离尚远。而媒体智库成果以其大数据支持下研究对象的普遍性、图文表达内容的丰富性、问题揭示与决策判断的多元性和建设性等特征，能很好地为融合传播提供有益的实践范式，从而达到既适应用户（读者）的分层分级需求，又能达到最佳的传播效果。

---

① 李刚：《主流媒体的智库化及其实现路径》，《新闻战线》2018 年第 3 期，第 42 ~ 44 页。

从某种程度上说，智库成果的融合传播可能会成为媒体转型发力的一个关键性突破口，成为媒体健全舆论引导机制的一个抓手。媒体利用新媒体手段和传统的文字、音视频技术相结合，对某一具有普遍社会价值的重大信息进行观察、分析、解读、判断和舆论引导，实现全过程性的融合生产与传播，借此探索形成一整套专业内容生产、专业表达生成、深度整体协作的融合传播新机制，以此对抗信息碎片化和低水平重复传播时代对主流舆论的权威消解，必将成为业内的发展新方向。

三 联手专业科研机构，以融合传播实现对一般智库成果的社会化转化

从国内一些主流媒体的实践来看，智库的融合传播目前大多处于自身变现能力确认的“商业模式建设”前期。如《南方都市报》曾提出“好的智库产品一定是好新闻”，报社成立南都大数据研究院，试图通过研究，反哺新闻报道，做强做优新闻报道深度，维系和强化其在社会公众中的影响力，以备影响力变现。① 它的做法几乎是媒体业界的普遍性参照，其实就是让原来从事传统内容生产的编辑和记者就地转型为研究员，报社平行设置采编团队与研究团队。这当然是一种理想状态的、比较彻底的转型，但对原有采编人才整体上提出较高的要求与期望，对大多数媒体特别是一些大型媒体集团来说，恐怕还不现实，其可行性还有待于市场的检验。

媒体智库通过优势互补与专业科研机构合作是一种新的趋势，将催生出一种类似于“互联网＋”的“媒体智库＋”的新型业态。这种业态下的智库内容生产与后期的成果传播，为媒体内外部各要素的深度融合提供了契机。如光明日报社“光明智库”与南京大学中国智库研究与评价中心联合研发了“中国智库索引”（CTTI），并利用品牌和渠道优势与其他高校举办智库论坛进行传播。2019 年底成立的深圳报业集团“深圳传播智库”，全面联手高校专业科研机构进行新型智库的打造。目前，该媒体智库已邀国内外知名高校 130 多名专家学者签约入库，专家与媒体双方以融合传播为目的，重点开发对一般智库成果进行社会化转化的项目。

2020 年 6 月 18 日，深新传播智库与南方科技大学粤港澳大湾区高等教

① 戴春晨：《媒体智库化转型：从市场脱困到参与社会治理》，《岭南传媒探索》2020 年第 3 期。

育大数据研究中心合作，首次联手发布了《粤港澳、京津冀、长三角地区高等教育与经济发展报告》，引起高层关注和广泛的社会反响。8 月，深新传播智库又同浙江大学管理学院联合发布了《2020 中国上市公司创新指数报告》，推出 2019 年中国 A 股上市公司“创新指数 500 强”“创新势力 200 强”与“创新效率 200 强”企业榜单。浙江大学管理学院研究团队开展选题申报、课题调研、数据统计、报告撰写等工作。深新传播智库依托深圳报业集团《深圳特区报》《深圳商报》《深圳晚报》《晶报》四大主报及其新媒体端、深圳新闻网等主流媒体，抽调资深记者加入智库项目团队与浙大专家团队对接，对原版《指数报告》进行亮点提取和深度改写，构建出报、网、端、微一体化的全媒体传播体系，完成对《指数报告》的融合传播。据统计，深圳报业集团全媒体矩阵发布原创报道综合阅读量达 146.8 万次，并以此为传播源激发全网相关媒体转载报道 193 篇，全网融合传播阅读量近 500 万次。这种以往只能在象牙塔内进行的纯学术性研究，通过以新闻舆论与公共服务研究为导向的内容转化和传播，成为创新性的智库成果，更好地发挥出了对公众舆论的深度引导功能。

高校科研机构与媒体的深度合作，为媒体智库的发展打开了一扇新的窗口。在“学为智本”的前提下，智库成果的融合传播过程，实际上是一个将知识性产品变为服务性产品的消化过程，成为双方各自不断进行创新生成的共同的动力之源。高校科研机构与媒体深度合作的魅力还在于，专业智库与大众媒体从来没有天然的隔阂，在国外更是如此。即便在美国，智库直接影响行政决策的机会并不多，利用主流媒体来影响舆论，进而影响决策系统，是大部分智库采取的策略。《纽约时报》《华盛顿邮报》的意见版和评论版中相当一部分文章来自智库的笔杆子，就体现了媒体和智库的共生现象。[①] 这证明媒体与专业科研机构（如高校）有充分携手的基础，双方完全可以通过共同完成对成果的融合传播，使学界、业界与社会实现完美沟通，从而更好地服务于社会与国家发展。

四　适应供给侧结构性改革要求，以融合传播提升业务层次和专业水平

以先进技术引领驱动融合发展，推进内容生产供给侧结构性改革，是近

---

① 唐胜宏、王媛媛、王京：《2019 媒体融合传播指数总报告》，《传媒》2020 年第 15 期，第 14～17 页。

期中共中央办公厅、国务院办公厅发布《关于加快推进媒体深度融合发展的意见》中一项重要内容。实际上，传统媒体的智库化转型，正是内容生产供给侧结构性改革的直接体现和加快推进媒体深度融合的有力手段。

从智库的选题策划、议题设置到最终成果的落地，媒体“以‘库’聚‘智’，以‘报’传‘智’，集聚智库专家的智慧与力量，对新问题进行先探索，对老问题进行再研究，对热问题进行冷剖析，对冷问题进行热思考，为党委、政府科学决策提供‘金点子’，让‘文章’变成‘文件’，‘谋划’影响‘规划’，‘对策’融入‘决策’”①。这个过程，实际上也是一个内容生产与传播全要素的融合过程。在作为新闻采编人员和智库研究员双重身份的要求下，记者从传统的记录思维、碎片化思维，走向系统化的调查研究思维，以及收集、处理、生产、分发的数据思维与融合传播思维，让报道呈现出知识服务和创意组合的综合性特征，这对媒体从业者业务层次和专业水平的提升作用是显而易见的，也是媒体转型中关于人的转型的核心部分。

适应供给侧结构性改革要求的智库成果的融合传播，还本然地自带了“传播优先”的策略思维，即成果在生产的过程中已植入传播因素，充分将用户的接受度考虑在产品的成形过程中。由于充分考虑到用户（读者）与智库成果的对应关系，融合传播针对性将大大提高，既考虑到作为大众媒体的大众阅读边界（阅读量/流量），同时关注“关键少数”人群，这是融合传播的业务层次与专业水平相应提升的另一个体现，也揭示出融合传播在全媒体时代的新的传播规律。

美国传播学者赛佛林曾提出，新媒体时代的传播组织发生两个变化：一是新技术并没有完全挤走旧的传播技术，而是引导旧的传播技术去承担新的角色；二是传播机构一般都是复杂的组织，或在复杂的机构中运作。赛佛林谈到的这两个变化，在当下智库传播的情形中表现得更为直接：一方面，供给侧结构性改革要求下的智库成果的融合传播，对原有媒体采编力量提出了由个人到团队组织的整合变革，这也是智库功能的一大特色；另一方面，随着媒体型智库建设的不断推进，传统采编人员获得了一个被重新界定专业价值的机会，媒体管理者因此应该改变“技术至上”“新闻专业主义已死”

---

① 双传学：《全媒体语境下党报智库功能的应然与实然》，2018 年 2 月 22 日，http://theory.people.com.cn/n1/2018/0222/c40531－29828030.html。

“年轻人才有网感”“新的技术需要大范围淘汰传统采编队伍”的认识误区，从而降低改革的试错成本，使主流媒体在任何时候都不至于让根基发生松动。

五 垂直深耕优长领域，以融合传播不断为智库现代化升级赋能

现代智库和现代媒体都是公共空间的建构者。现代媒体本身具有强大的信息搜集功能，基本涵盖了政治、经济、法制、社会、环境、农业、外交等各个领域。可以说，在整个公共空间领域当中，不同类别的媒体已分别在不同的领域中体现出优长特征。在转型构建媒体型智库的过程中，又叠加了内外部的研究力量，因此，垂直深耕原有的优长领域、以融合传播不断为智库现代化升级赋能，或将成为媒体智库特别需要探索的道路。

垂直深耕优长领域，以融合传播让智库落地运营，在一些媒体智库的运营实践中已取得比较理想的效果。上文提到的深圳报业集团深新传播智库与浙江大学合作推出的《2020 中国上市公司创新指数报告》（以下简称《报告》）项目，就是一项垂直深耕优长领域、以融合传播不断为智库升级赋能的尝试。在本项目中，深新传播智库发挥了作为全集团媒体“智库之库”的作用，特别选择了集团系列媒体中以经济报道见长、作为全深圳“300 万商事主体”的《深圳商报》作为主力生产与传播媒体，包括《报告》的消息预热、全文网络发布、精简内容专版、视频连线采访、可视化解读制作、深度融合解读报道等均由其完成，同时提供给集团其他媒体制作和全网传播。智库本部同时协同集团其他媒体和新闻业务管理部成立项目专组，负责决定各媒体平台发布的形式和内容。在全局统筹下，智库设计的传播方案确保各媒体各自发挥优长的同时，集团各媒体通力协作，成功实现了全媒体、全网内容成果的融合传播。随着《报告》的发布，中国 A 股上市公司“创新指数 500 强”“创新势力 200 强”与“创新效率 200 强”企业榜单，成为本地政府和企业最受关注的年度榜单之一。

如果从公共空间的特定性来看，垂直深耕优长领域进行融合传播，对一些类别媒体智库的传播效用可能更为明显。如教育、外宣等专业媒体，可以为其“在充分挖掘自身优势的基础上，找到专业化、地域化发展的突破口。比如，像英文《中国日报》、英文《深圳日报》这样具有国际影响力和有一定外宣基础的英文报纸，可以打造成为对外传播领域的专业智库。对外传播专业智库所从事的政策研究主要关乎国家形象建设、国际舆论塑造、文化沟

通以及国家软实力构建等”①。

第三节　媒体智库融合传播在当下存在的问题与思考

媒体智库的融合传播虽然取得了一些预期的市场反馈和社会效应，但是毕竟还处于整体性的行业试验阶段，遇到的问题其实并不少，只是在习惯于总结经验成绩的业界语境下，还没有完全地浮出水面，一些问题还比较突出。

一　新媒体形态下主流媒体的话语权仍偏弱，融合传播需要从内容变现转向平台变现

由于在技术传播逻辑上起步较晚，同今日头条、腾讯等一些专业性平台型媒体相比，新媒体形态下传统主流媒体话语权仍然偏弱。特别是云计算、大数据、人工智能等新技术、新应用发展快速，传统媒体的转型升级仍然面临重重考验。随着现代社会知识产权法制的不断健全和有效行使，以及媒体智库融合传播机制和运行模式的不断成熟，传媒界一直以来不平衡的市场格局，将有望被打破。媒体智库的融合传播则需要抓紧这一时机，实现从内容变现进一步转向平台变现。一个最新的情况是，国内一些顶级的专业平台近年来开始表现出同主流媒体合作的期求，过去一度在平台合作中风光无两的自媒体大咖和所谓头部媒体则逐渐不受待见。媒体的智库化建设不能不说是促进这些平台机构突然改变战略合作者的一个因素。

二　内容话语体系融合程度低，需要进一步确立传播优先的原则

传播优先是全媒体时代移动优先、融合传播更进一步的发展，最终是为了建构出一种适应全网传播逻辑的新的舆论生态体系。媒体智库下的内容话语体系目前还比较分散，甚至还存在一些争论，过于强调目标用户的细分，将媒体智库的产品内容等同于一般的商业智库机构，而忽视舆论主属性的引导力构建；数据将成为媒体智库的核心语言，但是数据的分析处理有时候会流于偏于静态监测的参考性结果，这些都显示出媒体智库在内容话语体系上

① 王莉丽：《中国媒体智库的定位与发展路径》，2018 年 6 月 22 日，http：//www. cssn. cn/xwcbx/xwcbx_ zhyj/201806/t20180622_ 4377797. shtml。

还要做更多的分析解构和融合传播，不能仅仅是“数据说话”。媒体智库如果忽视了传播力是走不远的，特别是依托传媒集团的智库。正如南方报业负责人刘红兵所说，“传媒智库最大的比较优势在于强大的传播力，因此可以利用集团旗下媒体矩阵，对智库成果进行多载体、多形式、高密度、全覆盖的立体传播，以媒体的传播力提升智库产品的影响力，拓宽应用转化渠道，提高成果转化效率”①。

三　融合传播还需要克服功利冲动，确立公益性特色发展基本路径

不可否认，互联网在过去发展的20年，正是传统媒体包括主流媒体一路无奈地从市场不断退失的20年。传统媒体转型升级，固然有重构主流舆论场、确保话语权和影响力的紧迫性，当然更有经济效益持续下滑、媒体需要重振商业功能以求存续的现实诉求。但将重振商业功能作为主流媒体转型升级的主要目标显然是偏颇的，特别是不能把一些转型已取得初步成效的内容变现模式，如媒体智库项目作为选项。然而现实中恰恰如此。如前文所述，大多数市场化媒体的智库根本上思考的还是什么“商业的变现”“营利模式的构建”，事实上这是一个误区。

媒体智库是媒体与智库融合的产物，将媒体智库成果社会化的融合传播，必然首先要克服某种功利冲动。从智库本身的性质来说，无论是在国外还是国内，智库都是“诞生在特定的政治、经济、文化土壤中的，服务于国家利益和公共利益，以影响公共政策和舆论为目的的非营利性政策研究机构。质量和影响力是智库的核心价值，也是成就其全球声誉和影响力的基石”②。而在中国特色新型智库建设政策推动以及媒体融合转型背景下产生的媒体智库，其所在单位更不可把赢利模式和赢利能力作为目标考核的主要方向，而应该在确立其公益性特色发展的基本路径下，使智库在各要素在融合过程中提高思想创新力和舆论传播力，以此强化主流媒体的喉舌地位。这不仅与早先中共中央办公厅、国务院办公厅《关于加强中国特色新型智库建设的意见》中提出的“着眼于壮大主流舆论，凝聚社会共识”的要求一致，与

① 刘红兵：《媒体智库与智慧媒体——南方报业传媒集团打造传媒智库、推进智慧转型的实践与思考》，《传媒》2019年第4期，第9~11页。

② 王莉丽：《中国媒体智库的定位与发展路径》，2018年6月22日，http://www.cssn.cn/xwcbx/xwcbx_zhyj/201806/t20180622_4377797.shtml。

最近中共中央办公厅、国务院办公厅印发的《关于加快推进媒体深度融合发展的意见》中“各级党委和政府要强化资金保障，加强政策支持，形成政策保障体系，支持媒体深度融合发展”的精神也是一脉相承的。

建设中国特色新型智库，传统媒体尤其是主流媒体的责任不言而喻。从网络舆情和社会治理来看，互联网时代网络舆情已汹涌澎湃，公共事件突发多变，政府和企业已离不开快速、专业的治理应对之策；从行业发展和对未来生活变化的引导来看，新媒体遍在的浅表信息和通俗娱乐信息又无时不在麻醉人们的神经，使社会决策人群的信息不确定性问题越来越突出。这一切对加快媒体融合转型、加强媒体智库的融合传播带来了巨大挑战。

媒体智库融合传播的特色发展将大大强化智库的社会化角色，使媒体找到转型发力的关键节点。媒体智库可以结合媒体自身的内容定位，做好供给侧改革；可以通过同专业科研机构深度合作，提升层次、深耕优长。打好融合传播的组合拳，媒体智库还有不少问题亟待探究，例如如何早日实现从内容变现到平台变现；如何确立传播优先、释放媒体潜能等。但在任何时候，媒体智库都需要保持内容定力，坚持公益性特色发展之路。在新时代新型主流媒体建设的道路上，媒体智库更大的作用将会得到不断的发挥。

第九章　影响力重建——连接用户的流量池再造

影响力重建是以用户为导向的传统媒体融合策略中的重要部分，甚至可以视为媒体融合的最终目的。过去的媒体影响力基本建立在报刊的读者阅读量，广播电视的开机率、收视（听）率上，但现在的情况显然已与此完全不同，传统媒体的受众经过新媒体的用户身份转变之后，媒体的影响力已主要体现在平台的流量上。媒体融合的影响力重建，必须基于连接用户导向，再造流量池，获得社会大众的认可，以此重新确认媒体的社会引导地位。

连接用户的流量池再造的探索，目前已在很多媒体机构展开，而且呈现出与媒体融合初期的单一、片面的流量追求不同的努力，出现了在传统媒体的一些特定版块（如报纸的副刊）上重估、重建和引导传统核心价值，或者通过做强做大专业化、垂直化领域的媒体内容等来重建媒体社会影响力的有益思考。

第一节　重建副刊在融合发展中的人文传统

重估和重建报纸副刊的传统核心价值，与时下积极探索的融媒体建设并不矛盾，对为报刊媒体业注入活力、使其健康发展，或将意义更大。重估和重建报纸副刊的传统核心价值，如果能进一步做到与时俱进，站在潮流前端，担负时代使命，创新表达方式，报业作为主流舆论场的地位就会常在。

众所周知，副刊是报纸的重要组成部分。《新民晚报》原总编辑、著名报人赵超构曾指出，“报纸耐看不耐看，主要看副刊。”香港《明报》原总编辑、著名作家金庸也谈到“对于报纸而言，新闻为攻，副刊为守”。然而，这些为许多报人对报纸传统核心价值的共知共识，随着新媒体时代的到来而渐被淹没。报纸的副刊一再遭遇边缘化的命运。这固然有整个传统媒体生态环境变化的影响，但与报业管理者对副刊的特殊地位，对副刊编辑设计对报纸的内容构成、读者黏性，以及对社会心理、文化引领等重要性的忽视也有一定关系。在当下，关于报纸与新媒体融合的讨论，几乎已成为整个行业的绝对语境，而重新认识和思考副刊的角色与价值，引发人们对报纸内容一些根本性问题的重视，同样有所裨益，也是应时之需。

一　对报纸副刊传统价值的再认识

在报纸的发展史上，副刊的地位与作用举足轻重。19 世纪末和 20 世纪初，当印刷传播就像今天的互联网一样风起云涌之际，副刊即和新闻一道成为报纸的两大内容支柱。一者，读者需要通过新闻信息了解时事动态；二者，人们还需要通过副刊多元丰富的社会化信息，感受时代的文化思想与世情人心。五四时期的“四大副刊”以及后来的《申报》的《自由谈》、《大公报》的《文艺副刊》等，无不一纸风行。鲁迅、孙伏园、萧乾、沈从文、冰心、张恨水等一大批著名的作家与报人，正是主要借助于副刊的阵地而光照时代。新中国成立后，无论是《人民日报》的《大地》，还是《文汇报》的《笔会》、《解放日报》的《朝花》，还有《羊城晚报》的《花地》，等等，副刊一直长盛不衰，几乎成为所有知名报纸彰显特色的名片，从没有随着时代的发展而走向所谓的边缘境地。副刊中的文字，经过岁月的淘洗，历久弥香，成为最具原生色彩的历史见证。

从报纸副刊的属性来说，“新闻是对新近发生的事实的报道，副刊体现的则是对新闻背后的现象和本质的人文关照”①。与新闻内容相比，副刊的及时性不算明显，更多体现在反映社会生活上，体现在时代人文的“文”上，从而成为新闻的“闻”的重要补充，所以副刊早期又有“附刊”之称。副刊固有的属性，及其与新闻内容的主副地位，也使其很早就确立了与新闻文体既相关联又有显著区别的特质。研究报纸副刊，这是一个不可忽视的前提。

如果仔细研究不同时期的报纸我们会发现一个共同的现象，即对有经验有思想的报人来说，副刊相对于新闻的这个“附属”地位，不仅不会在报纸总体内容的设计构成中偏废，反而会通过放大其“附加的价值”，让读者产生与自己的日常生活密切相关的、丰富而充满个性的阅读体验和信息收获，从而巩固和扩大报纸的传播影响。因为，新闻的生命周期十分短暂，严格来说，绝对意义上的独家新闻往往也不易获得。特别是在重大事件由少数几家乃至一家官方通讯社作为普遍信息来源的时代，经营好副刊，对副刊进行重新设计定位，尤其是让副刊内容由“副”变“富”，趋于广义，由传统的文

---

① 王前：《从“五四”时期副刊与当代副刊之比较看报纸副刊如何破局》，《新闻世界》2010 年第 11 期，第 73 ~ 75 页。

艺性副刊衍生至文化、文史、生活、娱乐、教育、财富、消费等专题性甚至专业性副刊（报纸），可以让报社获得新的市场空间。笔者以为，我国报业在20世纪末和21世纪初进入的所谓“厚报”时代，从传播的内在规律来分析，实际上是副刊信息的一次爆发性发展的必然结果。

但是我们也不无遗憾地看到，副刊信息在极大地丰富之后，近年来开始产生一系列问题，主要表现在同新闻内容的融合与混淆。副刊传统的文艺、文化属性被弱化，副刊的思想性、独立个性、文化审美功能和对社会生活的风尚引领作用，渐渐被简单的、功利化的信息传播所取代，从而造成了对副刊根本属性即“文”的属性的一种偏离。而在最近几年，随着互联网技术特别是移动互联技术的迅猛发展，报纸多年来作为主流舆论场的地位正在动摇。笔者认为，这是技术对传播介质的颠覆使然，但在相当程度上，这也与人们对传统价值追求的迷茫与偏离不无关系，这也带来新一代读者和优秀作者的大规模转场。

二　副刊传统价值偏离的普遍性问题举隅

如前所说，副刊的信息被极大地丰富、副刊文本被大量缺乏人文关照的一般资讯取代之后，其读者黏性便开始快速消退。因此，不算广义的专刊专业性的内容，仅从狭义的、作为报纸最基础性的文艺副刊来说，这块“最后阵地”的失去，也已达到相当惊人的程度。

（一）副刊长期成为“文化娱乐新闻”的“搭头”

这几乎是今天报纸“文化副刊”的一个普遍现象。由于人们生活水平的不断提高，丰富多样的娱乐信息逐渐成为报纸的内容。报纸为了争取更多的读者，在文化副刊上开始强调以娱乐性为主的内容改革。这也许是一种无可厚非、适应时代需求的市场行为，但这也造成了或许暂时还无法估量的损失：一些报纸在片面追求所谓新奇、轻松、娱乐的同时，不知不觉间放弃了报纸副刊产生以来所偏重的文学性、知性、启蒙性等优良编辑传统。

副刊的娱乐报道越来越表现出对新闻性的靠拢与偏向，也因此打破了构成报纸“闻”“文”两极内容的平衡，副刊的独立性于是消减。在内容上，娱乐信息内容的“空心化”以及愈演愈烈的庸俗化倾向则在不断地降低整个报纸的文化品位。于是，本已有限的传统文学性副刊空间越来越小，并与这类娱乐信息进行归类组合，成为介于副刊与新闻之间的“文化娱乐报道”的一种“搭头”。对于具有一定严肃性和阅读欣赏意义的文学性副刊来说，这是多么不恰当的一种混搭。

（二）书评当道，原读性记录与抒发被弱化

实则为新书推介的书评作品，纷纷占据相当大的副刊版面，这是我们近年来在报纸上看到的另一种费解现象。

副刊引领书籍阅读的方向，或者在浩瀚的图书市场上帮助读者披沙沥金，本是应有之义，问题是，副刊是跟每天发生的时事新闻报道一起，定期地送至相对固定读者人群手上的，其本身所特有的平、快特点，相对于动辄数十万字书籍来说，更适合人们快节奏生活的阅读自由，更应当主要为人们提供更多关乎现实生活中鲜活的、更富接近性的、原读性的记录与抒发。

但是，我们从那些连篇累牍、大同小异的所谓书评副刊中，感到的常常是一种阅读的负担，是代替原读、流于浅薄的意义先行和先入为主。并且，容易让人产生阅读即是一种间接的、小众的、只与书斋生活有关的呆板印象。如果说这是一些报纸希望让读者通过副刊实现对书籍的阅读转移，稍显不通；若说这是副刊在文化独立性上自我退失的一种表征，则或许不差。

（三）鉴史脱离时代，温故未能知新

在各地“文化立市”“文化立省”的政策背景下，钩沉文史，发扬经典，也是今天副刊的意旨之一。有些报纸还开辟了专门的文史版块，这无疑有益于增加报纸的文化厚重感。但不少这样的副刊只是为了钩沉而钩沉，选稿并没有清晰的针对性和系统性。史事的鉴照意义并不突出；温故而知新的特色也并不明显。

副刊在报纸的历史上作为思想传播的重要工具，主、客观都要有传承文化，推陈出新的社会责任。文史内容的精神内涵、现实价值与启示意义，都是副刊编辑需要全面考虑的。五四时期的副刊，就曾大规模推出过“整理国故”的内容，但入手是“整理”，结果是“再造”，整个过程，是“研究问题、输入学理、整理国故、再造文明”①。笔者曾在一家报纸的副刊上留意过一个开办多年的红学栏目，发现刊发的不过是各种猎奇和牵强附会的“戏

---

① 胡适：《“新思潮”的意义》，2020 年 9 月 24 日，http：//baike. so. com/doc/4948714 - 5169978. html。

说”，以及作者个人的小情滥调。这样冠以“红学”的副刊文字，不过是看起来“高大上”实际上“等而下”而已。

（四）缺乏文化主张，缺位思想争鸣

这也许是报纸基本上交出独立的文化话语权，变成机械的新闻传播工具的根本原因。而任何一种媒体，如果没有独立的思想力内容，其社会话语权即自动丧失。

当今，我们处于一个历史发展的重大节点上，技术和社会的两种转型正迎面而至，冲击着传统的产业结构，影响着所有人的生活。传媒业同样受到这样的挑战。然而，我们更多的是把注意力放在新媒体形态对传统报纸平台的技术冲击上，却往往忽略了作为媒体本身的社会瞭望者的话语建构。其结果就是报纸文化主张的缺乏，思想争鸣的缺位。

如果真正能做到以史为鉴，我们就会发现，越是在技术和社会的转型期，人们越是需要独立的文化主张和活跃的思想争鸣，从而缓解社会的焦虑，思考前进的方向，聚集发展的动力。从这个角度来看，时代的转型带来了挑战，同时也为传媒行业提供了极大的话语市场，谁能很好地把握，也就能借此成功地实现自己的华丽转身。在时局变化不定的民国时期，变革就带来文化思想的活跃与传播的空前繁荣。“报刊这种属于上层建筑和意识形态领域的东西走在了经济基础的前面，以其鲜明的时代性、新颖的思想性和丰富的知识性，成为思想文化的重要载体，起到了利国利民的作用”①。很显然，这个载体，主要是指报纸的副刊。

三　对当前报纸副刊内容建构的四点思考

（一）副刊应及时反映“时代的情绪”

笔者以为，构成报纸内容两极的新闻和副刊，前者主要记录的是“时代的叙事”，后者则主要体现的是“时代的情绪”。所谓“时代的情绪”，即报纸所处时代人们特定的、普遍的思想情感的总体反映。报纸副刊应及时映照出这种“情绪”。

---

① 黄雯：《鸳鸯蝴蝶派与民初办报热潮之关系》，《贵州民族学院学报》（社会科学版），1999 年第 1 期，第 70 ~ 72 页。

不同时代社会的情绪当然是不同的。五四时期，反帝与爱国是普遍的时代情绪，报刊通过刊登关于“德先生”与“赛先生”的论争内容，成功地掀起启蒙思想的新文化运动。20世纪二三十年代洋场的纷乱与浮华；40年代抗日背景下民族救亡的先锋文化；社会主义新中国建设初期人们对幸福生活和愉快劳动的讴歌与向往；“文革”后的伤痕记忆与反思；改革开放初期人们自我意识的觉醒与精神浮躁，等等，这些都是时代情绪的集中反映。报刊通过呈现作家、诗人和普通作者对当时日常生活细节的记录与抒发，一般都可以从中捕捉出时代性的特点，找到时代的精神脉络。这些，也许比不上那些宏大的史诗性叙事，却能为人们留下更真实、隽永的记忆和回味。

我们当前也正在进入一个急剧变革的时代，新的技术令人目不暇接，人们栖身的自然与社会环境正处于大变迁之中。这个时代反映出来的普遍情绪，是一种对于现实与未来的焦灼不安，以及对失去原乡、回不到出发来路的精神乡愁。这种微妙的时代脉象，是需要媒体人好好把握的。

（二）副刊应观照更大地域范围的现实生活

观照更大地域范围的现实生活与文化形态，是媒体需要重视的新课题。全球化和互联网的普及，为当代人创造出一个前所未有的生活连接，而且这种连接，不仅是体现在物质生活层面，更包括对人类共同命运的体验与思考。

不知从什么时候始，文化成为一个狭隘的、以突出所谓地域特色为主的名词。副刊的编辑们都在不遗余力地推介、打捞地方文化的存量内容；文化专家们也在不加选择地呼吁所谓“历史文化的留存”。于是，在文化的增量内容上，我们所看到的报纸副刊就显得乏善可陈。举一个例子，跨国旅行、移民与留学是当代社会的普遍存在，这在过去是没有过的。走出去和走进来的人们，对文化异同的感知也异常丰富，副刊媒体本应及时提供这样的空间交互。它要求报人和媒体人以一种更加开放的视野，通过观照更大地域范围正在发生的事件，让人们能真切地感受到全球一体化时代的诗与远方。

（三）副刊应保持人文的自觉

文学是副刊内容体现出来的外在形象，其灵魂则是人文精神，所以这在某种意义上为编辑人提出了一个终极的考量，即不管如何面临时代的变化，须得保持人文的自觉。

多元文化交互的时代实际上拓展了副刊的边界，要求体现更多的人文元素。一段时间以来，报纸副刊“不再是一个广纳社会智力资源的平台，而成为一个缺乏大视野、大智慧、大思考的狭隘空间。副刊应有的那种大气包容的文化精神日渐萎缩”①，副刊为了追求所谓的纯粹步入了另一种绝对化的误区，而没有在更深层次的精神境界投映出人文的底色。正如有的媒体人所说的那样，“副刊对文化的贡献，不是心灵鸡汤和精神按摩，而是不断为民族精神输入钙质”②。

（四）副刊应敏锐意识到文学的回归，做好边缘反弹的准备

前文说过，报纸副刊在文学史上曾发挥过划时代的作用，甚至为一个时代的开启点燃了极为重要的思想之火。我们如今站在又一个新时代的入口上，知识的新旧与多样、个人的际遇与社会风云变幻，不断地激荡着人们的头脑。同时，传播技术的飞跃又为无数人充分地表达自己提供了机会。一个明显的证明是，互联网技术在取得向移动互联技术的突破性进展之后，网络自媒体从产生到形成空前规模，不过区区两三年时间。因此，我们是否还可以这样大胆地预测，近半个世纪以来日渐边缘的文学或将出现转机，一个全新的“新时期文学”将迎来井喷，报纸和所有相关的副刊媒体，应该敏锐地意识到文学的回归，做好边缘反弹的准备。

当然，这里还要看到一个前提条件，即作为个人的自媒体平台向公众平台的回归。笔者以为，这会是一个大概率事件。因为，只有具备团队规模的、专业性的生产，真正体现聚焦与辐射性质，并最终能够得到有效的传播安全管控的媒体，最后才能成为可持续发展的媒体，而报业尤其具有这样的优势。

但是需要说明的是，这次将从边缘回归的“新时期文学”，或将不再以传统的面目出现。为了舒缓人们在转型变革时代的压力，传统的抒情将让位于理性与幽默，并以新的艺术与审美特质呈现出来。

重估和重建报纸副刊的传统核心价值，与时下积极探索的融媒体建设并

---

① 张金岭：《从“文学副刊”到“人文副刊”——齐鲁晚报〈青未了〉内容调整的几点考虑》，《青年记者》2013 年第 28 期，第 49 ~ 50 页。

② 张金岭：《从“文学副刊”到“人文副刊”——齐鲁晚报〈青未了〉内容调整的几点考虑》，《青年记者》2013 年第 28 期，第 49 ~ 50 页。

不矛盾，对于为报刊媒体业注入活力、使其健康发展，或将意义更大。正如有的副刊媒体研究者所说，“在新闻同质化日趋严重的今天，副刊将因为其‘异质’而获得生存空间”“速度时代也需要一些驿站，让人驻足消停，摸摸胸口，舔舔伤口，想想过去，看看现在，瞧瞧未来……而副刊，就应该是这些人生驿站里的‘席梦思’”①。重估和重建报纸副刊的传统核心价值，如果能进一步做到与时俱进，站在潮流前端，担负时代使命，创新表达方式，报业作为主流舆论场的地位就会长在。

第二节　重构专业报刊在融合发展中的内容服务——以《南方教育时报》为例

广东新闻人范以锦指出，经过几年的转型探索，传统媒体的流量之争使得内容的质量有所下降，但从自身的社会责任和优势来说，媒体将重构内容的价值②。专业报刊媒体作为传统媒体阵营中的一员，同样面临转型发展与融合升级的现实挑战。然而，技术变革近年来对一些传统公众媒体冲击巨大，但不仅没有削弱专业报刊的竞争力，反而为其借机拓展市场边界、不断实现影响力提升创造了不少条件。相较于长期以主流自居的多数区域综合性传统媒体，不少专业报刊甚至出现跨区域、跨行业、社会化阅读等发展趋势③。技术带来新的阵痛，但也给这类报刊带来不少发展的红利。一些专业报刊纷纷开拓新思路、抓住新机遇以谋求更大的发展空间。而基于融合发展的内容重构正是此类报刊的主要战略方向。

《南方教育时报》是深圳报业集团旗下教育类系列专业报之一，以“教育民生，教改先声”为办报宗旨。依托教育这个具有重大民生需求、新闻资源相对丰富的专业领域，该报一方面积极布局新媒体矩阵，构建数字化平台，及时补上过去受限于纸质出版周期在新闻时效上的短板；另一方面则根据报纸的属性和受众特点，努力在融合发展中形成鲜明的内容特色，以在传媒业竞争中圈牢读者，扩大阵地，保持领先。本节以《南方教育时报》为例，结

① 何龙：《报纸副刊“变局”现在进行时》，《新闻实践》2009 年第 7 期，第 11 ~ 13 页。

② 田佳惠、范以锦：《新旧年交接之际看传媒业现状与走势》，《新闻战线》2018 年第 1 期，第 7 ~ 9 页。

③ 张玲、谭小凤：《财经媒体跨区域、跨媒体、跨国界现象解析》，《中国记者》2012 年第 7 期，第 107 ~ 108 页。

合目前传媒业融合发展的整体形势，分析其进行内容重构的一些尝试。

一　“办公桌阅读”：立足特定阅读场域中内容重构的市场基础

数字新技术时代的一个显著特征，就是随着智能手机等移动互联技术平台的普及，人们对一般新闻信息的阅读浏览方式发生了改变。这场时代变革的深层原因，与其说是极大地满足了人们节约时间和注意力成本，适应现代快节奏的生活需求有关，不如说这实际上已经改变了报纸长期以来作为“早餐餐桌浏览”的新闻消费属性。此类以前处于主流消费地位的纸质媒体不得不面对巨大的市场断层。

然而，这种情况对专业报刊的影响并不突出。专业报刊工作者在“读者去哪儿了”的困惑中渗透的职业焦虑并没有必然性。

首先，与纯新闻报刊“餐桌浏览”的传统阅读并不完全一致的是，专业报刊的阅读一般发生于人们在相关专业领域的工作与学习生活之中，主要作为其工作与学习助手的角色存在。这类阅读可以被形象地称作“办公桌阅读”。

以《南方教育时报》为例，作为一份大至以解读和传播全国和地方教育新政、报道本土教育改革实践，小到反映校园和课堂文化建设等为旨归的报纸，本身即具有“办公桌阅读”的鲜明特色。不难理解，契合工作和学习的阅读行为，与在餐桌边了解时事信息的浏览，或极易被其他生活方式取代的阅读，对媒体的读者（用户）管理来说，前者的读者指向更为精确、清晰。

其次，基于与数字技术融合传播的前提是，必须保证原纸质产品的市场和品牌基础，即原有读者大规模转场（研究者常称之为发行经营“断崖式下滑”①）的现象还没出现。一些专业报刊从内容生产到分发销售，其本身存在某种闭环体系，一般采用的是系统的单位原发性销售模式，再经系统内分发至读者（用户）手中，从而避免了散户流失和报亭关张的行业衰变时的被动局面。

作为专业报刊，《南方教育时报》与隶属深圳教育报刊总社的其他青少年读物一样，在多年的行业服务中早已自成体系，主要面对以本市为主的大中小学校和教育机构定向发行，且发行量多年来随着当地教育规模的扩大而

① 范以锦、辜晓进：《中国传媒风云 2015～2016》，深圳报业集团出版社，2017，第 94 页。

平稳增长，市场占有率始终在50%以上，超过同城4家主流传统报纸的发行量之和。

围绕“办公桌阅读”，提高行业读者工作与学习生活方式契合度，是专业报刊的内容重构必须重视的现实基础。

二 “垂直为王”：基于融合服务行业核心需求的内容重构

由于专心深耕于某个行业，读者对象明确，专业报刊近年获得了一个“垂直媒体”的新的身份标签。

《南方教育时报》对“垂直”的理解和要求是：强化报纸的服务功效，服务于读者群体的工作与学习需求，匹配他们的工作与学习的方式。近年来，该报已基本形成一套相对成熟的受众传播机制，具体体现于五个方面。

（一）向凸显行业核心媒体专业指导作用的方向“垂直”

《南方教育时报》作为教育行业性的专业媒体，以解读全国教育新政为抓手，是向本地教育系统凸显教育行业政策性指导的核心媒体。该报将及时和全面地梳理、解读国家对办中国特色世界水平现代教育的政策精神放在首位，为教育系统全面准确掌握党和国家教育方针，指导办学，较好地发挥出教育专业核心媒体的作用。连年来，该报先后报道和重点解读了《国家中长期教育改革发展纲要》、教育考试制度改革、高校自主招生、异地高考政策变化、中小学教师职称制度改革、“双一流”大学建设、教育法草案修订等重大内容。对这些主要政策的变化，该报基本上做到在第一时间全面、系统地进行报道解读，并做到贴近本地实际。

（二）向发挥行业舆论阵地正面宣传作用的方向“垂直”

在此方面，该报以突出本市教育民生中心工作为抓手，开设了“改革现场”专版，报道深圳全市及各区解决教育民生问题、承担教改任务的相关举措和具体事件，突出报道了深圳学位历史性供给增长、阳光招生、提高民办校办学水平、全市午餐午托等内容。每年发稿量达100余篇，为提振全市教育系统改革信心发挥了正面的宣传导向作用。

（三）向树立行业标杆人物示范作用的方向“垂直”

该报多年来十分重视报道还原丰富多彩的校园生活场景，聚焦达人教师和教改校长，报道教师教育教学的鲜活事迹，介绍教育系统立德树人的典范人物，拉近校园与社会的距离。仅2018年上学期，该报采访典型人物即已达17位，创刊以来先后发现和报道100多名一线教师的个人事迹，展现了广大教育工作者的多面人生。同时，还采访本地行业领军校长70余位，多位校长成为本市名师名校长培养和提升对象，巩固了报纸作为校长领导力建设、教师队伍建设的重要舆论平台地位。

（四）向体现引领专业价值作用的方向“垂直”

为此，该报以注重思想力引领为抓手，以重点报道本地教育科研理论成果和先锋思想交流活动为主，积极为推动本地教育走向全国发挥媒体优势。2017年、2018年连续两年，报纸策划报道了本报与罗湖区教育局合作的“罗湖每周一小时校长学习会”项目，完成报道共40期，采访区主管领导、校（园）长和教科研专家数十位，全市教育系统其他区纷纷效仿，掀起全市校（园）长业务交流学习热潮。此前，该报还先后策划了《引领者——深圳首批教科研专家工作室建设纪实》《思想的力量——深圳教育30人30本专著荐读》等系列专题性报道。其中，《引领者》专题用了近一年时间，采访了全市19位首批教科研专家工作室主持人，集中展示了本市教科研专家的研究成果。《思想的力量》专题则配合第十六届深圳读书月活动，以30个整版推出本土30位校长、教研专家、教育学者、普通教师的教育理论著作介绍，系统性地对深圳建市以来教育界理论探索进行了首次集结。

（五）向深度挖掘发展中的问题、助力行业改革的作用“垂直”

发现、挖掘行业发展中的各种问题，助力行业改革进步，能体现专业报刊前瞻性地位，是此类报刊“垂直”内容的一个根本方向。对此类报道内容，《南方教育时报》还进行了专门的细分，分别提出以“问题导向清单”为主题的深度调研式报道，以“靶向垂直”助力行业改革发展；提出以“校本课题报告”“深圳教育论坛”“校长学习会”“深圳年度教师巡回报告”为主题的专项报道，以“用户垂直”精准维护渠道需求，不断强化“垂直为王”的内容指向。

三　聚合人群：基于融合开拓读者阅读纵深的内容重构

专业教育报刊的阅读对象主要是教育工作者，其中学校教师是核心读者。数据表明，教师是我国最大的知识群体，也是中文报刊阅读的主流人群。据最新统计，深圳专职专任教师已超过13万人，且随着深圳教育规模的持续增长而逐年增加。此外，教育是当下中国的第一民生，有极高的社会关注度，因此，除教师外，行业还有相当的社会阅读属性。重点服务行业人群，聚合本专业和相关人群，是《南方教育时报》特别重视的重构策略。

（一）突破地域性，聚合全行业人群

深圳是一座以移民为主的城市，当地教师除了关心本地的教育政策资讯之外，对广泛的外地教育信息同样保持高度兴趣，特别关注国内一线城市的教育改革实验和民生热点。而且，本地学校与国内其他地区学校、港澳台等地学校互动频繁。与此同时，深圳教育现代化的目标呈现出浓厚的国际化特色，市、区两级教育行政部门每年都会分别组织教师进行海外培训交流活动，带回大量的海外学习经验。《南方教育时报》为此适时调整编辑力量，先后推出“大岭南”“教育中国”“海外新知”等专门版块，于海量的综合性信息之中专心打捞出行业热点，为业内人群提供全国和全球教育的信息。

（二）增强应用性，聚合教学应用人群

根据重点服务行业人群、确保用户黏性的原则，《南方教育时报》在最近一两年对增强应用性进行了尝试。在新闻、服务和副刊三大常规版块当中，强化了服务版块中原“教研有道”栏目的应用性，重点推荐辅助课堂教学如经典教案设计等方面的内容，并将其系列化，对教师的课堂专业成长有明显帮助。针对深圳教育历史短，各区校新聘年轻教师较多、普遍缺乏学生和课堂管理经验的问题，报纸新设了教育教学问题案例征集并邀请资深教师支招的“杏坛百问”专版，受到教师们的认可。

（三）延伸阅读半径，聚合相关家庭和社会人群

除了重点锁定业内读者，《南方教育时报》一直有意拓展社会阅读，借势新媒体平台向社会圈粉。目前，该报重点打造的是本市学区学位需求变化、招生考试以及留学生海外生活资讯等三个与市民关联度较高的内容。每年的学位申请季，该报会联动各区做好学区学位政策专题报道；报纸曾经专门推出招考与就业信息专版，对社会读者产生一定的吸引力；针对深圳全国新兴海外留学重点城市的特点，该报调整了副刊版块的结构，广泛向深圳籍

海外留学生征稿，让他们讲述在不同国家的求学经历，以加强家庭与海外学子的学习分享和情感连接。这一系列强化教育社会性阅读的内容设计，淡化了轻松不足严肃有余的行业报色彩，体现出一定的专业化和市场化互补性的特色，拓展了阅读的边界，而且重构了专业性内容的阅读价值。

（四）重视解读和评论内容，聚合关心行业发展的社会人群

专业报刊的专业意见引领是专业报刊重构内容价值的必然体现。尤其是在媒体转型以来出现的资讯过载和不可避免的内容重复的情况下，人们需要的是更权威、更专业的解读。前面已经提到，《南方教育时报》已将此项任务放在编采工作的首位，即逐渐摒除对教育政策动向性信息的“搬运”式发布，而重点打造“解读体”，做好关键词提取，并结合当地对应的问题编辑必要的补充采访内容，形成独家报道。另外，坚持评论立报原则，对教育领域大小事及时提供专业意见，由主编亲自担任评论版编辑，保持独立评论发声。对教育各类建言和批评的重视，使该报聚集了一批来自家庭教育工作者、法律从业者、自由撰稿人、媒体人、公务员、退休人员、科研人员等作者和读者，使阅读的影响力不断强化。

四　跨媒联动：基于融合跨平台多路径传播的内容重构

2019 年 3 月，《南方教育时报》与《深圳特区报》和读特新闻客户端进行跨平台联动合作，取得了预期的效果。这是该报首次同大型综合性媒体、融媒体平台联手，追求多路径传播专业媒体内容，追求共赢的新尝试。

选择跨媒体合作进行内容重构与传播，《南方教育时报》主要从两个方面考量。

第一，选择联手的媒体平台必须体现权威性、综合性和与专业媒体的优势互彰。《深圳特区报》及其融媒体平台“读特” App 新闻客户端，是深圳发行量最大的党报媒体组合，在党政机关和社会具有普遍影响力和权威性，与专业报刊的读者结构有很大不同，双方受众客观上存在互补性，从而可以成为一种叠加“专业 + 权威”的报业融合传播路径，有利于最大限度提升双方的新闻价值。

第二，体现特定内容，把握重大节点，回应公众关切。联手推出的内容需要有一定的特定性，既要有专业特点，同时又要适应社会公众的普遍关切。2019 年 3 月初，《粤港澳大湾区发展规划纲要》《中国教育现代化

2035》等一系列重大规划方案先后发布。随后，全国两会在北京召开，“湾区教育”成为人大代表和政协委员们热议的话题。深圳是粤港澳大湾区中心城市和国家创新型城市，正值新的一年全市各项中心工作局面新启，《南方教育时报》以此为契机，迅速策划出《谋定——深圳10区基础教育改革展望》的采写方案，计划采访全市9大行政区和1个新区的基础教育主管领导，请他们在当前经济社会发展的关键时期，就如何具体规划各区教育重大改革发展、提高教育质量等问题现身说法，回应社会关切，接受市民群众检阅。

方案提出后，两家媒体单位立即取得合作共识，并得到市教育局全力支持。全市10区教育局一把手分别约期接受了联合采访小组的专访。各区负责人重点就老百姓最关心的教育公平、学位供给、课堂改革、名校建设等问题给出了具体的答案，局长们还结合各区情况描绘了均衡优质、高位发展的改革蓝图，回应了努力办好人民满意的教育、切实提高市民群众的获得感和幸福感的改革发展要求。系列报道连续三周在《南方教育时报》的“改革现场”栏目和深圳特区报的要闻版同期推出，并通过读特等新媒体客户端编辑了相关视频内容进行推送。

基于融合跨平台传播多路径的内容重构，在特定内容特别是在采写新时期党委政府新闻宣传思想工作的内容当中，可以明显体现合作的优势。融合采访可以全面提升专业媒体采编队伍的“四力”①，尤其是对创新产品形态的“笔力”、分析判断局部与全局关系的“眼力”等，效果明显，并进一步提高了专业媒体内容重构的水平。

融合发展背景下专业报刊媒体的内容重构是一个值得不断深入探究的新课题。随着这类报刊专业性的社会价值不断显现，其内容重构与创新的范围和前景将越来越广阔。在围绕“办公桌阅读”、提高行业读者工作与学习生活方式契合度，“垂直”满足专业领域需求、充分体现媒体的核心作用，聚合行业内外人群延伸阅读半径、选择特定内容开展跨媒体平台传播等方面，本书中的《南方教育时报》均有过较成功的探索。进一步统合行业资源打造“专业报道－媒体智库”，以行业影响社会，构建与“教育为区域经济社会提

① 人民日报评论员：《增强“四力” 打造过硬队伍》，2018年9月3日，http：//www. xinhuanet. com/2018－09/03/c_ 1123373713. html。

供智力支撑”相匹配的话语平台等，是其接下来内容重构的重点方向。未来，在媒体智能化布局日益完善、新媒体技术“与专业内容互为表里，对深度报道的辅助功能和对一般性报道的替代功能将愈发明显”的条件下①，专业报刊媒体的内容重构将达到一个新的高度，构建起行业话语的“梅地亚”中心不是梦想。

① 田佳惠、范以锦：《新旧年交接之际看传媒业现状与走势》，《新闻战线》2018 年第 1 期，第 7 ~ 9 页。

第十章　从美国媒体融合的战略选择看传统报业融媒转型四大瓶颈[①]

2015年8月3日至6日，深圳市记协联合美国密苏里新闻学院，在深圳举行了一场关于媒体融合战略发展最新趋势的高级研修活动。这所世界知名新闻学府的专家教授，与来自美国《芝加哥论坛报》、明尼苏达州公共国际广播电台和美国考克斯传媒集团的资深媒体人一起，带来了他们关于报业、广电以及网络媒体在融媒传播方面的最新资讯与战略选择。种种迹象显示，媒体的融合转型之路，已再无可能通过某种有惊无险的阵痛来完成，特别是传统报业的融媒转身，可能要为一个漫长而艰难的过程做好准备。

在这个社交平台日益火爆、全球正整体性迈入移动客户端主宰资讯传播的大趋势下，我们的媒体融合发展至少还存在四大瓶颈。现结合美国几家主流传媒集团的融媒战略进行分述。

第一节　资本瓶颈：报业面临工业资本向金融资本的转型

历史上任何一次技术革命所带来的新旧交替与产业重组，都须依赖于坚实的经济后盾。拥有强大社会话语权的媒体产业历来具有资本与人才“两个密集”的显著特征，在这场空前的转型升级的变局中，资本的力量只会体现得更为淋漓尽致。资本可以保证媒体集团在波谲云诡的市场中不致倾覆，且行得更远。这一点，只要看看近年来美国新闻集团、《纽约时报》、《今日美国》、《芝加哥论坛报》等大型媒体机构积极适应市场、改变单一生产与传播方式、主动融合转型的速度与力度，便可了然。

在国内，虽然新媒体自身的赢利模式尚未全面开启，甚至所谓新媒体本身的概念与业态还未实质形成，但出于对客户端迅猛增长的强烈市场预期，各路资本力量在这一新兴产业面前也已纷纷表现出某种程度的迫不及待。每

① 本章内容发表于2015年第9期《中国记者》杂志，文中指出的问题至今依然亟待解决，有的问题比当时还更为突出，具有显著的代表性。

天，只要打开大大小小的网络门户、贴吧论坛、微博博客、微信公众号朋友圈，各种同媒体沾边与不沾边，动辄数千万元的风投、众筹、估值等信息就扑面而来。据腾讯公司2015年8月发布的报告，诞生才两年时间、只是一个自媒体实验场的微信公众号为例目前就已达到800万个，并拥有远超过传统报业的终端粉丝。它们中相当一部分还得到各种融资支持，并以所谓独立媒体身份向包括报业在内的传统媒体形成挑战。

而与这一切形成鲜明对照的是，报业媒体既不能依靠自身资本积累来完成生产与传播方式及媒体介质的全面升级，且由于意识形态安全等特定原因，也难以在自由的金融资本市场分得一杯羹。绝大多数的报业机构因为种种拖累，一再错过在国内主板上市融资的最佳机会，从而缺失市值巨大的上市公司为其提供市场竞争的空间。眼下的情况是，移动互联时代已提前来到，面对这场裂变式的传播业革命，传统报业需要努力收复失地，重建用户需求；但检点自己的家底，大多已没有多少可供反击的“弹药”。

然而，冬天或许刚刚开始，更深层次的变革是，随着全球性的工业资本向金融资本的转型，金融资本对几乎所有的产业资本的整合与控制将不可阻挡，传统报业还将在较长时期为此付出更大的代价。

第二节 技术瓶颈：重建新的信息闭环

传统报业向媒体融合转型中的一个显著要求是重建新的信息闭环。在这个过程中，过去订阅静止图文信息的读者，已变成忠诚度以时分秒为单位变化的、在海量资讯中获取多元视（听）觉体验的目标用户，精准可达至个人，这给信息后台的技术升级提出了要求。从现在的情势来看，除了报纸原有的信息权威可靠性之外，至少还增加了三个新的技术指标：信息的直观易受、传播时效的无限提前以及有效的用户端到达。这一系列新的“规定动作”，需要新的技术手段才可完成，用密苏里新闻学院迈克尔·麦金教授的话说，“（传统报纸）只强调发表，受众是自己的事，而新媒体的工作要做在出版的前面”。

显然，所谓融媒体技术平台，是借助于各种智能客户端的信息生产、销售与反馈进行整体重构而搭载的平台。传统媒体技术手段无法完成这一切，实现这一目标，需要两大新的技术力量：一个是技术的平台建设，另一个是技术的专项应用。

以《纽约时报》为例，它在技术平台建设上不遗余力。为应对移动互联时代传统出版物面临的挑战，《纽约时报》纸制产品的生产没有停步，但他们对传统的运营模式展开了全面适应融合发展需要的媒体流程再造，为新型传播技术的融合统一做好准备，主要表现为以下几点。

1. 占领所有客户端窗口，包括台式机、平板电脑、笔记本电脑、智能手机等，实现不同产品形态在内容推送上的融合统一；

2. 所有的窗口端重点突出时报品牌，实现传统报业和新媒体品牌融合统一；

3. 大量植入视频阅读窗口，并建立独立的、即时性的微视频频道，实现信息的静态传播和直观动态的互补与融合统一；

4. 组建时报通讯社，实现信息融合采写，完善终端资源的融合共享；

5. 逐步扩展包括中文版在内的多语种版面，为全球市场融合统一做好准备。

在不断完善全局性传播平台流程再造的同时，几乎所有知名的新闻机构，包括美联社、《今日美国》、《洛杉矶时报》、《芝加哥论坛报》、《得克萨斯论坛报》、考克斯新闻集团等，在采编过程中对新型专项技术的应用已相当普遍，其中，对大数据的规模应用成为它们的一致选择。

美国考克斯新闻集团希瑟·布莱斯女士介绍说，他们从每一个部门到每一名工作人员都使用各种数据分析工具，针对不同信息类型、各部门属性与目标受众展开分析。他们使用的数据分析工具，包括 Chartbest、Adobe Analytics 等，其中 Adobe 几乎可以选择想要收集信息从现在到历史追踪的所有痕迹，数据变量达 200 种之多，记者可以从中预见所报道事件的某种发展态势。还有一些新闻单位会使用大数据分析工具，如 Hadoop 等，由拥有编程与统计学方面专门技术的人员，对宏大的数据群进行管理，这从一定程度上可以让目标客户完成从 Information（信息）到 Knowledge（知识）的全面获取。

来自密苏里新闻学院、曾在美国《星空论坛报》和《迈阿密先驱报》工作的普利策新闻奖获得者史蒂夫·赖斯副教授说，实际上美国数据分析工具还有更多，如 D3JS、Databricks 、Gitthub 等，甚至就是最普通的 Excel，都为新闻从业者们喜爱和广泛使用。他认为，移动客户端时代的大数据将出现三种情况：1. 大数据将越来越大；2. 通过数据来衡量一切的革命将会发生；3. 数据将直抵哲学的高度，成为人们对未来决策的依据。因此他认为，媒体的所有行动将围绕数据的可视化展开，记者与编辑通过对数据分析工具的使用，将把新闻业推向“动手制作”的时代。

密苏里新闻学院的麦金教授也补充了这一点。他认为，媒体进入移动客户端时代，将是一个“以数据来讲故事”“一个屏幕，一个故事”的时代，成熟的数据技术工具的应用则可以很好地实现这一目标。

然而，对照我们时下报业的媒体融合，无论是技术的平台搭载，还是对数据分析的技术应用，都是明显的软肋。国内互联网企业技术开发因素相对滞后，媒体融合的技术应用还缺乏产业的支持，我们的技术瓶颈更显突出。

第三节　专业瓶颈：重新认识传统媒体的专业生产能力

如果说，技术升级与应用还受制于一些外在客观因素，那么，在互联网给传统媒体带来深层变局的前夜，美国媒体人在专业研究、专业理解方面的深度和战略的精准选择上似乎已先人一步，他们体现在新闻专业素养、专业程度上的出色表现，有必要让我们对传统媒体的专业生产能力进行一场重新的认识，并寻求突破。

我们看到，从信息的载体由平面向移动客户端发生变化的那一刻起，美国报业的媒体融合就不像国内不少报业媒体那样被动等待、自我唱衰乃至向新媒体投降，而是把主要目标放在专业性要素力量的重新整合上，抓住信息处理的专业要求，重拾传统媒体的传播优势，直到建立起新的传播秩序和专业地位。下面是他们的一些主要做法。

一　重新厘定记录的标准与叙事的原则

《纽约时报》新闻客户端曾被誉为美国最好的新闻客户端。第一，他们保持了传统的版面设计风格，且编入大量的视频叙事；第二，对新闻微视频是观察式而不是解说式呈现；第三，文字内容仍然处于重要的地位；第四，重视评论。新闻微视频作为媒体融合中的新元素，他们对其还规定了更专业的要求，如信息性的标准是“有没有新闻故事”，甚至对时长，风格，图片的组合运用，声音，人物，音乐等，均提出了细致的要求。当然这一切都建立在对用户体验的充分调查基础之上。

二　把“新媒体的长篇”置于核心地位

“新媒体的长篇”类似于传统媒体的深度报道，这是几家主流媒体一致强调的做法，即向客户端呈现事件更完备、全貌性的信息。对核心的新闻信息源进行微视频和图片文字等立体式解读，并提供关联的一切信息，同时将用户的即时评论置前，增强互动，让重大的新闻报道成为公开的讨论，延续并进一步放大昔日在传统媒体上的聚焦效应。

三　以“突发新闻”报道重建大众依赖

如《芝加哥论坛报》《纽约时报》等纷纷成立突发新闻运营中心，改变传统记者的工作方式，要求记者全天候、不间断投入报道。据《芝加哥论坛报》介绍，这家拥有14家报纸和广播电视部门的媒体机构，对突发新闻的报道运营准则是“First and Fast”，即遵循首发与快速的准则。据统计，由突发新闻中心发布的新闻信息，在智能手机客户端的占有率达到50%，网络页面每天达到120万人次的浏览量，同时在脸书和推特上每天对阅读增长率的推动贡献达20%。

四　团队合作的精细化传播

媒体融合的另一个特征是团队融合。在一条具体的信息生成过程中，记者的职责仅定位于简短、快速、不停顿地完成全媒体形式的前期生产、首发后跟进报道以及保持更新，而更多的工作留给后面的同事。除了对信息进行技术性与专业性的加工，其主要的运作更包括对受众的迅速反应并对信息进行适时更新。此外，内容的销售团队不是被动地等待用户来“发现”，而是开发多种形式的定制提醒，并且不断地调整追踪用户的策略。如此精细化的专业合作令人感叹。

五　以“鼠标的无限下滑”把专业做到极致

这是美国明尼苏达州公共国际广播电台高级网络编辑乔纳森·凯林带来的关于专业的经验表述，其实这也成为媒体融合战略中报业的重要选择。既然传统报业以前只能通过成本不菲的版面扩充来满足用户对信息量的扩展要求，网络却能提供海量的存储空间，对专业的信息提供者来说，正好可以把更多精力投入内容建设，推出更全面的内容，从而满足用户的不同需求。通过“鼠标的无限下滑，讲更多的故事”“不是为了告诉读者发生了什么，而是帮助他们做想做的事”。显然，这是一场重新获得信息垄断、本质上是为了搭建一个属于自己的用户平台的专业努力。

第四节　机制瓶颈：新业态新市场呼唤新活力

对传统报业的转型发展来说，媒体融合首先带来的是机制的创新，创新使其在新的业态和新的市场中产生新的活力。我们依然可以从美国和其他的一些西方国家传统媒体的机制创新中得到启发。以近年来美国传媒界对新闻专业价值导向的机制建设为例。据密苏里新闻学院的专家介绍，从移动客户端出发，以用户体验为重要参考方向，美国媒体的行业协会对新闻奖项的设置已发生变化，比如专门推出了全新的视觉设计、最佳解释、最佳互动展示、静态照片组合、总体优秀等极富新媒体思维的奖项。在过去的一年中，这些奖项分别由《纽约时报》、《洛杉矶时报》、《得克萨斯论坛报》、美联社，以及英国《卫报》、BBC 等大报和通讯社获得。这与我们多年来仍坚持的新闻报道要符合体裁标准、主题导向要正确等相比，存在的观念差距显而易见。

机制创新还让其融媒建设从被动应对来自市场的挑战转向主动拓展。在新媒体技术的平台搭载方面，一些大型报业机构主动与知名互联网企业达成开发合作，如与 IBM、Mac 等公司数据平台的建设合作，通过物联网的物件应用进行数据收集等。

在终端的占有上，除了现在的网络 PC 与智能手机客户端之外，它们中有的还瞄准车载终端，把移动时代的阅读体验战略性扩张至过去只有广播功能的汽车上面。这些创新对我们当下报业的融媒创新之路不无启迪。

密苏里新闻学院麦金教授在论及美国传统媒体如何实现转型发展时强调三个要素：随着新媒体技术与市场的到来，传统媒体需要的不是畏惧，而是在尝试中不断进步；引进创新人才，形成新的创新力量；允许转型有一定的时间。这些同样适用于中国报业的融媒转型。中国媒体需要转变观念，摆脱“零和博弈”，共同面对与合作解决一切内外环境的变化。在媒体内部、同行业之间，与所有的关联方一道，走向一个融合发展的未来。

第十一章　国内传统媒体融合发展建议

2015 年 12 月 25 日，习近平总书记在视察解放军报社时强调："读者在哪里，受众在哪里，宣传报道的触角就要伸向哪里，宣传思想工作的着力点和落脚点就要放在哪里。" 2020 年 9 月 26 日，中共中央办公厅、国务院办公厅发布的《关于加快推进媒体深度融合发展的意见》中指出，"要走好全媒体时代群众路线，坚持以人民为中心的工作导向，坚持贴近群众服务群众，创新实践党的群众路线，大兴'开门办报'之风，把党的优良传统和新技术新手段结合起来，强化媒体与受众的连接，以开放平台吸引广大用户参与信息生产传播，生产群众更喜爱的内容，建构群众离不开的渠道。" 可见，新媒体用户对传统媒体融合发展具有极为重要的意义，满足用户需求、构建用户渠道、强化与用户的连接是推进媒体深度融合发展的重要手段。因此，本章主要针对国内传统媒体融合发展中普遍存在的问题，结合用户新闻媒介选择意向研究结果，借鉴国内外代表性媒体融合发展案例，提出以满足用户需求、提升用户体验、扩展用户渠道、强化用户连接的传统媒体融合发展对策与建议。

第一节　融合发展问题分析

综观国内外媒体转型实践，数字平台的用户规模是决定各种转型模式成功与否的重要因素。如转型较为成功的美国《纽约时报》《华盛顿邮报》《今日美国》，英国的《卫报》《每日邮报》，以及我国的《人民日报》、澎湃新闻、《浙江日报》等，都拥有较大的用户规模。

笔者在对用户的调查中发现，用户有使用传统新闻媒体的意愿；在对新闻媒介使用现状的调查中发现，今日头条、腾讯新闻、央视新闻、《人民日报》的使用率位居前四，澎湃新闻位居第六，本地传统媒体位居第八。由此可见，虽然今日头条和腾讯新闻的市场占有率较高，不过也有较多用户选择了传统新闻媒体。但是除《人民日报》、央视新闻等中央级媒体和澎湃新闻这些媒体融合具有显著成效的媒体外，大部分省市级报业集团的影响力和使用率都较低。

人民网《2019 报纸融合传播指数报告》数据显示，2019 年报纸融合传播百强榜有中央级报纸 26 家，省级报纸 58 家，省会城市及计划单列市报纸 16 家。其中，排名前三位的是《人民日报》、《环球时报》和《光明日报》，均为中央级报纸。微信公众号开通率为 95.9%，综合发文数、阅读量、在看数等指标，《人民日报》、《环球时报》、人民网微信公众号位列 2019 年报纸微信公众号账号传播力前三。入驻今日头条的 226 家报纸的 228 个账号平均订阅量为 75.3 万，中央级报纸的平均订阅量最高、省级次之、市级最低。①

由此可见，目前新闻媒体格局已经出现两极分化严重的问题。在政务资源、人才资源、技术资源和庞大的用户规模支撑下，报业产业发展呈现出明显的“马太效应”。

省市级报业集团的转型发展起步较晚、力度不够。人民网数据显示，调查涉及的 295 份报纸中，有 212 份报纸及其所属报社/报业集团建设自有安卓客户端 275 个、苹果客户端 151 个，平均每个安卓客户端在 12 个安卓商店的累计下载量为 625.9 万次，较 2018 年增长近 1 倍。② 由此可见，国内大部分传统媒体近几年在移动终端建设上投入较大。浙报集团早在 2012 年上市，上市仅 6 个月后就耗资 34.9 亿元收购边锋和浩方两大游戏平台，赢得 3 亿用户，抢占了先机，占据了大量的用户市场，为客户端的上线奠定了坚实的用户基础。澎湃新闻于 2014 年 7 月上线，在 2017 年将《东方早报》停刊，全面向新媒体转型，转型力度较大。与浙报集团和澎湃新闻的改革发展力度和举措相比，国内大部分省市级媒体单位媒体融合进展相对缓慢，错过了最佳时机，导致用户市场被分割，传播力和影响力较弱。

艾媒咨询调查显示，与聚合类新闻客户端相比，传统媒体转型客户端一般存在用户满意度低、用户体验差等问题。究其原因，主要在于国内大部分传统媒体转型的客户端均存在转型发展力度不够，互联网思维转换缓慢，对用户重视不足，缺乏对用户的深入、系统化研究。因此，这些媒体缺乏对用户的深入了解，难以生产满足用户需求的产品和服务，传播力和影响力较弱。

---

① 《2019 报纸融合传播指数报告》，2020 年 4 月，https://baijiahao.baidu.com/s?id=1665357579945033346&wfr=spider&for=pc。

② 《2019 报纸融合传播指数报告》，2020 年 4 月，https://baijiahao.baidu.com/s?id=1665357579945033346&wfr=spider&for=pc。

第二节 融合发展对策与建议

一 战略布局：以用户为中心的发展战略

新媒体平台的用户规模已经成为决定各种转型模式成功与否的关键因素。只有对用户的身份属性和行为轨迹进行分析，掌握用户的静态数据和动态数据，绘制用户画像，引入智能算法，匹配个性化内容，有针对性地提出内容生产改进方案，才能切实提高新闻生产传播的有效性。转型较为成功的媒体大多实现了对用户研究的系统化、体系化建设，用户研究已成为提高用户占有率的必由之路。

英美报业融合发展具有代表性的传统媒体《泰晤士报》《卫报》《丹佛邮报》《赫芬顿邮报》《纽约时报》《华盛顿邮报》，韩国的《中央日报》《韩民族日报》和我国的澎湃新闻、浙报集团、深圳报业集团，为了发展和拓展用户，都设有专门的用户拓展和发展部门，研究和分析用户数据，指导内容生产和服务升级。

具体来看，澎湃新闻将用户信息反馈和需求作为战略定位和服务升级的重要依据。澎湃 App 上线之前，先在微信平台上开设了三十几个账号，以不同风格进行运营，测试用户反馈，并在对自身团队生产能力检测后，将用户反馈最为强烈的政治新闻与观点新闻作为未来的发展定位。澎湃新闻在 App 上线后，不断地根据用户反馈信息，升级产品和服务。目前，澎湃新闻有多个专属用户反馈群，在新产品上线之前，会在用户群进行版本测试，根据用户反馈信息进行调试后正式上线。另外，澎湃 App 设有专门的用户信息反馈界面，同时澎湃新闻内部研究团队会对用户反馈的实时数据进行分析，并将分析结果反馈给内容生产部门。

浙报集团用户群的迅速壮大和用户研究是息息相关的。该集团在对两大游戏平台边锋、浩方的用户数据分析后发现其与自己的用户群相似度极高，不惜耗资 34.9 亿元进行收购。浙报集团对上述平台的收购，重在平台用户，这为浙报集团后期发展打下坚实的用户基础。此外，浙报集团设有专门的用户运营团队，负责吸引注册用户，增加活跃用户，最终实现用户转化、经济产出。浙报集团早期就基于用户订阅报纸的地址信息与地产商合作，实现广告的精准投放，收效颇丰。浙报集团的每一步战略规划都将用户作为重要参考，在用户研究和运营上有系统的规划和布局。

深圳报业集团近年来也在加大用户研究力度，目前已在下属读特传媒建立了用户数据中心，该中心主要负责用户数据分析、用户体验分析和竞品分析。

用户数据分析主要负责读特传媒分布式平台的数据统计和数据分析。数据统计主要包括数据仓库整体架构设计和绘制用户画像。数据分析主要为满足业务方的数据需求提供数据分析，抓取和统计读特传媒的用户数据和传播数据。具体包括：一、稿件传播力监测及分析，为采编人员内容生产和考核提供科学准确的数据依据和分析报告；二、针对用户运营活动，分析活动期间的数据情况，进行效果测评，为活动策划提供参考，为运营部门制定发展战略提供数据依据和参考。

用户体验分析主要包括客户端新版本发布前的用户体验深度调研和定期对业内专家进行访谈，从用户和专家的角度深入了解客户端的用户体验和发展现状，并根据用户需求提出读特传媒下属客户端存在的问题与具体的解决方案。

竞品分析主要是通过对同行业国内外媒体竞品的分析，掌握全球主流媒体发展现状，为读特传媒下属客户端的服务升级和战略部署提供决策依据。

读特传媒用户数据中心通过实时了解用户数据动态，掌握用户需求，以科学的数据为依据、以真实的用户与专家反馈为指导，以国内外同行业的发展优势为借鉴，全面提升读特传媒的传播力、影响力和引导力。

英国报业中比较有代表性的是《泰晤士报》，在 2004 年改版初期曾尝试大报、小报同时发行，后经用户反馈和多方调研，根据用户阅读习惯和需求，最终确定了发行小报的改版方案，推出后一个月，发行量增长 2.29%，增加 1.4 万份，达到 63.6 万份。[①]《卫报》建立了用户体验实验室，研究用户的产品使用行为，为产品开发与改进提供数据支持。

美国报业也极为重视用户，将用户调查数据视为每一项改革的基础。其中《丹佛邮报》拥有自己的用户发展部，《赫芬顿邮报》近年来一直致力于用户研究，将抵达量、粉丝量、黏度数据、浏览量和信息消费模式等构建成“数据流动闭环”，将第一手即时大数据用于用户行为分析。[②] 贝佐斯在收购

---

① 王垂林、张志安等：《英国媒体数字化转型：案例与模式》，南方日报出版社，2017，第 125 页。

② 辜晓进：《重走美国大报——美国报业转型：颠覆与重生》，南方日报出版社，2018，第 407 页。

《华盛顿邮报》后，更是将扩大用户规模作为发展的最终目标。《纽约时报》设有专门的用户发展部，通过专业的数据检测和分析技术，为扩大用户规模、增强用户黏性提出科学、系统化的建议，为媒体发展做出突出贡献。[①]美国多家报纸和网站在对用户进行深入调查与研究后发现，由于社交媒体对年轻用户群体具有巨大吸附力，培养年轻人的读报习惯已成为耗资巨大又效果不佳的行业难题。[②] 因此，美国多家报纸、网站采取以“婴儿潮”用户为主要受众目标的发展战略，在内容生产和广告投放上进行了有针对性的选择，并取得了较好的收益。

对韩国报业的调研发现，韩国媒体《中央日报》《韩民族日报》《国民日报》等均掌握了大量的用户数据，并根据用户数据指导新闻生产。首先，《中央日报》根据用户接受新闻信息的时间需求，设定发稿时间，除重大新闻外，其他新闻皆在设定的时间段发布；《中央日报》还根据新媒体年轻用户群体的兴趣和需求，与第三方平台合作开设各种旅游服务和知识付费活动。其次，《韩民族日报》通过分析用户的新闻打赏行为，对用户进行分类，进而推出新闻付费政策。另外，《韩民族日报》和《国民日报》在对青年用户的兴趣进行分析后，针对青年用户感兴趣的话题，在第三方平台开设了如性问题、宠物和旅游等问题的专业咨询平台。

以用户为中心一直是聚合类新闻平台的理念与宗旨，其中最具代表性的应属今日头条。它曾经的口号是“你关心的才是头条”，突出以用户为中心，以强大的算法能力来精准匹配用户需求，使今日头条在短短两年多的时间内拥有了2.2亿用户，每天有超过2000万用户在今日头条上阅读自己感兴趣的文章。

另外，互联网行业同样非常注重用户增长。如脸书、亚马逊、谷歌、推特、领英（LinkedIn）、爱彼迎（Airbnb）等公司都把用户增长作为最高目标。其中最具代表性的脸书公司设有专业的用户增长团队——增长黑客（Growth Hacking），该团队以用户行为数据为基础发起一系列深度研究项目，提出有针对性的解决方案，使脸书用户量由2007年的7000万增长达到2017年的20亿，创下了用户增长神话，带来了丰厚的经济效益和巨大的社会

---

① 辜晓进：《重走美国大报——美国报业转型：颠覆与重生》，南方日报出版社，2018，第347页。

② 余婷：《抓住“婴儿潮”忠粉：美国报纸维护中老年受众的策略》，《青年记者》2020年第25期，第20~22页。

影响。

从用户的层面可以把报业融合发展分为三个阶段。第一阶段是追求用户数量。吸引用户下载和使用是掌握用户数据的第一步，通过用户的静态数据和动态数据分析，媒体可以判断用户需求，根据用户需求和喜好更科学地指导内容生产。第二阶段是增强用户黏性，提升用户活跃度，培养忠诚用户。参照用户数据反馈，能够更科学地制定发展举措。例如，韩国《韩民族日报》通过对用户打赏新闻的行为进行数据分析，制定了用户新闻付费的标准与方式。第三阶段是通过用户商业价值转化实现经济效益产出的过程，即通过用户数据与资源对接实现市场化赢利。

从我国大部分传统媒体单位对用户信息的掌握情况来看，我国仍处在用户发展的第一阶段，即用户市场占有率的提升阶段，因此无法掌握用户的相关信息，无法实现以用户需求指导内容生产；特别是在垂直化内容生产上，难以为各媒体单位提供借鉴和依据，无法指引发展和转型方向。而国内头部媒体单位，如澎湃新闻和浙报集团，已经完成了用户发展的第二阶段，计划全面向第三阶段过渡，建立用户数据商业化转换的赢利模式。因此，传统媒体单位急需加强对用户的相关研究，根据各媒体的发展现状和未来发展规划，按长短期目标制定具体的用户研究方案和规划，为各媒体单位的发展提供借鉴。

二　平台建设：注重新媒体平台建设

（一）实现平台整合，建立综合性新闻客户端

笔者通过访谈发现，部分用户认为过多地下载客户端会导致隐私泄露和内存空间不足。客户端的下载需要占据一定的内存空间，并且通常需要用户同意一些隐私条款，比如同意打开个人的相册、麦克风和定位等，这些媒介使用中的不安全因素已经成为用户抗拒使用新媒介的主要因素。因此，传统新闻媒体客户端应尽可能地将平台聚拢、整合，减少用户下载多平台的负担，在丰富平台内容资源的同时，提高自身综合竞争实力。

（二）注重微信平台的特殊性、重要性

通过用户访谈和用户调查我们发现，微信是用户获取新闻的主要平台，位居用户媒介使用平台选择第一位。2020 年疫情期间的媒介使用调查结果也证明

了微信是用户使用频率最高的媒介，同时是用户获取疫情信息的主要平台。[①]

不同于其他社交媒体，微信不仅是重要的社交平台，同时也是重要的信息交流工具和资讯获取平台。据笔者的最新研究，用户即便是认识到微信的使用会带来一定的负面影响，但仍会持续使用微信，这与笔者前期对脸书研究的结果呈现出了明显的差异。[②] 即，用户发现脸书的使用会带来情感和社交等方面的负面影响时，会有意识地通过一系列的回避使用行为，从不同程度上回避使用脸书。但是，微信的用户相反，即使用户在使用过程中感知到了危险性和情感、心理上的负面影响，由于微信具有诸多功能和特殊的媒介属性，用户还是会持续使用微信。由此可见，微信已经占据了人们生活中的重要位置。另外，由于微信的社交圈一般是基于线下关系建立的，多为亲友、同事、同学和其他社会关系，真实地反映了个人的社交圈层，因此，大部分用户认为与个人相关的、重要的信息都会在朋友圈传播，所以，朋友圈是大部分人获取信息的主要渠道。因此，传统新闻媒体应重视微信的特殊性和重要性，借助微信传播的优势，注重微信公众号的运营和传播，扩大在微信上的传播影响力。

（三）提高新闻评论

笔者在对用户的前期访谈中发现，部分受访用户以新闻评论质量作为选取新闻媒介的重要参考依据。内容丰富、观点鲜明的新闻评论甚至比新闻内容更吸引用户，用户更倾向于通过新闻评论获取更多元的新闻观点；大部分用户表示阅读新闻评论的时间经常比看新闻的时间还要长。

自媒体时代是以用户个体为传播主体的时代，每个人既是新闻的传播者，也是新闻的生产者，而媒介融合实现了人际传播和大众传播的融合。长久以来，我国公众缺乏自我表达的平台，普通民众难以进入公共空间，参与公共事务的讨论、表达个人意见和观点。[③] 自媒体的出现为用户提供了可以参与讨论、发表个人观点的最接近公共领域的网络空间，用户可以自由地发

---

① 中国广视索福瑞媒介研究：《疫情期间用户媒介消费及使用预期调查报告》，2020 年 2 月，http：//www. 199it. com/archives/1012717. html。

② 王雪：《社交网络媒体研究：回避行为、转换意图及其影响要素》，延边大学出版社，2016，第 123 ~ 139 页。

③ 韦路、陈稳：《城市新移民社交媒体使用与主观幸福感研究》，《国际新闻界》2015 年第 1 期，第 114 ~ 130 页。

表个人的看法和观点，用户参与新闻的讨论成为主流。

因此，传统新闻媒体应该在加大新闻评论把关的同时，积极鼓励用户参与。贝佐斯在收购《华盛顿邮报》后，极为重视新技术的应用，引入了多个系统（包括 Loxodo 监测统计平台、Websked 内容检测记录系统、Break Fast Alerts 新闻报警装置、Bandito 题材敏感度测试系统、Clavis 内容推广和选题筛选系统等）。《华盛顿邮报》设计了自动工具 ModBot 系统，该系统可以与人工管理配合，过滤评论、分解归类评论和注明违规评论等，实现对每月超过 100 万的评论数据进行追踪和管理。

传统媒体应积极利用新媒体平台进行传播，不仅加强客户端的评论互动，还要注重微信、微博等传播平台，通过新闻评论区与用户的互动，在传递相关新闻信息的同时，促进和用户的沟通，掌握民情民意，提升新闻引导力，扩大传播影响力。

（四）增强与用户的互动，增加用户生产板块

随着媒介环境的不断变化与发展以及传播平台的扩张与开放，新闻的生产与传播已经不再垄断在传统媒体手中，正在向着开放共享、注重用户生成的新媒介环境过渡，用户生成新闻这一新的新闻生产模式变得越来越重要。一些主流新闻网站已经开设了供用户参与、分享、生成内容的平台。新华社新媒体基地打造了基于定位的实时分享客户端“我在现场”。用户可以通过移动互联网定位技术，把自己在新闻现场的真实所见、所闻、所感加以分享，提供及时、独家的新闻素材。南都新闻客户端的“我要报料”，用户可以输入文字和上传图片，报给自己想要报料的对象；此外，每位记者还有自己的主页，点击“报料”便可留言，如果双方愿意可以直接建立联系，互加好友直接沟通。澎湃的新闻客户端也同时设有“新闻报料”板块，支持用户上传图片、文字和视频信息。

用户生产内容模式不仅可以提高用户参与度，增强用户活跃度，而且可以获取大量的新闻线索，加大地方事件新闻的报道力度，扩大传统新闻媒体在地方的影响力。专业的内容生产与用户生产相融合的新闻生产模式，对于传统新闻媒体在媒体融合环境下的发展将起到积极的推进作用。

（五）丰富新媒体平台，培养专栏记者

培养语言和写作能力强的记者，鼓励他们在新闻客户端开设不同领域的

板块，对教育、时政、楼市、股市和美食等多个领域进行垂直化生产，并对已生产的内容经过编辑在微信公众号进行二次传播。

国内外已有很多媒体将垂直类的内容做得越来越细。国内的《人民日报》具有多个领域的垂直化公众号，澎湃新闻通过精准定位和精细编辑，微信公众号粉丝在一年之内从零增长到70万，成为中国阅读数领先的微信公众号平台。《纽约时报》《华盛顿邮报》《今日美国》《华尔街日报》等均开发了多个具有特色的垂直领域客户端。

因此，在新媒体的内容生产上，应充分发挥记者的个人优势，深耕垂直领域，通过生产优质的新闻内容，让用户对某一名记者持续关注。记者可以在自己的专栏第一时间和用户直接联系和互动。

南都为记者开设接受用户“报料”的窗口，记者进入“报料”窗口便可查看并回复留言，这种“没有中间人转信息”的模式，给用户提供了更立体的全方位的留言沟通，帮助记者走近受众身边，既增加了记者新闻线索的来源，也增加了记者与用户的互动，可以高效率地反映民情，吸引忠诚用户，形成良性互动，建立记者与用户的可持续的长久关系，增加用户阅读量，进而扩大平台的影响力。

（六）提升 HCI 交互设计

在竞争日益激烈的新媒体环境下，加大技术支持，加强网页建设，在展现形式与操作功能上进一步提升，是传统新闻媒体提升用户体验、提高用户活跃度的关键，是转型发展的第一步。

艾媒咨询针对媒体形象、功能学习、内容分类、展现形式、跨平台分享、操作趣味性、个性订阅和评论功能等方面，对传统媒体转型的客户端与聚合类新闻客户端进行了比较，结果发现，传统媒体转型中的客户端只有在“媒体形象”与“功能学习”两个方面的用户满意度高于聚合类新闻客户端，其他方面都远低于聚合类新闻客户端。① 传统媒体转型的新闻客户端，用户的满意度与用户体验均处于劣势。

HCI（Human Computer Interaction，人机交互）涉及计算机科学、设计学、心理学、人类学、工程学等多学科领域。一个成功的 HCI 界面，不仅要

① 《2017Q1 手机新闻客户端市场研究报告》，2017 年 5 月 9 日，https：//www. iimedia. cn/c400/51237. html。

有丰富强大的功能，而且要操作便捷，即可以满足现有用户的需求，也要能够吸引新的用户。传统媒体的新闻客户端用户在使用初期对其操作功能及页面设计的认知，将直接影响用户的使用行为，这就要求传统媒体新闻客户端不仅要有丰富的内容，而且在设计与操作上要新颖便捷，可以吸引用户。①

澎湃新闻客户端在媒体融合的发展之路上不断加大用户研究，极为重视用户反馈与用户体验。自上线以来，澎湃新闻多次对新闻客户端进行升级，目前已经升级到 8.2.8 版本，在多次的升级版本发布之前，一般会征集自愿对客户端进行检测的用户提前检测体验，征集用户意见，进行修改完善后发布上线。而在上线之后，还会对优化版本发起内测邀请；同时，澎湃新闻鼓励用户积极提出意见，并且尊重用户提出的意见，主动收集来自客户端和两微的留言，在此基础上团队再进行产品研发和制定发展方向。

澎湃新闻之所以能成为媒体融合发展的代表，不仅是因为其优质的内容生产能力，还在于其互联网思维转换能力。澎湃新闻对用户极为重视，注重用户体验，不断提升用户体验，满足用户需求。

（七）与第三方平台合作，注重自身品牌维护

虽然与第三方聚合类客户端合作可以在短时间内带来一定的经济收益，在互联网空间提高传播力，但是这只是一种短期效益，并不利于传统媒体的长期发展，容易使其失去自身的品牌影响力。据统计，目前约有 70% 的原创新闻内容是由传统新闻媒体生产的，特别是由报纸提供的。但是报业却越做越艰难，而第三方平台却在大量吸金。②

与第三方平台合作的另一个问题就是用户数据不属于自己。虽然传统媒体在微信、微博、今日头条、腾讯等平台都建立了自己的账号，也吸引了一定数量的用户，但是这些用户数据信息基本归平台所有，传统媒体很难获取相关的用户数据，导致传统媒体对用户的了解甚少，生产模式和大众传播时代相似，长此以往传统媒体的互联网生存能力将越来越弱。

因此，在与第三方平台合作时，一定要注重自身品牌的保护与宣传。保证优质新闻内容的生产，让用户对新闻品牌产生认知，通过优质的内容吸引

---

① 王雪：《融媒体环境下党报应对竞争的策略》，《青年记者》2018 年第 27 期，第 45 ~ 46 页。

② 彭增军：《新闻业的救赎：数字时代新闻生产的 16 个关键问题》，中国人民大学出版社，2018，第 16 页。

用户的持续关注，在用户对品牌产生一定认知的情况下，吸引用户回归到自己的平台。在保证优质内容生产的同时，还应加大技术研发，支持外向链接，使用户可以通过第三方平台链接进入原创新闻平台，保障用户回流。

三 内容生产：优质、多元化的内容生产

（一）深耕内容生产，以优质内容取胜

在数字媒体环境中，媒介形式日新月异，但是始终有三个发展的趋势是清晰的：首先是媒体提供的内容和服务激增，其数量基本上没有上限；其次是用户对媒体的使用更为便捷，可以轻而易举地从一种媒体转到另一种媒体；再次是对于理论上无限的内容和媒体，人们消费媒介产品和服务的注意力却是有限的,① 用户的注意力成为新媒体时代重要的稀缺资源。

为了吸引用户注意力，部分聚合类新闻客户端大搞"标题党""花边新闻"，提供了大量的娱乐化内容，甚至是低俗色情的信息，严重干扰了网络传播秩序。詹姆斯·韦伯斯特指出，媒介体系在我们毫不知情的情况下向我们"推送"内容，假如没有媒体的推送，这些"被选择"的偏好也许根本不会存在，是数据日益导演了这个过程。② 在数据驱动的体系中，包括推荐和受众视听率在内的相关数据，都是用户和媒体用来了解市场的工具，但是这些工具从来都不是中立的，它们存有偏见，偏向于某些特定的结果，将公众注意力导向不同的方向。③ 我们在访谈中发现，部分受访者表示，如今日头条这类商业聚合类新闻客户端上的信息过于冗杂，信息质量不高，需要投入大量的时间去寻找有价值的信息内容。

不同于一般的传播内容，新闻对中立性、客观性以及专业的新闻视角和采编能力都有较高的要求，因此专业化生产内容仍是新闻的主要生产模式，这也是传统媒体与商业化媒体竞争的一大优势。

艾媒网数据显示，央视新闻客户端在中国手机新闻客户端中高端用户群体中的满意度领先于其他平台。疫情期间，用户的媒介使用行为发生了明显

① 〔美〕詹姆斯·韦伯斯特：《注意力市场——如何吸引数字时代的受众》，刘石磊译，中国人民大学出版社，2017，第5～6页。

② 〔美〕詹姆斯·韦伯斯特：《注意力市场——如何吸引数字时代的受众》，刘石磊译，中国人民大学出版社，2017，第130～151页。

③ 〔美〕詹姆斯·韦伯斯特：《注意力市场——如何吸引数字时代的受众》，刘石磊译，中国人民大学出版社，2017，第79～100页。

转变，传统媒体网站/客户端的使用率有显著提升，媒介信任度高达57.7%，位居排行榜第一位，并且用户的持续使用意向较高。[①] 由此可见，传统媒体是用户获取相关信息的主要渠道。对信息质量要求较高的用户对新闻的专业性和权威性都有较高要求，这类用户群体对传统新闻的选择意向较高。因此，传统新闻媒体应该凭借自身优势，通过融媒体布局持续提高内容生产力、公信力和舆论引导力，提升用户体验和用户满意度。

（二）突出数字优先战略，转换新闻生产方式

以新媒体为中心进行新闻内容生产，要改变的不仅是记者的投稿形式，更要运用互联网思维，以多媒体手段呈现新闻，丰富新闻的呈现形式。全面启用融媒体指挥中心，实现内部信息融合，加快新媒体的发展步伐，提升新媒体的影响力。

就目前的发展现状来看，大部分地市级新闻媒体仍主要是依靠报纸赢利。但是，随着媒介技术的不断发展，媒介市场环境和用户消费需求的转变，这些媒体在不久的将来同样会需要改变原有的生产模式，将新闻的生产重点转移到新媒体终端。

根据相关预测，5G技术会在最近的几年全面投入使用。5G移动通信具有更好的通信质量、更快的网络速度以及更安全的网络环境。在5G移动通信技术提供的优良网络环境下，新媒体产品将进入另一个飞速增长期。在新闻领域，传统媒体一定要把握好这次技术飞跃，抓住时机，占领市场。

新媒体新闻需要运用多种技术手段，达到文字、图片、视频等多媒体的呈现效果。专业的记者虽对文字的敏感度较高，但要符合新媒体的传播特点，实现多媒体呈现效果较难。因此，新媒体部门应适当增加新闻制作技术人员人数，采用记者和新闻制作技术人员“内容+技术”的新型新闻生产模式，达到“新闻现场再现”的效果。

新媒体新闻生产方式应有别于传统媒体时代的新闻生产。应设置相应的技术支撑部门，组建“编辑部+数字制作部”的新闻生产模式。每一条登在新媒体终端的新闻，都应在编辑部生产的基础之上，由数字制作部进行二次加工，使原文字稿件配以图片、视频和音频等媒介形态，更符合新媒体时代

---

① 中国广视索福瑞媒介研究：《疫情期间用户媒介消费及使用预期调查报告》，2020年2月，http://www.199it.com/archives/1012717.html。

用户的信息获取需求。

（三）注重突出本地，聚焦民生热点

传统新闻媒体在转型发展的过程中不仅要突出新媒体的特征，还要发挥地域性的优势与特点。[①] 地域性虽然在一定程度上限制了传统新闻媒体在互联网平台的传播范围，但是地域性也是传统媒体的一大优势。在新闻报道上应突出本地热点，加强舆论监督；在内容上注意挖掘深度；在报道风格上尽量贴近民众，聚焦与民生休戚相关的社会问题，扩大在本地的影响力。

根据路透社的数字新闻报告，用户最想阅读的新闻所具备的六大要素中，前三项分别是相关性、社交性和地域性。[②] 也就是说用户首先倾向于寻找与自身最相关的议题新闻，如与他们的家庭、工作、当地社区等相关；其次是与家人和朋友相关的议题，用户更喜欢通过社交媒体进行分享，进行二次传播；再次是新闻标题中的地域性词语会对点击量产生重大的影响，用户更倾向于关注自身所处地域的新闻。由此可见，用户关心的、有较高阅读倾向和转发意愿的都是与自己所处的环境和人际关系相关的主题。因此，传统新闻媒体要突出地域性优势，深耕本地新闻，不仅可以满足本地用户新闻需求，还可以达到使用户自主传播的效果，在扩大传统媒体自身平台传播力的同时，扩大社交媒体平台的影响力。

（四）关注用户阅读倾向、注重语音播报

企鹅智酷的《中国新媒体趋势报告 2017》显示，75.5%的用户至少听过一次网络音频，在网络音频消费者中有 41.1%的用户收听过新闻类音频，居音频消费内容之首。[③] 在信息的接收效率上，虽然听觉远比不上视觉，但是以音频形式获取新闻资讯的用户数量却不容小觑。

一些主流新闻网站已经纷纷开发了语音播报功能，例如人民网新闻客户端的“听播报”功能，不仅有每日的“来了！新闻早班车”对当日要闻的精

① 王雪：《融媒体环境下党报应对竞争的策略》，《青年记者》2018 年第 27 期，第 45～46 页。

② Kim Christian Schroder, “What Do News Readers Really Want to Read About? How Relevance Works for News Audiences”, *Reuters Institute Digital News Report 2019* , Oxford: Reuters Institute for the Study of Journalism, 2019.

③ 企鹅智酷：《中国新媒体趋势报告 2017 ：通向媒体新星球的未来地图》，2017 年 11 月 20 日，http://tech.qq.com/a/20171120/025254.htmp=1。

简报道，还有实时的时政要闻、热点资讯，以及养生、美食、文化等各类热门专题，丰富用户的视听感受。《长江日报》也在官方微信推出了新闻早餐资讯类栏目“早安武汉”，每天早上5：30左右进行推送。中原网推出了“每日3分钟，尽览天下事”，对当日的国际国内时政要闻进行简短播报。南都微信号与客户端均推出了“南都早餐”栏目，其呈现的形式有传统的文图，也有音频和视频产品的综合类拼盘，节目总时长一般维持在5~8分钟，而视频的时长多为1~3分钟，既考虑到了时间也考虑到了应用场景；同时该栏目设有每日打卡小程序，提高用户对新闻阅读的坚持度以增加文章阅读量，目前该栏目至少每天有7万的点击量，经常超过10万。

深圳报业集团的读特客户端在早间新闻汇总“深新早点”栏目基础上，还开设了适于用户晚间阅读的“深新晚点”。“深新早点”栏目为满足用户上班路上的新闻需求，主要以音频播放为主，从每日的天气情况开始，内容主要包含深圳本地、国内外要闻和深圳市民较为关注的科技和财经板块。另外，“深新晚点”栏目为用户浓缩了当日热点新闻，内容呈现方式较为多样，有文字、图片和视频，适合用户晚间的阅读模式，吸引了大量忠实用户。

媒体融合环境下，受众在身份属性、信息接收习惯、参与性等方面都发生了质的变化，新闻媒介使用和选择行为也发生了根本性的转变。本章立足于国内大部分传统媒体普遍遇到的媒体融合发展问题，结合用户新闻媒介选择行为研究成果，借鉴国内外代表性的传统媒体改革案例，以满足新媒体时代的用户需求为基础，从以用户为中心的战略布局、新媒体平台建设和优质、多元化的内容生产等方面，提出了传统媒体融合发展对策与建议。

参考文献

专著

[1]〔荷〕丹尼斯·麦奎尔：《麦奎尔大众传播理论》，崔保国、李琨译，清华大学出版社，2016。

[2]〔荷〕丹尼斯·麦奎尔：《受众分析》，刘燕南、李颖、杨振荣译，中国人民大学出版社，2006。

[3] 范以锦、辜晓进：《中国传媒风云2015～2016》，深圳：深圳报业集团出版社，2017。

[4] 郭全中、胡洁等：《新媒体环境下传统媒体的转型战略研究》，中山大学出版社，2019。

[5] 辜晓进：《重走美国大报——美国报业转型：颠覆与重生》，南方日报出版，2018。

[6]〔美〕亨利·詹金斯：《融合文化：新媒体和旧媒体的冲突地带》，杜永明译，商务印书馆，2019。

[7] 青木昌彦、安藤晴彦编著《模块化时代——新产业结构的本质》，周国荣译，上海远东出版社，2003。

[8] 匡文波：《颠覆传媒——手机：新时代的电脑和器官》，华夏出版社，2013。

[9]〔美〕凯文·凯利：《必然》，周峰译，电子工业出版社，2016。

[10] 李良荣：《新闻学概论》，复旦大学出版社，2009。

[11]〔意〕玛格赫丽塔·帕加尼：《多媒体与互动数字电视——把握数字融合所创造的机会》，罗晓军等译，人民邮电出版社，2006。

[12]〔加〕马歇尔·麦克卢汉：《理解媒介：论人的延伸》，何道宽译，译林出版社，2011。

[13] 梅宁华、支庭荣：《媒体融合蓝皮书：中国媒体融合发展报告(2019)》，社会科学文献出版社，2019。

[14] 彭增军：《新闻业的救赎：数字时代新闻生产的16个关键问题》，中国

人民大学出版社，2018。
[15]〔美〕皮特里:《动机心理学》，郭本禹译，陕西师范大学出版社，2005。
[16]〔美〕史蒂芬·平克:《当下的启蒙：为理性、科学、人文主义和进步辩护》，侯新智、欧阳明亮、魏薇译，浙江：浙江人民出版社，2019。
[17] 屠文淑:《社会心理学理论与应用》，人民出版社，2002，第59页。
[18] 王雪:《社交网络媒体研究：回避行为、转换意图及其影响要素》，延边大学出版社，2016。
[19] 王垂林、张志安等:《英国媒体数字化转型：案例与模式》，南方日报出版社，2017。
[20]〔美〕詹姆斯·韦伯斯特:《注意力市场——如何吸引数字时代的受众》，刘石磊译，中国人民大学出版社，2017。
[21]〔法〕茱莉亚·卡热:《媒体的未来——数字时代的困境与重生》，洪晖、申华明译，中信出版社，2018。

期刊论文

[1] 安然:《我们的读者去了哪儿》，《今传媒》2010年第1期，第73页。
[2]〔法〕阿梅尔·余埃特:《21世纪的城市世界：从技术逻辑到“去中心化”的人本空间》，《同济大学学报》(社会科学版) 2005年第6期，第32~36页。
[3] 仇筠茜:《新闻策展：“微媒体”环境下突发新闻报道及伦理分析——以美国马拉松爆炸案报道为例》，《国际新闻界》2013年第9期，第123~130页。
[4] 常江、徐帅:《从“VR+新闻”到“VR新闻”——美英主流新闻业界对虚拟现实新闻的认知转变》，《新闻记者》2017年第11期，第35~43页。
[5] 陈力丹:《“提高新闻舆论传播力、引导力、影响力、公信力”——学习十九大报告关于新闻舆论工作的论述》，《新闻爱好者》2018年第3期，第10~12页。
[6] 陈鹏、代舒涵:《传统媒体借助短视频提升传播力的策略分析》，《现代视听》2019年第12期，第5~9页。
[7] 崔先伟:《浅谈传统媒体转型过程中与读者关系的重塑》，《新闻研究导刊》2015年第15期，第204+219页。

[8] 崔先伟:《浅谈传统媒体转型过程中与读者关系的重塑》,《新闻研究导刊》2015 年第 15 期,第 204 + 219 页。
[9] 蔡雯、李亚丽:《传统媒体如何决胜数字时代?——对英国三家著名媒体的调查与思考》,《国际新闻界》2007 年第 9 期,第 49 ~ 53 页。
[10] 蔡雯:《从面向“受众”到面对“用户”——试论传媒业态变化对新闻编辑的影响》,《国际新闻界》2011 年第 5 期,第 6 ~ 10 页。
[11] 陈鸥帆:《传统媒体转型:重走美国大报带来的启示——对话媒介研究学者辜晓进教授》,《现代视听》2016 年第 12 期,第 28 ~ 37 页。
[12] 董立林:《从追逐流量到抓住用户——浅观英国报业转型过程中的用户思维》,《传媒评论》2018 年第 10 期,第 54 ~ 57 页。
[13] 顾洁、秦祎:《技术与内容的双重突破——受众参与新闻传播的历史路径与发展空间》,《新闻与写作》2013 年第 6 期,第 56 ~ 59 页。
[14] 耿磊:《国外媒体智库现状》,《新闻战线》2018 年第 3 期,第 45 ~ 47 页。
[15] 辜晓进:《规模优势:报业融合转型的丛林法则——大报转型的马太效应 vs 小报融合的三条出路》,《新闻记者》2017 年第 8 期,第 4 ~ 14 页。
[16] 黄楚新、王丹:《2014 ~ 2015 中国媒体融合发展状况、问题与趋势》,《现代传播》(中国传媒大学学报)2016 年第 5 期,第 131 ~ 136 页。
[17] 黄浩:《从美国媒体融合的战略选择看传统报业融媒转型四大瓶颈》,《中国记者》2015 年第 9 期,第 127 ~ 129 页。
[18] 黄鹂:《什么样的短视频是好的短视频?》,《新闻战线》2018 年第 17 期,第 65 ~ 68 页。
[19] 黄雯:《鸳鸯蝴蝶派与民初办报热潮之关系》,《贵州民族学院学报》(社会科学版),1999 年第 1 期,第 70 ~ 72 页。
[20] 韩鹏飞:《省级党报微信“10 万 +”热文的传播特性——以江西日报微信公众号为例》,《青年记者》2017 年第 24 期,第 72 ~ 73 页。
[21] 韩永青:《媒介环境素养研究:背景、内容、范式与价值》,《新闻爱好者》2018 年第 7 期,第 45 ~ 49 页。
[22] 何龙:《报纸副刊“变局”现在进行时》,《新闻实践》2009 年第 7 期,第 11 ~ 13 页。
[23] 姜圣瑜:《从“受众时代”走向“用户时代”》,《传媒观察》2011 年

第 4 期，第 24 ~ 26 页。

[24] 姜永志、白晓丽:《大学生手机互联网依赖对疏离感的影响：社会支持系统的作用》,《心理发展与教育》2014 年第 5 期，第 540 ~ 549 页。

[25] 姜丽钧:《从 2014 到 2019：澎湃新闻的媒体融合转型小结》,《南方传媒研究》2019 年第 2 期，第 60 ~ 67 页。

[26] 嵇美云、支庭荣:《互联网环境下媒体融合的瓶颈及策略选择》,《现代传播》（中国传媒大学学报）2016 年第 11 期，第 5 ~ 7 + 15 页。

[27] 匡文波:《2012 手机媒体发展盘点》,《传媒》2013 年第 1 期，第 65 ~ 67 页。

[28] 罗青:《主流媒体短视频内容生产与传播策略——以人民日报抖音号为例》,《传媒》2020 年第 22 期，第 44 ~ 46 页。

[29] 吕艺:《论当代报纸视觉传播特点及其价值——基于“静态”图像与“动态”图像的分析》,《国际新闻界》2016 年第 3 期，第 81 ~ 90 页。

[30] 刘婧一:《媒介融合的动力分析》,《东南传播》2007 年第 8 期，第 84 ~ 86 页。

[31] 刘红兵:《媒体智库与智慧媒体——南方报业传媒集团打造传媒智库、推进智慧转型的实践与思考》,《传媒》2019 年第 4 期，第 9 ~ 11 页。

[32] 刘冰、徐鑫馨:《受众短视频消费行为及习惯调查》,《青年记者》2016 年第 31 期，第 27 ~ 28 页。

[33] 李刚:《主流媒体的智库化及其实现路径》,《新闻战线》2018 年第 3 期，第 42 ~ 44 页。

[34] 李良荣、袁鸣徽:《2017 年中国网络媒体的基本格局和态势》,《新闻记者》2018 年第 1 期，第 44 ~ 49 页。

[35] 龙金晓:《媒介融合语境下虚拟现实新闻的兴起》,《青年记者》2016 年第 20 期，第 78 ~ 79 页。

[36] 路遥、许碧洲、孙道禹:《浅析面向未来 5G 移动通信核心网络参数及发展趋势》,《通讯世界》2017 年第 18 期，第 52 ~ 53 页。

[37] 李嘉妮:《试析媒介融合背景下的新闻受众特征》,《新闻研究导刊》2015 年第 10 期，第 267 页。

[38] 彭兰:《场景：移动时代媒体的新要素》,《新闻记者》2015 年第 3 期，第 20 ~ 27 页。

[39] 强月新、夏忠敏:《当前我国主流媒体影响力的调研与分析》,《新闻

记者》2016 年第 11 期，第 35 ~ 43 页。
[40] 强月新、陈星：《当前我国媒体传播力的影响因素研究：以受众为视角》，《新闻大学》2017 年第 4 期，第 73 ~ 80 + 149 页。
[41] 沈正赋：《新媒体时代新闻舆论传播力、引导力、影响力和公信力的重构》，《现代传播》（中国传媒大学学报）2016 年第 5 期，第 1 ~ 7 页。
[42] 邵培仁：《传播生态规律与媒介生存策略》，《新闻界》2001 年第 5 期，第 26 ~ 27 + 29 页。
[43] 陶建杰：《媒介发展中的生态学法则》，《新闻传播》2006 年第 11 期，第 4 ~ 5 页。
[44] 谭天：《做媒体融合先要做好功课》（上），《媒体融合新观察》2020 年第 3 期，第 21 ~ 25 页。
[45] 童兵：《马克思主义新闻观中的“受众”》，《新闻与写作》2016 年第 10 期，第 53 ~ 57 页。
[46] 童兵：《新媒体时代舆论表达和舆论引导新格局》，《新闻爱好者》2014 年第 7 期，第 5 ~ 7 页。
[47] 唐胜宏、王媛媛、王京：《2019 媒体融合传播指数总报告》，《传媒》2020 年第 15 期，第 14 ~ 15 + 17 页。
[48] 田佳惠、范以锦：《新旧年交接之际看传媒业现状与走势》，《新闻战线》2018 年第 1 期，第 7 ~ 9 页。
[49] 王漱蔚：《媒介融合：传媒业发展的必然趋势》，《当代传播》2009 年第 2 期，第 55 ~ 57 页。
[50] 王耀民：《媒介融合生态下的新型受众分析》，《新闻知识》2018 年第 10 期，第 25 ~ 28 页。
[51] 王洪伟、任豪：《社交网络的有效信息量研究：基于节点强度的分析》，《北京工业大学学报》2015 年第 5 期，第 693 ~ 701 页。
[52] 王晓宁：《论网络媒体公信力的塑造与维系》，《郑州大学学报》（哲学社会科学版）2007 年第 6 期，第 154 ~ 158 页。
[53] 韦路、陈稳：《城市新移民社交媒体使用与主观幸福感研究》，《国际新闻界》2015 年第 1 期，第 114 ~ 130 页。
[54] 王雪、周海宁：《社交媒体使用方式对主观幸福感的影响》，《青年记者》2019 年第 23 期，第 19 ~ 20 页。
[55] 王雪：《融媒体环境下党报应对竞争的策略》，《青年记者》2018 年第

27 期，第 45 ~46 页。

[56] 王斌：《从技术逻辑到实践逻辑：媒介演化的空间历程与媒介研究的空间转向》，《新闻与传播研究》2011 年第 3 期，第 58 ~67 +112 页。

[57] 王月、王莹：《澎湃新闻媒体融合发展实践探索》，《中国报业》2018 年第 23 期，第 68 ~70 页。

[58] 谢新洲，黄杨：《当理想照进现实——媒介融合的问题、原因及路径研究》，《出版发行研究》2018 年第 4 期，第 12 ~16 页。

[59] 谢金文、邹霞：《移动新闻用户体验模型构建及实证研究——基于上海 5 所高校学生的调查》，《西南民族大学学报》（人文社科版），2017 年第 7 期，第 119 ~124 页。

[60] 邢晓红：《新媒体境遇下提升我国主流意识形态传播力的研究》，《南京师大学报》（社会科学版），2016 年第 6 期，第 11 ~18 页。

[61] 徐玉兰：《媒体与权力的博弈——从朴槿惠弹劾案报道看韩国媒体生态现状》，《新闻记者》2017 年第 6 期，第 46 ~53 页。

[62] 徐园、李伟忠：《数据驱动新闻　智能重构媒体——浙报集团“媒立方”技术平台建设的实践与思考》，《新闻与写作》2018 年第 1 期，第 97 ~101 页。

[63] 杨海军：《媒介融合：缘起与终极目标》，《传媒》2009 年第 4 期，第 71 ~72。

[64] 杨翠芳：《媒体融合语境下的媒介伦理问题》，《中国广播电视学刊》2016 年第 3 期，第 73 ~76 页。

[65] 杨秀侃、王美佳：《媒体融合背景下公众参与和博物馆运营》，《牡丹江大学学报》2016 年第 10 期，第 6 ~8 页。

[66] 尹莉、臧旭恒：《产业融合：基于消费需求升级的视角分析》，《东岳论丛》2009 年第 9 期，第 40 ~45 页。

[67] 尹莉、臧旭恒：《消费需求升级背景下的产业融合研究——以电子信息产业为例》，《产业经济评论》2008 年第 3 期，第 69 ~86 页。

[68] 严利华、喻发胜：《“+互联网”与“互联网+”：行业性期刊转型策略探究》，《出版发行研究》2015 年第 10 期，第 53 ~57 页。

[69] 喻国明：《关于传媒影响力的诠释——对传媒产业本质的一种探讨》，《国际新闻界》2003 年第 2 期，第 5 ~11 页。

[70] 喻国明：《大众媒介公信力理论初探（上）——兼论我国大众媒介公

信力的现状与问题》，《新闻与写作》2005 年第 1 期，第 11～13 页。
[71] 喻国明：《关系赋权范式下的传媒影响力再造》，《新闻与写作》2016 年第 7 期，第 47～51 期。
[72] 杨波：《全媒体转型：转什么？怎么转？——英国媒体见闻》，《新闻记者》2014 年第 9 期，第 60～63 页。
[73] 余婷：《抓住“婴儿潮”忠粉：美国报纸维护中老年受众的策略》，《青年记者》2020 年第 25 期，第 20～22 页。
[74] 叶蓁蓁：《人民日报“中央厨房”有什么不一样》，《新闻战线》2017 年第 3 期，第 14～16 页。
[75] 殷乐、高慧敏：《传统媒体新闻短视频发展现状与传播态势》，《当代传播》2018 年第 6 期，第 45～50 页。
[76] 郑保卫：《习近平新闻宣传舆论观的形成背景及理论创新》，《现代传播》（中国传媒大学学报）2016 年第 4 期，第 27～33 页。
[77] 张昱辰：《跨学科视野中的媒介融合研究：多重维度与范式》，《新闻记者》2018 年第 6 期，第 19～27 页。
[78] 张留东：《从“读者时代”到“用户时代”——浅谈新的媒体环境下纸媒自我嬗变之路》，《中国地市报人》2015 年第 3 期，第 7～8 页。
[79] 周海宁：《论互联网时代受众的数字化生存能力》，《出版发行研究》2018 年第 12 期，第 23～28＋11 页。
[80] 张爱卿、刘华山：《人际责任归因与助人意愿的关系》，《心理发展与教育》2002 年第 4 期，第 1～5 页。
[81] 张金岭：《从“文学副刊”到“人文副刊”——齐鲁晚报〈青未了〉内容调整的几点考虑》，《青年记者》2013 年第 28 期，第 49～50 页。
[82] 张爱卿：《论人类行为的动机——一种新的动机理论构理》，《华东师范大学学报》（教育科学版），1996 年第 1 期，第 71～80 页。
[83] 张天莉、罗佳：《短视频用户价值研究报告 2018～2019》，《传媒》2019 年第 5 期，第 9～14 页。
[84] 张育华：《电视剧叙述方位的常规设置与聚焦谋略》，《当代电影》2006 年第 2 期，第 82～85 页。
[85] 郑雅芳：《热播吐槽短视频的叙事视角分析——以 papi 酱为例》，《新闻研究导刊》2019 年第 5 期，第 3～5 页。
[86] 左志新：《坚持党报使命 加快深度融合——浙江日报报业集团谱写融

合发展新篇章》，《传媒》2017 年第 10 期，第 15 ~ 17 页。

[87] 周均、赵志刚：《大数据时代突发事件报道研究》，《传媒评论》2015 年第 1 期，第 17 ~ 19 页。

[88] 周俊：《从英国媒体转型谈地市党报的融合发展》，《新闻战线》2016 年第 20 期，第 47 ~ 49 页。

[89] 支庭荣、汪金刚：《中国媒体融合发展的成就、动能、挑战与趋势》，《南方传媒研究》2019 年第 2 期，第 4 ~ 34 页。

[90] 张玲、谭小凤：《财经媒体跨区域、跨媒体、跨国界现象解析》，《中国记者》2012 年第 7 期，第 107 ~ 108 页。

[91] 中国传媒大学党报党刊研究中心课题组：《新时代提升党报"四力"的意义与方法研究——"人民共和国党报论坛"第十四届（2017）年会综述》，《中国记者》2018 年第 2 期，第 61 ~ 64 页。

学位论文

[1] 梁媛：《R 公司员工激励机制改进研究》，吉林大学，2016。

[2] 宋明元：《品牌体验对消费者购买意愿的影响研究》，大连理工大学，2014。

[3] 叶愉：《美国报业 APP 特征与趋势发展研究》，深圳大学，2017。

[4] 赵桓：《习近平媒体融合发展思想研究》，新疆大学，2018。

[5] 周钢：《困境与裂变：省级党报集团融合发展战略研究》，华中科技大学，2016。

外文文献

[1] Zen, I., & Fishbein, M.. Understanding *Attitudes and Predicting Social Behavior*, Englewood Cliffs, NJ: Prentice – Hall, 1980.

[2] Ajizen, I. The theory of planned behavior, *Organizational Behavior and Human Decision Processes*, 1991 (50): 179 – 211.

[3] Ajzen, I., & Driver, B. L.. Prediction of leisure participation from behavioral, normative, and control beliefs: An application of the theory of planned behavior, *Leisure Sciences*, 1991 (13): 185 – 204.

[4] Amaro, S., & Duarte, P. An integrative model of consumers' intentions to purchase travel online, *Tourism Management*, 2015 (46): 64 – 79.

[5] Angela M. Lee, Hsiang Iris Chyi. Motivational Consumption Model: Exploring the Psychological Structure of News Use, *Journalism & Mass Communication Quarterly*, 2014, 91 (4): 706 – 724.

[6] Bauer, R. Consumer behavior as risk taking. In: R. S. Hancock, Ed. , *Dynamic Marketing for A Changing World*, American Marketing Association: Chicago: 1960, 389 – 398.

[7] Berg, A. , & Engseld, P. The Problem of Cooperation and Reputation Based Choice, Annual Meeting of the American Choice Society, New Orleans, 2005 – 3: 19 – 13.

[8] Burke, M. & Kraut, R. E. The Relationship Between Facebook Use and Well – Being Depends on Communication Type and Tie Strength, *Journal of Computer – Mediated Communication*, 2016 (21): 265 – 281.

[9] Davis, F. D. Perceived Usefulness, Perceived Ease of Use, and User Acceptance of Information Technology, *Management Information Systems Quarterly*, 1989, 13 (3): 319 – 340.

[10] Davis, F. D. , Bagozzi, R. P. , & Warshaw, P. R. User Acceptance of Computer Technology: A Comparison of Two Theoretical Models, *Management Science*, 1989, 35: 982 – 1003.

[11] Davis, F. D. A Technology Acceptance Model for Empirically Testing New End – User Information Systems: Theory and Results. Sloan School of Management, Massachusetts Institute of Technology, 1986.

[12] Dean Baquet & Joe Kahn: The Year Ahead. www. nytco. com. 2017 – 1 – 17.

[13] Deresiewicz, W. The End of Solitude. The Chronicle of Higher Education – The Chronicle, 2019 – 1 – 3, http: //chronicle. com/article/The – End – of – Solitude/3708.

[14] Dimmick, J. & Rothenbuhler, E. The Theory of Niche: Quantifyingcompetition among media industries, *Journal of Communication*. 1984, 34 (1): 103 – 119.

[15] Euna, P. , Young, S. S. , "The Effect of Consumers' congnizance of Advertizing Model on Purchasing intention ," *Korean Psychology Journal Consumer Advertisement*, 2001, 2 (1) .

[16] Fishbein, M. , Ajzen, I. , "Belief, Attitude, Intention and Behaviour: an In-

troduction to Theory and Research," *Philosophy & Rhetoric*, 1980, 41 (4).

[17] Yang, H. S., Kim, J. H., Seo, M. H., "Does Facebook Make Us Happy?: Examining the Relationship among College Students' Facebook Use, Upward Social Comparison and Life Satisfaction," *Korean Journal of Journalism and Communication Stuaies*, 2014, 58 (6).

[18] Lee, H. J., Dong, H. C., "Influence of Perception toward Characteristics and Functions of Social Media on the Replacement Intention of Twitter and Facebook," *The Korean journal of advertising and public relations*, 2013, 15 (4).

[19] James, W., "The Principles of Psychology," *Dover Publications*, 1950.

[20] Kang, J. M., Mun, J. M., Johnson, K. K., et al., "In-store Mobile Usage: Downloading and Usage Intention Toward Mobile Location-based Retail Apps," *Computers in Human Behavior*, 2015 (32).

[21] Katz, E., Jay, G. B., Michael, G., "Utilization of Mass Communication by the Individual", *The Uses of Mass Communications Current Perspectives on Gratifications Research*, ed Jay G Blumler and Elihu Katz (Beverly Hills), 1974 (20).

[22] Katz, E., Jay, G. B., Michael, G., "Uses and Gratifications Research," *Public Opinion Quarterly*, 1973 (4).

[23] Kim, C. S., "What Do News Readers Really Want to Read About? How Relevance Works for News Audiences," *Reuters Institute Digital News Report* 2019. *Oxford: Reuters Institute for the Study of Journalism*, 2019-12.

[24] Kin, A. R., Kim, J. H., Kim, M. J., Lee, H. J., Jung, Y. H. "페이스북에 대한 인식의 부정적 변화와 요인에 대한 연구:소셜데이터 분석을중심으로," *한국경영정보학회 학술대회논문집*. 2013 (1).

[25] Koops, B. J., "Forgetting Footprints, Shunning, Shadow - a Critical Analysis of the 'Right to be Forgotten' In Big Data Practice,". *Scripted*, 2001 (3).

[26] Kim, K., Kim, H. J., Bae, Y., "Exploring the Concept and Determinants of SNS (Social Network Service) Fatigue," *Information and Social*, 2013 (26).

[27] Ha, K. P., Joo, M. K., Song, S. H., "Relationship of Participation Satisfaction, Living Satisfaction and Life Satisfaction among Elderly Partici-

pants in the Job Creation Project for the Elderly," *The Journal of the Korea Contents Association*, 2014, 14 (10) .

[28] Lawson – Borders, G. , "Integrating New Media and Old Media: Seven Observations of Convergence as a Strategy for Best Practices in Media Organizations," *The International Journal on Media Management*, 2003 (2) .

[29] Mueller M. , Tan. Z. , " China in the Information Age: Telecommunications and the Dilemmas of Reform," . *Westport*, *Conn.* : *praeger*, 1997.

[30] Pintrich, P. R. , Sehunk, D. H. , "Social Network Effects on the Extent ofinnevation Diffusion: A computer Simulation," . *Organization Science*, 1997 (3) .

[31] Pennings, J. M. , Puranam P. , "Market Convergence & Firm Strategy: New Directions for Theory and Research," *Paper presented at the ECIS Conference*, *The Future of Innovation Studies*, Eindhoven, Netherlands, 2001.

[32] Plouffe, C. R. , Hulland, J. S. , Vandenbosch, M. , "Research Report: Richness Versus Parsimony in Modeling Technology Adoption Decisions: Understanding Merchant Adoption of a Smart Card – based Payment System," *Information Systems Research*, 2001, 12 (2) .

[33] Ram, S. , "A Model of Innovation Resistance," *Advances in Consumer Research*, 1987 (14) .

[34] Rogers, E. M. , "Diffusion of Innovations," *New York*: *Free Press*, 2003.

[35] Schiffman, L. G. , Kanuk, L. L. , "Consumer Behavior," *Prentice Hall*, *Inc*, 1991.

[36] Richard, F. , "Reuters Institute Digital News Report 2017: 3. 1 Paying for news," *Oxford*: *Reuters Institute for the Study of Journalism*, 2017.

[37] Melvin, S. , "On The Meaning of Alienation," *American Sociological Review.* 1959, 24 (6) .

[38] Kim, S. J. , "For a Phenomenology of Media in the Postliterary Age: A-bout the Birth of Technical Pictures," *Korean Association for Broadcasting & Telecommunication Studies.* 2000, 19 (1) .

[39] Hwang, S. W. , Park, J. J. , "Facebook, What's the Problem? – Exploratory Factor Analysis of Psychological Problems," *Korean Society for Advertising Education*, 2011 (91) .

[40] Teo, T. S. H. , "Demographic and motivation variables associated with Internet usage activities," *Internet Research*, 2001 (2) .

[41] The Guardian, "*Everything you need to know about Julian Assange*," 2019 – 4 – 11, https: //www. theguardian. com/media/2019/apr/11/everything – you – need – to – know – about – julian – assange.

[42] The New York Times, "China' s Film Industry Finally Joins the Space Race," 2019 – 2 – 4, https: //www. nytimescom/2019/02/04/movies/wandering – earth – china. html.

[43] The New York Times, "Chinese Family Reportedly Paid $ 6. 5 Million for Spot at Stanford , Sources Say," 2019 – 5 – 1, https: //www. nytimes. com/2019/05/01/us/yusi – zhao – stanford – university. html.

[44] The New York Times, "U. S. Accuses Rich Parents of College Entry Fraud," 2019 – 3 – 12, https: //www. nytimes. com/2019/03/12/us/college – admissions – cheating – scandal. html .

[45] Turkle, S. , "Always – on/always – on – you: The Teteered Self, In Handbook of Mobile Communication Studies," *James E. Katz* (*ed.*), *Cambridge*, *MA*: *MIT Press*, 2008.

[46] Turkle, S. , "Alone Together: Why We Expect More From Technology and Less From Each Other," *New York*: *Basic Books*, 2011.

[47] Venkatesh, V. , Morris, M. G. , Davis, G. B. , Davis, F. D. , "User acceptance of information technology: Toward a unified view," *Information Management*, 2003, 27 (3) .

[48] Verdegem, P. , Verhoest, P. , "Profiling the Non – User: Rethinking Policy Initiatives Stimulating ICT Acceptance," *Telecommunications Policy*, 2009 (33) .

[49] Vijayasarathy, L. R. , "Predicting Consumer Intentions to Use On – line Shopping: the Case for an Augmented Technology Acceptance Model," *Information & management*, 2004, 41 (6) .

[50] Watson, D. , Friend, R. , "Measurement of Social – Evaluative Anxiety," *Journal of Consulting and Clinical Psychology*, 1969 (4) .

[51] Wood, J. V. , "Theory and research concerning social comparisons of personal attributes," *Psychological Bulletin*, 1989, 106 (2) .

[52] Wang Xue, Park, S. H., "The Influence of SNS Use Experience on SNS Avoidance," *The Journal of Humanities and Social Sciences*, 2014, 15 (3).

[53] Wang Xue, "Competition of Portal Site: Focused on Niche Theory about Users' Satisfaction of Service," *Seosuk Social Science Review*, 2013, 6 (2).

[54] Wang Xue, "A Study on the Factors of Social Media Avoidance and Switching Intention," PhD Thesis, Chosun University, 2014.

研究报告

[1] 艾媒网:《2017 年中国新媒体行业全景报告》, 2017 年 3 月 29 日, http://www.iimedia.cn/50347.html。

[2] 艾媒网:《2018 年中国传统新闻媒体与新媒体的融合与创新研究报告》, 2018 年 1 月 31 日, http://report.iresearch.cn/report/201801/3143.shtml。

[3] 艾媒网:《2017～2018 年度中国手机新闻客户端中高端用户专题报告》, 2018 年 2 月 12 日, https://www.iimedia.cn/c400/60658.html。

[4] 艾媒网:《2017 年上半年中国媒体 APP 总下载量排行榜》, 2017 年 7 月 24 日, https://www.iimedia.cn/c400/53368.html。

[5] 艾媒网:《2017－2018 年中国短视频产业趋势与用户行为研究报告》, 2018 年 3 月 23 日, https://www.iimedia.cn/c400/60925.html。

[6] 艾媒网:《2018 年中国社交类短视频平台专题报告》, 2018 年 5 月 17 日, https://www.iimedia.cn/c400/61347.html。

[7] 艾媒网:《2017 Q1 手机新闻客户端市场研究报告》, 2017 年 5 月 9 日, https://www.iimedia.cn/c400/51237.html。

[8] 艾媒网:《2019 Q1 中国手机新闻客户端市场监测报告》, 2019 年 5 月 10 日, https://www.sohu.com/a/317321941_533924。

[9] 艾媒网:《2020 年中国知识付费行业发展专题研究报告》, 2020 年 12 月 5 日, https://baijiahao.baidu.com/s?id=1687327657541777516&wfr=spider&for=pc。

[10] 艾媒报告:《2019 年中国移动社交行业专题报告》, 2019 年 10 月 10 日, https://www.iimedia.cn/c400/66297.html。

[11] 韩国言论振兴财团 (Korea Press Foundation):《2017 年韩国言论年鉴》, 2017 年 12 月。

[12] 彭兰:《2019 新媒体发展趋势报告》, 清华大学新闻与传播院新媒体研

究中心。

[13] 皮尤研究中心：《2016 年媒体报告盘点》，2016 年 11 月 13 日，http：//www. 199it. com/archives/536418. html。

[14] 皮尤研究中心，https：//www. pewresearch. org/fact – tank/2019/07/23/key – takeaways – state – of – the – news – media – 201。

[15] 皮尤研究中心，https：//www. pewresearch. org/fact – tank/2019/07/23/key – takeaways – state – of – the – news – media – 2018。

[16] 企鹅智酷：《中国新媒体趋势报告 2017 ：通向媒体新星球的未来地图》，2017 年 11 月 20 日，http：//tech. qq. com/a/20171120/025254. htmp = 1。

[17] 人民网：《2020 全国党报融合传播指数报告》，2020 年 12 月 29 日，https：//baijiahao. baidu. com/s？id = 1687363051069179483&wfr = spider&for = pc。

[18] 中国互联网络信息中心（CNNIC）：《2016 年中国互联网新闻市场研究报告》，2017 年 1 月。

[19] 中国广视索福瑞媒介研究：《疫情期间用户媒介消费及使用预期调查报告》，2020 年 2 月，http：//www. 199it. com/archives/1012717. html。

[20] 中国互联网络信息中心（CNNIC）：《第 46 次中国互联网络发展状况统计报告》，2020，第 9 页。

网络文献

[1] 奥一网：《南都这个讲座，我们放下生意也想听》，2019 年 1 月 18 日，http：//www. oeeee. com/nis/201901/18/579569. html。

[2]《被“卖爆”的《财新周刊》，本期开启预售模式》，2020 年 3 月 10 日，http：//www. ichmw. com/show – 10 – 10359 – 1. html。

[3] 凤凰科技：《南方都市报内容全面接入一点资讯 共建新型媒体融合生态圈》，2017 年 4 月 18 日，http：//tech. ifeng. com/a/20170418/44575401_0. shtml。

[4]《关于可视化新闻，这五大新趋势你知道了吗》，2017 年 7 月 27 日，https：//www. sohu. com/a/160213652_ 375507。

[5] 国家新闻出版广电总局：《关于印发〈关于加快新闻出版行业智库建设的指导意见〉的通知》，国家新闻出版署门户网站，2018 年 3 月 21 日，http：//www. nppa. gov. cn/nppa/contents/312/74538. shtml。

[6] 贺佳、周帙恒：《以信息化推进治理体系和治理能力现代化 服务支撑和保障疫情防控和经济社会发展》，《湖南日报》，2020 年 3 月 6 日，https：//baijiahao. baidu. com/s？ id = 1660393642307363288&wfr = spider&for = pc。

[7] 胡适：《“新思潮” 的意义》，2020 年 9 月 24 日，http：//baike. so. com/doc/4948714 – 5169978. html。

[8]《“家长式” 定位 VS “自我式” 需求：主流媒体如何挽回年轻用户?》，2019 年 10 月 21 日，https：//mp. weixin. qq. com/s/s4hpre7uBBA8MxqqwG64JA。

[9] 蒋国兴：《六年了，浙报集团收购的边锋浩方还值不值?》，2018 年 5 月 20 日，传媒转型微信公众号。

[10] 蒋国兴：《浙报集团媒立方数字编辑部》，http：//www. cuobiezi. net/t/show/58023。

[11]《媒体、平台花式拉新，社媒广告费首超纸媒广告》，2019 年 10 月 21 日，https：//new. qq. com/omn/20191021/20191021A03KB400. html。

[12]《美国主流纸媒的视频化战略与实践》，2017 年 12 月 12 日，https：//www. sohu. com/a/210032789_ 644338。

[13] 媒通社：《南方都市报又在大规模自我折腾!》，2019 年 4 月 12 日，http：//www. sohu. com/a/307530017_ 99953831。

[14] 南方都市报：《南都转型：从“办中国最好的报纸” 到 “打造中国最具影响力的智库型媒体”》，搜狐，2018 年 2 月 9 日，http：//www. sohu. com/a/221867872_ 196120。

[15] 南方都市报：《南都内容生产迭代升级！融合传播！智库研究！强势爆发!》，2019 年 4 月 10 日，http：//news. southcn. com/nfdsb/content/2019 – 04/10/content_ 186611689. htm？ COLLCC = 3509468297&。

[16] 南方都市报：《南都财经早评获喜马拉雅 FM 重磅推荐》，2019 年 8 月 30 日，http：//epaper. oeeee. com/epaper/A/html/2019 – 08/30/content _ 35377. html。

[17] 南方都市报：《顶尖财经音频早餐越烹越 “入味”》，2019 年 3 月 26 日，http：//epaper. oeeee. com/epaper/D/html/2019 – 03/26/content _ 9550. html。

[18] 南方都市报：《微信公号 “咩事” 那些事．搜狐传媒》，2014 年 7 月 9 日，http：//media. sohu. com/20140709/n401984331. shtml。

[19] 南都 app 咩事专栏：《咩事首次自拍广告片，现场不忍直视……》，2019 年

1 月 4 日，http：//www. oeeee. com/mp/a/BAAFRD 00002019010312874 5. html。

[20] 南方都市报：《南都内容生产迭代升级！融合传播！智库研究！强势爆发!》，2019 年 4 月 10 日，http：//news. southcn. com/nfdsb/content/ 2019 -04/10/content_ 186611689. htm？COLLCC =3509468297&。

[21] 南方都市报：《打造中国最具影响力智库型媒体》，南都大数据研究院，2018 年 4 月 16 日，https：//www. sohu. com/a/228468189_ 161795。

[22] 南都东莞：《已经快 2 亿了！南都 APP“开号”代运营，新媒体还能这么玩!》，2018 年 7 月 25 日：http：//www. oeeee. com/mp/a/BAAFRD 00002018072592490. html。

[23] 南方都市报：《南都大数据研究院首推 20 课题洞察 5 大领域》，2018 年 4 月 17 日，http：//epaper. oeeee. com/epaper/A/html/2018 - 04/17/ content_ 22355. htm。

[24] 澎湃新闻：《媒体融合中的全员转型与生产流程再造》，腾讯媒体研究院，搜狐，2019 年 7 月 8 日，http：//www. sohu. com/a/325465263_ 720993。

[25] 澎湃新闻：《怎样吸引三千万用户》，2016 年 4 月 22 日，http：// www. sohu. com/a/70968627_ 375507。

[26] 澎湃与东早在采编上已完全融合：《将升级为平台级新媒体》，《蓝鲸传媒》，2016 年 12 月 18 日，https：//www. lanjinger. com/news/detail? id =26484。

[27] 全中看传媒：《智慧媒体，数据先行——南方报业“中央数据库”建设的实践与探索》，2019 年 7 月 11 日，http：//www. sohu. com/a/ 326324328_ 481352。

[28] 全媒派：《短视频，究竟“多短”才最合适?》，2015 年 9 月 22 日，https：//news. qq. com/original/quanmeipai/daunshipin. html。

[29] 如柳：《“步长制药丑闻”背后的阴谋》，2019 年 5 月 5 日，http：// www. shaibaonet. com/remenshijian/10338. html。

[30] 人民日报评论员：《增强“四力”打造过硬队伍》，2018 年 9 月 3 日，http：//www. xinhuanet. com/2018 -09/03/c_ 1123373713. html。

[31] 人民网：《2017 全国党报融合传播指数报告》，2017 年 7 月 1 日，http：//media. people. com. cn/n1/2017/0701/c14677 -29376415. html。

[32] 人民网：《2019 报纸融合传播指数报告》，2020 年 4 月，https：//

baijiahao. baidu. com/s? id = 1665357579945033346&wfr = spider&for = pc。

[33] 深圳大事件:《微信粉72万APP阅读量14亿，深圳头部媒体IP怎样炼出来的》，2018年10月29日，http://www. oeeee. com/mp/a/BAAFRD000020181029112673. html。

[34] 双传学:《全媒体语境下党报智库功能的应然与实然》，《光明日报》2018年2月22日第15期，http://theory. people. com. cn/n1/2018/0222/c40531 - 29828030. html。

[35] Trustdata:《2018年短视频行业发展简析》，2018年5月，https://www. sohu. com/a/255633827_ 99900352。

[36] 腾讯媒体研究院:《南方都市报的媒体转型探索：搭建交互式指挥系统，共享组织模式》，2019年6月21日，https://new. qq. com/omn/20190621/20190621A0MA98. html。

[37] 唐中祥:《唯有坚定技术的力量，我们才会淡定从容》，世界浙商网讯，2019年6月13日，http://www. wzs. org. cn/zt/2019/2019trz/dhsd/201906/t20190613_ 301772. shtml.

[38] 唐维红、燕帅、赵光霞:《人民战“疫”，央媒和你一起上》，2020年1月30日，http://media. people. com. cn/BIG5/n1/2020/0131/c120837 - 31565842. html。

[39]《卫报》转型之路，2019年1月6日，https://www. huxiu. com/article/279931. html? h_ s = f4. 2019/11/21。

[40] 魏礼群:《努力建设高质量媒体型智库》，光明网，2017年4月18日，http://theory. gmw. cn/2017 - 04/18/content_ 24234476. html。

[41] 王莉丽:《中国媒体智库的定位与发展路径》，中国社会科学网，2018年6月22日，http://www. cssn. cn/xwcbx/xwcbx _ zhyj/201806/t20180622 _ 4377797. shtml。

[42] 西维丫小课堂:《新冠肺炎疫情期间，我们印象最深的报道》，2020年3月8日，https://mp. weixin. qq. com/s/DnkzKbWRdxVLbXvxfSAYSw。

[43] 新华社:《中共中央办公厅、国务院办公厅印发〈关于加强中国特色新型智库建设的意见〉》，中央政府门户网站，2015年1月20日，http://www. gov. cn/xinwen/2015 - 01/20/content_ 2807126. html。

[44] 新华社:《中共中央办公厅 国务院办公厅印发关于加快推进媒体深度融合发展的意见》，新华网，2020年9月26日，http://www. xinhua-

net. com/politics/zywj/2020 – 09/26/c_ 1126542716. html。

[45] 新华社:《习近平:推动媒体融合向纵深发展 巩固全党全国人民共同思想基础》,2019 年 1 月 26 日,https://baijiahao. baidu. com/s? id = 1623627024428154480&wfr = spider&for = pc。

[46] 新华网:《新闻客户端信息生态指数 2018 年 4 月榜发布》,2018 年 5 月 17 日,https://baijiahao. baidu. com/s? id = 1600700661231045347&wfr = spider&for = pc。

[47]《英国百年老报率先加入“共益企业”,意味着啥?》,2021 年 3 月 24 日,https://mp. weixin. qq. com/s/lRUVU6WtOUbVG28KAglyJg。

[48]《英国媒体:用户深度运营与融合路径的选择》,2016 年 10 月 31 日,http://www. 360doc. com/content/16/1031/10/21733879_ 602717561. shtml。

[49] 姚蒙、任重、柳玉鹏:《巴黎圣母院大火烧痛法国》,《环球时报》,2019 年第 1 期,https://baijiahao. baidu. com/s? id = 1631008061177909931&wfr = spider&for = pc。

[50] 最新顶级外媒付费制观察:《让用户为好内容付费,这波操作可借鉴》,2018 年 3 月 2 日,https://mp. weixin. qq. com/s? _ _ biz = MzA3MzQ1MzQzNA = = &mid = 2656935249&idx = 1&sn = b1a214521762583175a19fbecb3fa733&scene = 21#wechat_ redirect。

[51] 中华人民共和国中央人民政府网:《国务院办公厅印发〈关于全面推进政务公开工作的意见〉实施细则的通知》(国办发〔2016〕80 号),2016 年 11 月 15 日,http://www. gov. cn/zhengce/content/2016 – 11/15/content_ 5132852. html。

[52] 中国广视索福瑞媒介研究:《疫情期间用户媒介消费及使用预期调查报告》,2020 年 2 月,http://www. 199it. com/archives/1012717. html。

附一　近三年国内媒体融合年度大事回顾

2018 年

三月

3 月 2 日　新华社“媒体大脑”发布全球首条关于两会内容的 MGC（机器生产内容）视频新闻 ——《2018 两会 MGC 舆情热点》。“媒体大脑”是新华社和阿里巴巴公司共同研发的人工智能平台，该条视频新闻生产只用了 15 秒。

3 月 21 日　中共中央印发《深化党和国家机构改革方案》，提出整合中央电视台（中国国际电视台）、中央人民广播电台、中国国际广播电台，组建中央广播电视总台，开创了“台网融合”的新型传播体系。

五月

5 月 9 日　中国新闻奖自本年度开始增设媒体融合奖项，设立 6 个评选项目，分别为短视频新闻、移动直播、新媒体创意互动、新媒体品牌栏目、新媒体报道界面和融合创新。

六月

6 月 14 日　3GPP（第三代合作伙伴计划）批准了第五代移动通信技术标准独立组网功能冻结，标志着首个真正完整意义的国际 5G 标准正式出炉。

七月

7 月 21 日　一篇署名为“兽爷 ”，名为《疫苗之王》的自媒体文章引起现象级的传播。人民日报、新华社等众多权威主流媒体迅速对疫苗事件进行追踪报道。在国家高层关注下，此次事件得以迅速查处。

7 月 19 日　辽宁报刊传媒集团（辽宁日报社）、辽宁广播电视集团（辽宁广播电视台）分别举行挂牌仪式，标志着辽宁在推进媒体融合道路上迈出新的征程。

八月

8 月 20 日　中国互联网络信息中心（CNNIC）发布的第 42 次《中国互联网络发展状况统计报告》显示，截至 2018 年 6 月，我国网民规模为 8.02 亿，手机网民规模达 7.88 亿，网民手机上网比例继续攀升。

8 月 21 日　全国宣传思想工作会议召开，习近平总书记指出，要扎实抓好县级融媒体中心建设，更好地引导群众、服务群众。

8 月 31 日　抖音短视频在京举办政务媒体抖音号大会，联合包括生态环境部、国家卫生健康委员会、国资委等在内的 11 家政府、媒体机构，正式发布政务媒体抖音账号成长计划。

九月

9 月 20 日　中宣部在浙江省湖州市长兴县召开县级融媒体中心建设现场推进会，对在全国范围推进县级融媒体中心建设做出部署安排，要求 2020 年底基本实现在全国的全覆盖，2018 年先行启动 600 个县级融媒体中心建设。

十月

10 月 1 日　国内首个上星超高清电视频道 CCTV4K 超高清频道在中央广播电视总台开播。

10 月 16 日　全国首个省级电视 4K 超高清频道——广东广播电视台综艺频道 4K 超高清开播。

10 月 31 日　新京报 App 上线发布仪式上表示，报社已经撤销新媒体部，推进全员转型到客户端。

十一月

11 月 2 日　第二十八届中国新闻奖评选结果揭晓，人民网《两会进行时》成为第二十八届中国新闻奖 5 件特别奖中唯一的融媒直播项目。

11 月 7 日　新华社、搜狗合作推出的全球第一个全仿真智能虚拟主持人——“AI 虚拟主播”首次亮相乌镇。

11 月 13 日　天津日报社（天津日报报业集团）、今晚报社（今晚传媒集团）、天津广播电视台整合，组建天津海河传媒中心为市委直属事业单位。

11 月 14 日　中央全面深化改革委员会第五次会议审议通过了《关于加强县级融媒体中心建设的意见》，被称为“县级融媒体中心建设顶层设计”。

11 月 22 日　推进全国“智慧广电”建设现场会在贵阳召开，中国（贵州）智慧广电综合试验区揭牌，贵州成为国内首个国家级智慧广电综合试验区。

11 月 28 日　《2018 中国网络视听发展研究报告》显示，截至 6 月，短视频用户规模达 5.94 亿，占网络视频用户的 97.5%。

十二月

12 月 31 日　全年共 19 家报纸先后宣布停刊。去年以天津报业报纸居多，本年则轮到北京报业。

2019 年

一月

1 月 10 日　国家互联网信息办公室发布《区块链信息服务管理规定》。

1 月 15 日　国家广播电视总局发布《县级融媒体中心建设规范》和《县级融媒体中心省级技术平台规范要求》。

1 月 25 日　中共中央政治局在人民日报社就全媒体时代和媒体融合发展举行第十二次集体学习，习近平总书记发表重要讲话强调，推动媒体融合发展、建设全媒体成为我们面临的一项紧迫课题。要运用信息革命成果，推动媒体融合向纵深发展。

二月

2 月 19 日　新华社联合搜狗公司在京发布全新升级的站立式 AI 合成主播并推出全球首个 AI 合成女主播；中央广播电视总台“全国县级融媒体智慧平台”全终端上线启动仪式在京举行。

2 月 26 日　新华网和中国信息通信研究院签署战略合作协议，联合共建 5G 新媒体实验室。

2 月 28 日　中央广播电视总台 5G 新媒体平台成功实现 4K 超高清视频集成制作。

三月

3 月 1 日 抖音上线全新青少年模式，只能浏览精选的短视频。

3 月 20 日 2018 年中国广播电视行业十大科技关键词揭晓，十大科技关键词分别为：4K 超高清频道、5G/无线交互广播电视、县级融媒体中心、收视综合评价大数据系统、人工智能（AI）、广播电视媒体融合、智慧广电、全国有线电视网络整合、应急广播标准规范、中国数字音频广播（CDR）。

四月

4 月 1 日 阿里巴巴发布了一项旨在粉碎网络谣言和假新闻的 AI 技术——“AI 谣言粉碎机”。

4 月 4 日 “学习强国”注册用户总数突破 1 亿，每日活跃用户比例达 40%~60%。

六月

6 月 6 日 工业和信息化部发放 5G 商用牌照，中国正式进入 5G 商用元年。

6 月 11 日 人民日报社举行仪式，宣布全国移动新媒体聚合平台“人民号”正式上线。

6 月 26 日 中央广播电视总台成功实现我国首次 8K 超高清内容的 5G 远程传输。

七月

7 月 15 日 人民日报社与中国联通在京签署 5G 媒体应用战略合作协议。

八月

8 月 24 日 《新闻联播》正式入驻短视频平台抖音、快手。在快手的粉丝数瞬间涨到 1210. 9 万；在抖音上发布四条视频后，粉丝便超过 1637. 9 万。

8 月 26 日 目前国内最大的媒体机器人生产商和服务商新华智云正式对外发布了其自主研发的 25 款媒体机器人。

8 月 29 日 “学习强国”与梨视频签署正能量内容传播战略合作协议，首次引入市场化互联网平台短视频。

8 月 31 日　在 2019 年国际篮联篮球世界杯北京赛场上，我国首次实现“5G + 8K”技术在国际重大赛事示范应用。

九月

9 月 11 日　中央广播电视总台三网共建的“人工智能编辑部”首批重点产品《课本里的新中国》和与百度智能云合作打造的“AI 帮你找”在第十六届国际影视节目展上率先亮相。

9 月 19 日　人民日报社推出短视频聚合平台“人民日报 +”，成为中央媒体首个上线的短视频聚合平台。

十月

10 月 14 日　《县级融媒体中心管理与服务规范》湖州市地方标准新闻发布会在浙江省湖州市召开，全国首家县域全媒体机构发布管理与服务规范。

10 月 18 日　江西日报社基于 AR 技术制作的全国首张 AR 直播报纸出版。

10 月 29 日　2019 媒体融合发展论坛在深圳举行，本次论坛的主题是“全媒体时代：挑战与机遇”。

十一月

11 月 18 日　国家互联网信息办公室、文化和旅游部、国家广播电视总局联合印发了《网络音视频信息服务管理规定》，自 2020 年 1 月 1 日起施行。

11 月 20 日　我国首个国家级 5G 新媒体平台——中央广播电视总台“央视频”5G 新媒体平台正式上线。

11 月 26 日　新华智云发布“媒体大脑 3.0 融媒中心智能化解决方案”，以区块链技术和 AI 内容风控方向为特色功能，提供一套完整的融媒中心智能化解决方案。

十二月

12 月 6 日　由中央广播电视总台承担的超高清视音频制播呈现国家重点实验室建设在上海国际传媒港启动。

12 月 8 日　央视新闻正式入驻 B 站。除了央视旗下媒体矩阵，包括环球时报、中国日报、诸多地方共青团等机构账号也已入驻 B 站。

12 月 12 日　新华社首个智能化编辑部正式建成并投入使用，开启了一场新闻生产与传播的智慧革命。

12 月 31 日　至少 17 家报纸宣布 2020 年元旦起休刊或停刊。

2020 年

一月

1 月 6 日　国家广播电视总局印发《关于加强广播电视公共服务体系建设的指导意见》。《意见》提出，力争到 2025 年，系统完善、层次分明、衔接配套、科学适用的基本公共服务标准体系全面建立，全面推进“智慧广电 + 公共服务”模式的发展。

1 月 27 日　武汉建立火神山、雷神山医院，央视频联合中国电信利用 5G 技术开通“疫情 24 小时”慢直播，多机位 + VR 全景直播。

1 月 11 日　湖南红网新媒体集团融媒体指挥中心（中央厨房）正式投入“湖南省两会”宣传报道。该中心通过实时结构化的精准数据和专业的大数据分析技术，实现数据应用的可视化、动态化、智能化与定制化。

1 月 24 日　腾讯面向用户开放 300 人的音视频会议协同产品，为助力全球抗疫，腾讯会议还上线了国际版应用。

1 月 24 日　快手首创“视频 + 点赞”春晚直播，直播间累计观看人次 7.8 亿，最高同时在线人数 2524 万。直播期间，全球观众参与红包互动累计次数达到 639 亿，创造春晚史上最大的视频点赞纪录。

二月

疫情期间　国内主流媒体纷纷针对疫情报道的特殊性，利用多媒体平台“数说”疫情，“技术 + 创意 + 新闻”助力疫情防控，运用时间轴、动态地图、信息图表等多种数据可视化的手段，推出了一系列优质的融媒数据新闻作品。

三月

3 月 1 日　国家互联网信息办公室发布的《网络信息内容生态治理规定》正式施行，该规定提出了内容生产者禁止触碰的十条红线和应当防范抵制的八类不良信息，推动良好网络生态和信息环境构建。

3 月 2 日　上海电视台为小学、初中、高中 12 个年级临时开办的 12 个“空中课堂”频道正式开播，为上海 143 万中小学生提供广播电视教学服务。“空中课堂”线上教学平台汇聚了教育和广电传媒的双重力量，为广电传媒的发展提供了新的契机。

3 月 24 日　工业和信息化部发布《关于推动 5G 加快发展的通知》。通知提出加快 5G 网络建设部署，丰富 5G 技术应用场景，持续加大 5G 技术研发力度，着力构建 5G 安全保障体系。

五月

5 月 4 日　封面传媒正式发布智媒云 3.0 的总体架构。随着本次发布，封面传媒人工智能与未来媒体实验室、智媒云数据中心、智媒云服务与安全中心、智媒编辑部、智媒演播室等，均在总体架构中逐一亮相。

5 月 15 日　上海市网络视听行业协会宣布成立 MCN 专业委员会，联合发起单位包括小红书、拼多多、新文化、趣头条、新榜、喜马拉雅等 28 家企业，覆盖 MCN 行业的上下游全产业链条。

5 月 19 日　全国两会前夕 中央广播电视总台成功进行了国内首次 5G + 8K 实时传输和快速剪辑集成制作。

5 月全国两会报道期间 新华社运用 5G 和 AI 等新技术推出人大代表 5G 全息访谈与 5G 高清直播。人民日报推出“智能云剪辑师”，内置人工智能多媒体信息识别系统，对视频画面进行人像识别、文字识别和语音识别和画面人物的动态追踪。

5 月 20 日　全国首个区块链新闻编辑部在云端成立。该编辑部由湖北广播电视台长江云、北京广播电视台北京时间等 12 个省市的主流新媒体作为首批成员单位联合组建。

5 月 21 日　新华社联合搜狗公司合力推出全球首位 3D 版 AI 合成主播“新小微”。

5 月 29 日　上海报业集团、上海东方网股份有限公司实施联合重组。上海市国资委所持东方网 43.63% 股份无偿划转至上海报业集团，实现上海市主要新媒体资源在同一平台下集聚。

六月

6 月 16 日　人民日报新媒体、人民日报智慧媒体研究院发起成立直播电商研究基地。

6 月 24 日　粤港澳大湾区信息资讯中心揭牌。该中心通过“媒体 + 智库 + 技术”的方式，汇聚境内外宏观经济数据、政策数据、项目数据、新闻资讯、研究文献等数据信息。

6 月 30 日　中央全面深化改革委员会第十四次会议审议通过了《关于加快推进媒体深度融合发展的指导意见》。会议强调：推动媒体融合向纵深发展，要深化体制机制改革，加大全媒体人才培养力度，打造一批具有强大影响力和竞争力的新型主流媒体，加快构建网上网下一体、内宣外宣联动的主流舆论格局，建立以内容建设为根本、先进技术为支撑、创新管理为保障的全媒体传播体系，牢牢占据舆论引导、思想引领、文化传承、服务人民的传播制高点。

七月

7 月 6 日　中央广播电视总台联合相关机构发布《中央广播电视总台 5G 媒体应用白皮书（2020 版）》。白皮书将“面向基于 5G 网络的 4K 采集传输、4K 移动生产、VR 制作分发三类媒体应用，提出的生产流程、技术要求和关键指标描述准确。”

7 月 18 日　开播 42 年的央视《新闻联播》进行改版，全部采用 16：9 全高清制播系统，节目形态、镜面包装和视觉效果进一步提升。

八月

8 月 7 日　国家标准化管理委员会、中央网信办、国家发展改革委、科技部、工业和信息化部印发《国家新一代人工智能标准体系建设指南》，提出“立足国内需求，兼顾国际，建立国家新一代人工智能标准体系，以加强人工智能领域标准化顶层设计，推动人工智能技术在开源、开放的产业生态不断自我优化，充分发挥基础共性、伦理、安全隐私等方面标准的引领作用，指导人工智能国家标准、行业标准、团体标准等的制修订和协调配套，形成标准引领人工智能产业全面规范化发展的新格局。”

九月

9 月 4 日　腾讯微博团队发布公告称，腾讯微博将停止服务和运营。

9 月 25 日　人民日报健康客户端开设疫苗频道，充分运用文、视、图、直播等全媒体载体进行疫苗接种科普宣教。

9 月 26 日　新华社播发了中共中央办公厅、国务院办公厅印发的《关于加快推进媒体深度融合发展的意见》，其中对主流媒体的运营模式表述为“要发挥市场机制作用，增强主流媒体的市场竞争意识和能力，探索建立‘新闻 + 政务服务商务’的运营模式”。

十月

10 月 12 日　由中国网络视听节目服务协会，基于数据挖掘、调研以及第三方数据得到的《2020 中国网络视听发展研究报告》显示，截至 2020 年 6 月 我国网络视听用户规模达 9. 01 亿，较 2020 年 3 月增长 4380 万，六成以上用户看综合视频的时间在 1 小时以上。

10 月 14 日　由国家新闻出版广电总局统筹，中央广播电视总台、爱奇艺、腾讯、优酷、芒果、互影等单位共同参与制定的《互联网互动视频数据格式规范》发布。该标准规定了互动视频的分支结构、剧章播放区间所有传输数据要素等，将加速互动视频从实验阶段进入到产业化发展阶段。

十一月

11 月 3 日　《中共中央关于制定国民经济和社会发展第十四个五年规划和 2035 年远景目标的建议》发布，提出“推进媒体深度融合，实施全媒体传播工程，做强新型主流媒体，建强用好县级融媒体中心。”

11 月 5 日　国家市场监督管理总局发布《关于加强网络直播营销活动监管的指导意见》，意见要求压实网络平台、商品经营者、网络直播者法律责任。

（以上信息综合自清博大数据技术公司以及人民网、中国记者网、传媒杂志、新闻与写作杂志、岭南传媒探索杂志、青年记者杂志、传媒公号等媒体内容，特此致谢）

附二　用户访谈调查资料列表

用户新闻媒介选择行为访谈信息

NO	性别	年龄	学位	职业	获取新闻渠道	选择理由
1	女	90后	硕士	科研机构	微信朋友圈	觉得新闻不太重要，通过朋友圈对新闻信息把关 喜欢看新闻评论 认为新闻需要精简，愿意为相关专业性较强的新闻资讯付费
2	女	90后	硕士	仲裁机构	微信、微博	微信方便；腾讯新闻：推送热点；微博：信息量大
3	女	95后	硕士	传统媒体	微博、BBC、观察者网B站、微信公众号（人民网、新华社、本地传统媒体）	微博看娱乐类新闻 BBC看国际动态 观察者网看时事点评 微信公众号推送功能可以及时关注到每日最新消息
4	女	90后	本科	待业	微信朋友圈，抖音，微博	信息量多，评论多，更新快
5	女	90后	硕士	研究人员	微博、微信公众号、新闻客户端（主要是南方+，澎湃新闻，端传媒，轻芒杂志，BBC，CNN）、订阅自媒体的Newsletter、播客	微博上的新闻来源是国内主流媒体账号和活跃时评用户，用于快速了解权威新闻和用户讨论； 微信公众号：基于兴趣，关注更为个人化的垂直信息来源； 新闻客户端：不会主动点开看新闻，会留意客户端的新闻推送，如果有感兴趣的内容会点进去看。不会只专注于一个新闻平台的内容，这样可以多角度了解信息； Newsletter：基于对个别自媒体人或机构的信赖，付费获取高质量信息和深度解读； 播客：可娱乐可严肃，可以在通勤或运动的碎片时间听取信息。

续表

NO	性别	年龄	学位	职业	获取新闻渠道	选择理由
6	女	90 后	硕士	学生	央视客户端、今日头条、网易客户端等	来自传统新闻单位的新媒体信息可靠性强，信息及时，内容全面。生活类资讯指引全面（如疫情期间对谣言的及时澄清）
7	女	00 后	本科	学生	腾讯新闻，其他以微信朋友圈为主	对一般新闻信息关注度不高。注重同龄人认同
8	男	90 后	硕士	媒体	传统媒体：澎湃新闻、南方人物周刊、南方周末、三联生活周刊等。 新媒体：微博热门、微信公众号及朋友圈	1、通过一些传统媒体阅读更为深度的分析类文章、评论类文章和较为小众的文化报道。 2、通过微信微博等客户端迅速了解热门短消息、舆情动态。
9	女	80 后	专科	金融机构	微信朋友圈	不太关注新闻，朋友圈方便
10	女	80 后	学士	医疗单位	腾讯新闻、百度新闻、头条号	腾讯、百度新闻：方便，头条：内容丰富
11	男	80 后	学士	媒体行业	腾讯、网易、车载广播	腾讯、广播：方便 网易：有精彩的互动留言、了解多元新闻观点
12	女	80 后	硕士	媒体行业	微信朋友圈、微信群、报纸	重要的新闻会在朋友圈传播 报纸：迅速了解重要新闻、掌握本地新闻信息
13	女	80 后	博士	高校教师	微信朋友圈、电视	重要的新闻会在朋友圈传播 央视新闻信任度高，可以同时兼做其他事
14	女	80 后	博士	科研机构	人民日报客户端、澎湃、微信朋友圈	人民日报媒体信任度高，新闻种类丰富
15	男	80 后	博士	高校教师	百度、头条	百度：检索信息时可以看、方便 头条：推送性好

续表

NO	性别	年龄	学位	职业	获取新闻渠道	选择理由
16	女	80 后	学士	企业管理人员	人民日报客户端、抖音官方账号	人民日报媒体信任度高，抖音平台展示信息快速、直接、高效
17	女	80 后	专科	企业管理人员	今日头条	新闻种类丰富，内容活泼易懂
18	女	80 后	硕士	媒体单位员工	微博、无线新闻App，微信订阅号	随时关注突发、即时新闻；新浪微博及无线 App 信息量大，时效性强，推送快；阅读微信订阅号因为有即时消息推送（例如人民日报微信订阅号“新闻早班车”），还能关注某一热门事件的深度综述类文章。
19	男	80 后	本科	自由职业者	人民日报客户端、澎湃、地方政务公号（i 深圳等）	信息丰富、权威、实用。表达方式适合多年龄层次需求。互动性兼顾。
20	男	70 后	硕士	金融行业	网易、微信朋友圈	网易：信息种类丰富，互动留言精彩； 微信朋友圈：方便
21	男	70 后	硕士	医疗单位	腾讯、微信朋友圈、搜狐网、凤凰网	搜狐新闻网页比较正规，更新及时；凤凰涉及更多政治、军事内容；腾讯、微信朋友圈：方便
22	男	70 后	硕士	媒体从业者	凤凰网 中财网 搜狐网 中国经济网 新浪网 本地主流媒体的电子版 微信朋友圈	这些网站的新闻有权威性值得信任，关注的视野更广阔，避免了经过算法推送的信息单一性。对于一些重大新闻，朋友圈里的朋友及时转发后，也能很快了解最新动态。
23	男	70 后	本科	上班族	主流媒体新闻客户端（人民日报、新华社、澎湃、读特、红星等）	近年向主流媒体回归，主要经过把关后可信度高。内容表现形式轻松活泼。

图书在版编目(CIP)数据

用户导向的媒介融合策略：基于比较的视角 / 王雪，黄浩著. --北京：社会科学文献出版社，2021.7（2024.1 重印）
ISBN 978 - 7 - 5201 - 8748 - 0

Ⅰ.①用… Ⅱ.①王… ②黄… Ⅲ.①传播媒介 - 研究 Ⅳ.①G206.2

中国版本图书馆 CIP 数据核字(2021)第 152203 号

用户导向的媒介融合策略
——基于比较的视角

著　　者 / 王　雪　黄　浩

出 版 人 / 冀祥德
责任编辑 / 张建中
责任印制 / 王京美

出　　版 / 社会科学文献出版社 · 政法传媒分社（010）59367126
地址：北京市北三环中路甲 29 号院华龙大厦　邮编：100029
网址：www.ssap.com.cn
发　　行 / 社会科学文献出版社（010）59367028
印　　装 / 北京虎彩文化传播有限公司

规　　格 / 开 本：787mm × 1092mm　1/16
印 张：16.5　字 数：286 千字
版　　次 / 2021 年 7 月第 1 版　2024 年 1 月第 2 次印刷
书　　号 / ISBN 978 - 7 - 5201 - 8748 - 0
定　　价 / 89.00 元

读者服务电话：4008918866